AF547181

BIRGIT WEIDMANN, 1954 in Bielefeld geboren, studierte Ethnologie, Psychologie und Wirtschaftswissenschaften. In den Jahren 1976 bis 1991 lebte und wirkte sie in der Kunst-Kommune um den Wiener Aktionskünstler Otto Muehl. 1995 stieg sie erneut ein in ein Leben abseits von Konsum und gesellschaftlicher Norm. Sie zog auf eine Wassermühle mitten im Wald an zwei Bachläufen gelegen in einem einsamen Tal, das im Volksmund "Jammertal" heißt. Dort dominiert die Natur - nicht der Mensch.

Auf der Suche, warum das Tal den Namen "Jammertal" trägt, stieß sie auf die Geschichte unserer Vorfahren in den germanischen bzw. mittelwesteuropäischen Urwäldern. Diese Forschung war ausschlaggebend für das Entstehen dieses zweibändigen Werkes. Es war ein Ruf - gleich einem "Muss". Die Erkenntnis, die sich formte, wollte veröffentlicht werden.

Wie wir wissen, wird Geschichte immer von den Herrschenden geschrieben. Männergeschichte ist vor allem Regenten- und Heldengeschichte. Frauengeschichte wird kaum erzählt. Die Nichtexistenz der Frau in der religiösen, philosophischen, wirtschaftlichen, politischen, wissenschaftlichen und künstlerischen Geschichtsschreibung fördert ihre Entwurzelung bis heute. Der Wunsch der Autorin ist, dass das hier zusammen getragene Wissen eines Tages in die Schulbücher mit eingeht.

Das Werk besteht aus zwei Bänden, die sich aufeinander beziehen.

Inhalt Band II:
Die Rolle der Frauen und der Göttinnen in Gnosis, Christentum und Heidentum und die Entschlüsselung von Hexe und Teufel

www.spir-ird.de

Birgit Weidmann

Die verlorene Göttin

Geschichte der Spiritualität

Band 1

Die Christianisierung der indigenen
Urwaldstämme in Mittelwest-Europa
Machtmissbrauch und Widerstand

Autorin: Birgit Weidmann
Umschlag, Illustration: Sita Otto (Coverbild, Ölgemälde)
Lektorat, Korrektorat: Veronika Wolf

Printed in Germany

Verlag: J. Kamphausen Mediengruppe GmbH, Bielefeld
www.tao.de

Bibliographische Information der Deutschen Nationalbibliothek: Die Deutsche Nationalbibliothek verzeichnet diese Publikation in der Deutschen Nationalbibliographie; detaillierte bibliographische Daten sind im Internet über http://dnb.de abrufbar.

ISBN:
Paperback: 978-3-96051-238-7
Hardcover: 978-3-96051-239-4
e-Book: 978-3-96051-240-0

INHALT

DANKSAGUNG

Die Entwicklung dieses Buches basiert auf zahlreichen Anregungen, Kooperationen und Ermutigungen durch Freundinnen und Freunde, Gefährtinnen und Gefährten. Ihnen, euch allen bin ich sehr, sehr dankbar.

Durch Ursula Madeiskys Film „Wo die freien Frauen wohnen" über das letzte Matriarchat in China, die Mosuo, habe ich das Leben unserer Ahninnen und Ahnen besser verstanden. Ich entdeckte, dass in uns allen noch Erinnerungen schlummern an eine längst vergangene Zeit. Diese Erinnerungen werden heute als Sehnsucht oder Melancholie wahrgenommen. Ich danke Uscha sehr für ihre filmische Erforschung der heute noch lebenden Matriarchate und für ihre aufmunternden und wegweisenden Worte nach Durchsicht meines ersten Manuskripts. Danken möchte ich auch der feministischen Theologin und Autorin Christa Mulack für das sehr unterstützende Telefonat zu meinem Buch. Die Gespräche mit diesen beiden Frauen bestärkten mich, dass ich richtig liege. Und so entschied ich das Buch zu veröffentlichen.

Dieser Entschluss hätte niemals zum Erfolg geführt ohne die geduldige Anteilnahme meines Mannes Karl-Peter Sieger, der meinen Weg liebevoll begleitet. Sein aufmerksames Zuhören und sein Einbringen der männlichen Sicht hat mir sehr geholfen mich und das Thema immer wieder neu zu klären.

Die begeisterte erste Leserin Ottilie Wenzler hat mir gezeigt, dass Frauen, die sich vorher wenig mit diesem Thema beschäftigt haben, Erkenntnis aus meiner Arbeit ziehen können. Ihre konstruktive und aufbauende Anteilnahme hat mir sehr geholfen. Doch ohne die Lektorin Veronika Wolf und ihre gründliche und fundierte Arbeit wäre der Lesefluss so niemals erreicht worden. Danke auch an Sita Otto, die mir ihr Gemälde als Buchcover zur Verfügung stellte. Euch und zahlreichen anderen Freundinnen und Freunden, die mir in dieser oft als quälend lang empfundenen Phase der Entwicklung beigestanden sind, danke ich von ganzem Herzen.

"Man muss das Wahre immer wiederholen, weil auch der Irrtum um uns her immer wieder gepredigt wird und zwar nicht von einzelnen, sondern von der Masse, in Zeitungen und Enzyklopädien, auf Schulen und Universitäten. Überall ist der Irrtum obenauf und es ist ihm wohl und behaglich im Gefühl der Majorität, die auf seiner Seite ist."
Johann Wolfgang von Goethe (1749 - 1832), deutscher Dichter der Klassik, Naturwissenschaftler und Staatsmann

VORWORT

Die vorliegenden Texte waren ursprünglich lediglich Hintergrundinformationen zu einem Roman und sollten nicht veröffentlicht werden. Doch erschien es mir so wichtig für uns Menschen in der derzeitigen Lage zu erinnern was einst gewesen war, so dass ich mich entgegen meines ursprünglichen Vorhabens für die Veröffentlichung der gefundenen Fakten entschied.

Dieses Werk besteht aus zwei Teilen. Wegen des Umfangs habe ich sie in zwei Büchern herausgegeben. Beide Bände beziehen sich aufeinander.

Im ersten Band werden die Leser/innen auf eine Zeitreise mitgenommen. Mit Hilfe einer Chronologie von 0 bis heute kann nachgeschlagen werden, was wann geschehen ist. Verschiedene historische Ereignisse rund um den Machtmissbrauch von Kirche und Staat an der Bevölkerung des ehemaligen Germaniens sowie an Andersdenkenden, Frauen und Männern, werden aufgezeigt. Die Chronologie beruht auf einer Sammlung unterschiedlicher Quellen, die ich ohne Kommentar hintereinander aufgelistet habe. Sofern ich eigene Texte verwendet habe, sind sie als meine Anmerkung gekennzeichnet. Die geschichtlichen Ereignisse sind den jeweiligen Jahreszahlen zugeordnet. Unter den Jahrhundertangaben sind lediglich ergänzende Informationen angegeben, die keinen Jahreszahlen zugeordnet werden konnten. Diese Rubrik gibt bewusst keinen Überblick über das nun folgende Jahrhundert. So bleiben Leserin und Leser unvoreingenommen im eigenen Forschen und Staunen.

Die Auswahl der geschichtlichen Ereignisse musste unvollständig bleiben, um den Rahmen nicht zu sprengen. Leser/innen können diese Chronologie beliebig erweitern. In der Auswahl habe ich vor allem die Entwicklung der Installierung der Macht über die Bevölkerung - mit Schwerpunkt der Entwürdigung der Frauen - und deren Gegenwehr berücksichtigt. Zum besseren Verständnis habe ich in eingerückten Abschnitten das Zeitgeschehen vertiefend erklärt. Quellen sind angegeben, meine eigenen Kommentare als solche nicht gekennzeichnet. Diese Abschnitte habe ich mit EINSCHUB gekennzeichnet.

Der zweite Band beschäftigt sich ausführlich mit den Hintergründen der Begriffe, die mit den beiden Sakralkulturen verbunden werden, die hier im Europa nördlich der Alpen ab dem 4. Jahrhundert n. Chr. in Streit gerieten: das römische, katholische Christentum und das germanische Heidentum. Die Konzentration liegt auf der Frau bzw. der Göttin im Kern der Schöpfungsgeschichten und Mythen. Mit Hilfe der Archäologie, der Mythologie, der Ethnologie und der Matriarchatsforschung habe ich unsere beiden Sakralgeschichten untersucht und zum Teil neu belichtet.

Alle von mir genutzten Quellen sind entweder in Fußnoten oder in Klammern am Ende eines Absatzes vermerkt. Wörtliche Zitate sind durch „..." gekennzeichnet. Wegen des besseren Schreibflusses habe ich einige Quellen nicht wörtlich zitiert, sondern inhaltlich übernommen, angelehnt an den Sprachgebrauch der Autoren. Am Ende des jeweiligen Abschnittes ist die Quelle vermerkt. Im Fließtext sind meine eigenen Anmerkungen in [...] gesetzt.

Jeder Band enthält einen Anhang mit Literaturverzeichnis und einem Wörterverzeichnis mit Erklärungen der wiederholt vorkommenden Begriffe (Glossar). Band I enthält zusätzlich die 12 Artikel von Memmingen von 1524.
Die Zeitangaben v. Chr. werden immer als solche bezeichnet. Die Zeitangaben n. Chr. werden oft ohne diesen Zusatz verwendet.

Der Begriff „Germanien" ist in Deutschland ein durch die Nationalsozialisten sehr strapazierter und missbrauchter Eigenname, vor allem für ihre Ideologie des unbesiegbaren Deutschtums. Jedoch ist er im Ursprung ein Sammelbegriff für zahlreiche Stämme, die vor der Christianisierung Nord- und Mittel-Europa besiedelten und die nicht zu den Kelten gehörten. Er wurde 80 v. Chr. durch Poseidonis überliefert und seitdem von den Römern verwendet, so auch von Gaius Julius Caesar und seinen Nachfolgern[1]. Die germanischen Volksstämme selbst nannten sich vermutlich niemals so.

Es waren also die Römer, die das Volk, das in dem unwirtlichen Land nördlich der Alpen lebte, in Bausch und Bogen „Germanen" nannten. Doch in Wahrheit standen die römischen Heere zahlreichen indigenen Stammesgruppen gegenüber. Die Germanen waren keine einheitliche, in sich hierarchisch und militärisch organisierte Nation, wie es die Römer gerne darzustellen pflegten. Auch waren sie weit weniger kriegerisch als allgemein angenommen. Sie waren freie Stämme in einem freien Land und sie kämpften erbittert für

---

1 100 - 44 v. Chr., Gaius Julius Caesar, römischer Staatsmann, Feldherr und Autor, trug maßgeblich zum Ende der Römischen Republik bei und dadurch zu ihrer späteren Umwandlung in ein Kaiserreich. Nach seiner Ernennung zum Diktator auf Lebenszeit fiel er einem Attentat zum Opfer. Sein Großneffe und Haupterbe Gaius Octavius setzte die Monarchie durch und regierte als Kaiser Augustus, erster Kaiser des Römischen Reiches bis 14 n. Chr.. Ihm folgte als zweite römischer Kaiser sein Stiefsohn Tiberius Julius Caesar Augustus (14 - 37 n. Chr.).

ihre Freiheit. Doch die Römer achteten weder ihre Grenzen noch ihre Gesetze, noch ihre sakrale und profane Kultur, ihre Sitten und Bräuche. Sie wollten die Germanen überlisten und niederringen um ihr Land, ihre Lebensgrundlage samt allen Leuten in Besitz zu nehmen.

Beide Bände sind ein kritischer Blick durch die sakrale und soziale Geschichte Mittel- und Westeuropas. Diese ist maskulin geprägt. Mein Blickwinkel ist feminin ausgerichtet. Wie wir wissen, wird Geschichte immer von den Herrschenden geschrieben. Männergeschichte ist vor allem eine meist barbarische Regenten- und Heldengeschichte. Frauengeschichte wird kaum erzählt. Die Nichtexistenz der Frau in der religiösen, philosophischen, wirtschaftlichen, politischen, wissenschaftlichen und künstlerischen Geschichtsschreibung fördert ihre Entwurzelung bis heute. Mein Wunsch ist, dass das hier zusammen getragene Wissen eines Tages in die Schulbücher mit eingeht.

Wenn ich von Matriarchat und Patriarchat spreche, dann spreche ich von zwei Gesellschaftssystemen, die nicht miteinander vergleichbar sind und auch nicht das Gegenteil voneinander bedeuten. Es ist ein weit verbreiteter Irrglaube, dass Matriarchat „Herrschaft der Frau“ bedeutet und damit das Gegenstück zum Patriarchat sei, was allgemein mit „Herrschaft des Mannes“ übersetzt wird.

Das Patriarchat ist eine maskuline, vaterzentrierte Kultur und zeichnet sich heute durch den Glauben an eine männliche Hauptgottheit aus. Es ist eine Gehorsams- und Unterwerfungskultur mit ausgeprägtem Erzwingungsstab (Polizei, Militär, Gesetze usw.). Das Patriarchat ist eine Kriegs- und Eroberungskultur. Sein Sozialleben basiert auf der Kernfamilie, häufig noch immer mit einem männlichen Oberhaupt. Die Hierarchien in allen Einrichtungen sind linear oder pyramidal. Die Vererbungslinie ist vaterorientiert (patrilinear). Die Wirtschaft ist profitorientiert, d.h. auf Gewinnmaximierung ausgerichtet.

Das Matriarchat ist eine feminine, mutterzentrierte Kultur. Im Mittelpunkt stehen immer Mutter und Kind, sowohl im profanen als auch im sakralen Leben. Im Matriarchat gibt es keinen Glauben an eine zentrierte Gottheit, sondern alles ist belebt. Sakral und profan ist nicht zu trennen. Die Hauptgottheiten sind weiblich, der Ursprung allen Seins geht auf die Urmutter zurück. Doch auch männliche Gottheiten sind von hoher Bedeutung. Das Matriarchat ist die Vorläuferkultur aller Patriarchate und gilt als friedliche Kultur. Es kennt keine Gehorsams- und Unterwerfungskultur mit Erzwingungsstab. Sein Sozialleben basiert auf dem Mutterclan (matrilokal), die Vererbungslinie ist mutterorientiert (matrilinear). Eigentum bleibt im Besitz des Clans (Allmende, Gemeinschaftsbesitz). Die Wirtschaft ist eine Subsistenzwirtschaft, eine Bedarfswirtschaft und als solche auf den Bedarf, d.h. auf die Bedürfnisse der Wirtschaftsgemeinschaft ausgerichtet. Selbstversorgung, auch über Tauschhandel, steht im Vordergrund. Nennenswerte Überschüsse werden nicht erwirtschaftet.

Patriarchate schwächen die Stellung der Frauen und stärken die Stellung der Männer. Weiter schwächen sie die Stärken der allermeisten Menschen auch in der eigenen Bevölkerung um die Stellung einer kleinen Elite zu stärken. Die Oberen oder Auserwählten sind einzelne, hierarchisch hochgestellte Menschen, meist Männer. Matriarchate stärken die Stellung der Frauen, insbesondere der Mütter. Das heißt nicht, dass dadurch die Stellung der Männer geschwächt und eine Frauenelite aufgebaut wird. Matriarchate kennen keine Hierarchie der Auserwählten. Matriarchale Männer leben gerne in ihrer Gesellschaft. Der Mann wird nicht im Matriarchat unterdrückt, sondern im Patriarchat (Bsp.: Soldat, einfacher Mann, etc., s.o.).

Mit Hilfe dieser Begriffsdefinition habe ich mir unsere Geschichte und heutige Lebensform angesehen. Mein Blickwinkel ist die Suche nach der verloren gegangenen Göttin. Lokaler

Schwerpunkt ist die mittel- und westeuropäische bzw. die germanisch-deutsche sakrale und soziale Geschichte. Um diese zu verstehen, sind Blicke über die Alpen in das südliche Europa und den Nahen Osten notwendig und erhellend, vor allem für das Verständnis unserer sakralen Kultur heute.

Um die weltlichen Themen zu verstehen, ist es unerlässlich die Geschichte zu begreifen.

Die Demontage der Göttin, der Frauen, der Mütter und der Sexualität führte uns ins Chaos. Diesem stehen wir heute beinahe hilflos gegenüber. Erst wenn wir begreifen, dass die Welt so funktioniert wie unsere Körper, dass Nord- und Südpol gleich viel wert sind, dass jedes Organ die wichtigste Funktion inne hat, erst dann werden wir begreifen was zu tun ist, um unsere Sehnsucht nach einer besseren Welt für alle zu erfüllen.

Birgit Weidmann
Neuwagenmühle, Juli 2016

1. EINFÜHRUNG

1.1. Unsere Wurzeln

Die Geschichte Deutschlands und Mittelwest-Europas seit der Christianisierung erzählt über Machtmissbrauch und Widerstand.
Während meiner Untersuchungen bin ich immer wieder auf Irrlichter gestoßen, deren Verfolgung mich in Erstaunen versetzte.

Unsere Ahninnen und Ahnen galten einst alle als „Heiden“ und „Barbaren“. Dann wurden sie zu Verräterinnen und Verrätern ihrer eigenen Kultur. Was hätten sie auch tun sollen? Mich interessiert, worin die indigene Sakral- und Sozialkultur unserer Vorfahren einst bestand und warum die Christen erdenweit Andersgläubige als Barbaren und Heiden verfolgen und diese abstempeln als Häretiker, als „Abweichler“, als „Anhänger einer Irrlehre“. Dabei ist mein Anliegen, vor allem die Frauenverachtung noch einmal in ihrer historischen Entwicklung zu beleuchten. Die Hetze gegen die Frauen beruht meiner Ansicht nach nicht auf einem hysterischen Wahn, denn es waren Gelehrte und Wissenschaftler, die diese Frauenverfolgung aktiv mit ihren Schriften und Reden betrieben. Sie wurde auch nicht erst in der frühen Neuzeit durch den „Hexenhammer“ ausgelöst. Dieser war vielmehr eine schlüssige Folge einer langen Irrung. Ihre Basis liegt viel tiefer und weit früher. Sie beruht auf nackter Machtpolitik. Frauen sind und bleiben immer ein unkontrollierbarer Fakt in allen machtpolitischen Hierarchien, denn das Mysterium der Frau ist die Menstruation, die Empfängnis, die Schwangerschaft, das Gebären und das Stillen sowie das Unterweisen ihrer Kinder. Selbst wenn Männer sehr viel mit ihren Kindern unternehmen, die prägendere Rolle übernimmt von Natur aus immer die Mutter. Dieser Verantwortung müssen wir uns als moderne Frau stellen. Es macht überhaupt keinen Sinn, dass wir uns dem Diktat eines vermeintlich starken Mannes und/oder s/einem Wirtschaftsimperium unterwerfen.

Es ist ein Unding, dass wir, Frauen wie Männer, uns immer noch von Männern beherrschen lassen, die uns vorschreiben, welche Moral gedacht und welche Ethik gelebt werden soll. Es ist auch ein Unding, dass die Göttin nach wie vor höchstens in der Marienfigur mit dem züchtig gesenkten Blick verehrt werden darf. Die Göttin war immer sehr stark - und sie starb nie. Eine alte jüdische Weisheit lehrt: *Seitdem Gott seine Schechina*[2] *verloren hat ist er heimatlos*. Die Folge davon ist, dass er umherirrt und irgendwelche haarsträubenden Gesetze und Gebote erlässt, weil ihm das Gespür für die Heimstatt, die Erde, die Natur und damit für das Werden und Vergehen des Lebens einfach fehlt. Es ist nicht seine Aufgabe, niemals die Aufgabe des Mannes gewesen, Kinder auszutragen und zu gebären. Der berühmte Psychologe Sigmund Freud behauptete im frühen 20. Jh., dass alle Mädchen einen Penisneid empfinden. Diese Empfindung habe ich nie kennen gelernt. Erich Fromm schreibt mir dazu aus der Seele: „Im völligen Gegensatz zu Freuds Annahme, der 'Penisneid' sei eine natürliche Erscheinung in der Konstitution der weiblichen Psyche, bestehen gute Gründe für die Annahme, dass vor der Errichtung der Vorherrschaft des Mannes bei ihm ein 'Gebärneid' existierte, den man sogar noch heute in vielen Fällen antreffen kann."[3]

Das Patriarchat konnte in den letzten 5000 Jahren auf der ganzen Erde Fuß fassen. In seiner Kultur wurde die Stellung der Frau geschwächt. Dahinter formuliert sich ein Wunsch, nämlich dem Menschen die Verbindung zum eigenen göttli-

---

2 Göttin, wörtlich übersetzt: „Heimat, Heimstatt", in der Kabbala mit „göttliche Gegenwart" übersetzt

3 Fromm, Erich, Märchen, Mythen, Träume, (1951), 1982

chen Impuls abzuschneiden oder zumindest zu umnebeln. Das erleichtert die Erhöhung der eigenen Wertigkeit. Eigene Interessen lassen sich spielend leicht platzieren und durchsetzen, wenn die anderen, in diesem Fall die Masse unselbstständig und gläubig gehalten wird. Das Umdenken einer ganzen Volksgruppe läuft stets über die Umerziehung. Über die sakralen Ebenen lässt sich Umerziehung am leichtesten installieren. Werden Götter oder Göttinnen demontiert oder gar dämonisiert – und mit ihnen deren Stellvertreter/innen auf Erden - herrscht spätestens in der zweiten und dritten Generation danach Angst und Schrecken vor den uralten oder den älteren Götterwelten. Die Entwurzelung aus dem bis dahin tief vertrauten „Mutterboden der Ahnenkultur“ ist immer die Folge. Auf diese Weise können Eroberer ihre Macht- und Regierungskonformen Sichtweisen über die Götterwelten und deren Charaktere und Glaubenslehren einführen. Das funktioniert besser als jede militärische Zwangsunterdrückung. Deshalb beginnt der erste Krieg mit dem Abschneiden des individuellen göttlichen Impulses. Diesen Impuls trägt vor allem jede Frau in sich. Sobald sie zu menstruieren beginnt, ist sie Monat für Monat mit ihrem individuellen göttlichen Impuls verbunden. Die Lakota-Indianer nennen diese magische Zeit „die Mondzeit der Frau“. Während der Schwangerschaft und dem Ablauf der Geburt und der Stillphase ist dieser Impuls enorm stark - es sei denn, er wird durch Operationen, also durch fremde, unnatürliche Eingriffe unterbrochen und abgekürzt. Genau so verhält es sich mit der Menopause. Auch hier kann dieser Impuls nur durch Hormongaben unterbrochen werden. Ein Lakota-Medizinmann sagte mir einmal: „Bei uns werden Frauen erst ab den Wechseljahren zur Medizinfrau. Vorher haben sie andere Aufgaben.“

Unsere Wurzeln gründen nicht im Geschlechterstreit. Die längste Zeit in der Menschheitsgeschichte war die Gesellschaft in Balance. Sonst hätte sie nicht überleben können.

Männer und Frauen galten als gleichwertig. Jede/r hatte seine eigene Handlungs- und Aktionssphäre. Diese Ausgewogenheit spiegelt sich in der Natur. Die Natur kennt keinen Geschlechterkampf wie wir ihn kennen. Keine Spezies schwächt die Stellung ihrer Weibchen. Seit Urzeiten übernahmen die Menschen ihre alters- und geschlechterspezifischen Aufgaben und Rollen im sozialen und sakralen Gefüge. Das änderte sich erst seit der flächendeckenden Einführung der Kriegskulturen.

1.2. Kollektives Trauma

Wir sind Menschen. Unsere Sicht ist begrenzt. Unsere Hürden sind die Emotionen, die wie ein Vulkan explodieren können, wenn wir die ursprüngliche Zuordnung der Emotionen und/oder der Hürden verloren haben. Wir sagen dann sehr oft: „Das habe ich falsch verstanden." Verstehen baut auf intuitiver Wahrnehmung, Erinnerung und innerem sowie äußerem Wissen auf. Dazu gehört auch das innere und äußere Wissen über die ursprüngliche Zuordnung der eigenen Emotionen, Hürden und Abwehrhaltungen und deren Einordnung in das jetzt reale Leben. Wenn wir sagen: „Jetzt verstehe ich!", dann haben wir die Zusammenhänge erfasst, begriffen und verstanden. Es folgt Erkenntnis. Daraus entwickelt sich das Bewusstsein. Uns ist etwas bewusst geworden. Bewusstsein ist ein verinnerlichter Wissenspool, auf den wir im täglichen Leben automatisch zurückgreifen. Auf diese Weise entwickeln wir uns laufend weiter. Unsere Entwicklung verläuft gleich einer Spirale.

Ein Trauma ist verloren gegangenes Wissen, etwas, das nicht mehr gefühlt noch gedacht wird, weil es zu grausam, zu schmerzhaft oder zu angstbesetzt ist. Die Zuordnungen der Emotionen sind verschleiert und nebulös. Ihre ursprünglichen Auslöser werden ausgeblendet oder übersprungen. Wie wild gewordene Bestien irren die so entfesselten, nun heimatlos gewordenen Emotionen umher und können sehr unangepasste Handlungen auslösen.

Emotionen wollen zur Ruhe kommen. Sie wollen als die erkannt werden, die sie sind. Deshalb lösen die umherirrenden Emotionen wie ein Zwang immer wieder sich wiederholende Ereignisse, Zustände, Schicksalsschläge oder Handlungsstränge aus, quasi in der Hoffnung, dass der Emotionsträger, der Mensch, endlich begreift, was zu tun ist: sich zu erinnern, sauber zuzuordnen und Verantwortung zu übernehmen.

Der Zwang der Wiederholung kann nur unterbrochen werden, wenn der Ursprung der Irritation, quasi „der Herd der Entzündung" oder das die Angst bzw. Irritation auslösende, erste Ereignis aufgespürt und angesehen wird, um es dann vergebend zu entlassen. Da alles der Harmonie bzw. dem Ausgleich entgegen strebt ist zu bedenken, dass der Täter und das Opfer Wechselwirkung haben. Deshalb ist Schuldzuweisung ebenso wenig hilfreich wie Selbstbezichtigung. Schuldgefühle sind ebenso quälend wie Rachegefühle. Beide führen zur Unterwerfung (unter Anfragen oder Forderungen von Dritten) um einer permanent quälenden Unzufriedenheit zu entfliehen. Innere und äußere Ausgeglichenheit ist so nicht zu erreichen.

Der Ausgleich verlangt ewiges Geben und Nehmen, damit alles sich eines Tages so verhält wie die Waage im Stillstand. Nur eine vergebende innere Haltung kann die Hin- und Herbewegung der rasenden Gefühle unterbrechen und den Ausgleich bewirken. Eine vergebende Haltung einnehmen beinhaltet stets drei Dimensionen: den Anderen gegenüber („Ich vergebe dir dein Verhalten und entbinde dich von deinen Worten."), sich selbst gegenüber („Ich vergebe mir … .") und als Bitte dem Anderen gegenüber („Bitte vergib mir mein dich verletzendes Verhalten und entbinde mich von meinen Worten."). Die Rollen-Triade von Opfer (Verfolgte/r) – Täter (Verfolger/in) – Retter/in (Erlöser/in) - letzteres um sein/ihr angeschlagenes Selbstwertgefühl zu erhöhen.[4] - will durchbrochen und aufgelöst werden.

Das Trauma gleicht einer Ruine, die für eine unüberwindbare Burg gehalten wird. Sie erscheint dunkel und Angst einflößend, obwohl sie längst schon nichts mehr als eine Attrappe oder reines Blendwerk ist. Dieses Gaukelwerk wird aufrecht erhalten durch individuelle und/oder kollektive Gedanken, Gefühle und innere Bilder. Menschliche Macht-Manipulations-Kräfte machen sich dies zu Nutze um noch mehr Macht über andere Menschen zu installieren. Wie Lemminge stehen Menschenschlangen vor den düsteren Ruinen, die sie irrtümlich für eine Sicherheit bietende Festung halten und lassen sich anziehen, abwehren, aufhalten und alles (Menschen entwürdigende) gefallen. Ihren individuellen spirituellen Zugang zur ureigensten Intuition verlieren sie dabei. Sie erstarren vor Ehrfurcht. Dabei müssten sie nur einen kleinen Schritt zur Seite und damit ihrer Bestimmung entgegen gehen und schon könnten sie über die Weite der grünen Wiese unter strahlend blauem Himmel bis in die Ferne sehen.

Selbstbestimmt entscheiden, Entscheidungen vertreten und Verantwortung übernehmen, in Liebe und aus einer vergebenden Haltung heraus, egal was auch passiert, bewirken die Klarheit, die benötigt wird um hinter das Geheimnis des Traumas zu blicken. Das ist der einzig gangbare Weg. An diesem Punkt scheinen wir als Menschheitskollektiv gerade im Moment zu stehen.

Als Menschheit unterliegen wir einem kollektiven Trauma. Es ist das Trauma, das aus dem Machtmissbrauch erwachsen ist. Machtmissbrauch entsteht immer im Zusammenhang mit Manipulation, Entwürdigung und Schwächung des Einzelnen sowie mit Eroberungen, Feldzügen, Besetzungen und Ausbeutungen im kollektiven Gefüge. Machtmissbrauch gegenüber

---

4 Frank Henning, Krieg im Gehirn, 2011, S. 40 ff

Frauen – und Kindern! - war und ist besonders hoch – und zwar bis heute. Unserem kollektiven Trauma gilt es zu begegnen und zwar nicht nur individuell, sondern auch im Kollektiv, im Frauenkollektiv, im Männerkollektiv und im Menschenkollektiv. Dazu möchte ich mit diesem Buch einen Beitrag leisten.

Der erste Band dient der Erinnerung, der zweite Band der Zuordnung verstreuter und vernebelter Emotionen und Hürden, auch Blockaden genannt. Diese drücken sich aus in Ängsten und schreckhaften inneren Bildern. Mein Wunschdenken, Ziel und Anliegen ist, diese inneren Bilder als (einst geschickt installierte) Nebelkerzen durchsichtig werden zu lassen, so dass die darauf basierenden Denk- und Handlungsblockaden durchschaubar werden - damit Nebel sich lichtet und Erkenntnis sich verdichtet. Der göttliche Impuls ist stets frei, unabhängig und mit jedem Mensch individuell verbunden. Zugleich ist er mit allen Lebewesen als Kollektiv verbunden. Darum wussten die Alten gut Bescheid. Lösen wir das kollektive Trauma, so werden wir uns auch als Einzelwesen befreien. Uns selbst zu vertrauen und den äußeren Schein (ehrenvoll erscheinen zu wollen) zu verlassen, ist der Weg für jede/n Einzelne/n von uns. Der göttliche Impuls ist immer ein kreativer Freiheitsimpuls zum Wohle aller. Das Ansinnen, der eigenen Ich-Bezogenheit allein zu dienen, richtet sich stets gegen den kreativen Freiheitsimpuls anderer und dient lediglich dem eigenen Wohl. Darin unterscheidet sich der Manipulator vom aufrichtigen Menschen. Beide ruhen in mir und außerhalb von mir. In meinen Gedanken, Worten und Taten entscheide ich mich stets für den einen oder den anderen Weg. Ich mache Fehler und ich lerne. Menschen, die sich bereit erklären, dem Weg der Erkenntnis aufrichtig und offenen Herzens zu folgen, werden sich verbinden um wieder ganz Mensch zu sein – alle - individuell sowie im Kollektiv. Wir werden lernen, was wir verloren haben und finden, was wir brauchen.

1.3. Kraftorte

Neben dem kollektiven Trauma scheint auch ein an Orten verhaftetes Trauma zu existieren. Anders ist nicht erklärbar, warum an immer denselben Orten immer wieder dieselben Handlungen geschehen. Große Kriegsschauplätze wiederholen sich ebenso an denselben Orten – z.B. im Nahen Osten – wie individuelle Ereignisse an individuell bewohnten und belebten Plätzen. Dieses durchaus bekannte Phänomen wird gerne rein technisch begründet mit vorhandenen Ley-Linien, Wasseradern, geologischen Verwerfungen und dergleichen. Das mag durchaus ein Faktor sein, doch wenn ich davon ausgehe, dass die Erde ein Lebewesen ist und dass alles um uns herum lebendig ist, dann ist der technische Erklärungsansatz möglicherweise zu kurz gegriffen, weil er die Lebensenergien der Erde und des Kosmos unbeachtet lässt. Wie dem auch sei - ist ein Denkansatz schlüssig, dann ist das an Orten verhaftete Trauma lösbar.

Wie wir sehen werden, wussten unsere Vorfahren - wie alle indigenen Völker - um die Lebendigkeit der Mutter Erde und um die Zusammenhänge der Energien, die gegeben werden und die genommen werden. Indianer und Aborigines haben sich lange gegen den Uran-Abbau gewehrt, weil sie von der großen Gefahr für Mutter Erde wussten. Alle Landstriche, die Uran enthalten, gelten für sie als heilig. Wir haben keine Ahnung, was die Entnahme der sogenannten Bodenschätze wirklich für den Organismus der Erde bedeutet. Der achtsame Umgang mit der Natur, der Mutter Erde und der kosmischen Mutter, in den sogenannten „Naturreligionen“ der einst als „Wilde“ und „Barbaren“ beschriebenen Volksstämme könnte eine Erklärung dafür sein, warum sie weit weniger kriegerisch, mörderisch und verbrecherisch gehandelt haben als wir es heute in der modernen zivilisierten Welt tun. Nicht sie hatten Millionen von unterernährten Volksgruppen, oder ein Hütte an Hütte wohnen mit sehr wohlhabenden Menschen, ohne dass ein

Ausgleich erfolgte. Nicht sie zerstörten ihr unmittelbares Lebensumfeld. Nicht sie gingen einer globalen Umweltzerstörung entgegen. Wir tun das!

Kraftorte dienen dazu, die Erde im energetischen Gleichgewicht zu halten. Es gibt öffentlich genutzte, große Kraftorte und kleine, individuelle Kraftplätze. An Kraftorten werden und wurden zu allen Zeiten Zeremonien abgehalten, die dem Erhalt des Gleichgewichts der Erde dienen (sollten) - und damit dem Frieden unter den Menschen. Diese Zeremonien werden entweder im Stillen oder als Feste, heute u.a. als Messen oder Gottesdienste, durchgeführt. Die Eroberer wussten und wissen um die Bedeutung von heiligen Orten, weshalb sie diese regelmäßig und sehr systematisch zerstören, entweihen und mit eigenen Bauwerken überbauen. So brachten und bringen sie ihre eigenen Energien, die nicht ganzheitlich, sondern auf individuellen Ruhm ausgerichtet sind, dort ein.

1.4. Feste

Zu allen Zeiten wurde eine hohe spirituelle Anbindung an die übergeordnete geistige Welt gepflegt. Was wir nicht einsehen können, sagen uns die Götter, denn ihr Überblick ist weiter und von unserem verschieden. Der Sinn aller sakralen Kulturhandlungen liegt darin, die geistige Welt, in welche die körperliche eingebettet ist, einzuladen uns zu begleiten und zu lehren, Erfahrungen in ihrem ganzheitlichen Zusammenhang zu verstehen. An diesem Punkt setzen Ideologien und Dogmen an, also verordnete Glaubensbekenntnisse, um ganzheitliche Zusammenhänge und auch freiheitliches Denken zu verschleiern. Aus letzterem entwickeln wir Bewusstsein und müssen nicht länger in Gut und Böse spalten. Seit uralten Zeiten werden zahlreiche sakrale Kulturhandlungen als Feste mit hohem künstlerischen und spirituellem Aufwand begangen: Jahreskreisfeste, Lebensstadien-Feste, Ahnenfeste u.v.m.. Bei den alten Volksstämmen gab es keine abgespaltene Kunst, kein Zitieren von spirituellen Lehrsätzen aus Büchern, keine Moralpredigten. Es wurde gefeiert, gesungen, gelacht, getanzt, gespielt, gegessen und getrunken. Sakrale Handlungen und lebendiges Leben flossen ineinander. Jedes Fest war stets mit Bitten und Danksagungen verbunden. Diese wurden mit einem Opfer, einem Geschenk und der symbolischen Ehrung der Fleisch-Werdung bekräftigt. Wir finden Reste dieser uralten Rituale heute noch im christlichen Abendmahl, wenn auch zum Teil verzerrt. In den heidnischen Jahreskreisfesten wurden alle Lebenskräfte verehrt: Befruchten, Empfangen, Erblühen und Reifen; Gebären, Nähren, Wachsen und Gedeihen; Sterben, Regenerieren und (sich) Erneuern. Darin finden wir die dreifaltige Lebensehrung seit Urzeiten. Noch heute wird diese Dreifaltigkeit verehrt im Bild vom Vater, der Befruchtende, vom Sohn, der Frucht und vom Heiligen Geist, der vom Tod Wiederauferstandene, der Zurückgekehrte.

1.5. Die Göttin und die Frau

Aus den uns überlieferten Erzählungen und Aufgabenbeschreibungen zu den Göttinnen können wir Rückschlüsse ziehen auf die sich verändernden Aufgaben der Frauen im Laufe der Zeit. Der anfänglich sakrale, geistige Werteumschwung mündete in den sozialen, menschlichen, historischen. Die meisten Mythen und Erzählungen aus Europa, Indien und Nordafrika stammen aus den Zeiten der Eroberungswellen durch die aus Asien stammenden indo-arischen Völker, ab ca. 3000 v. Chr.. Die matriarchale, sesshafte Bevölkerung wurde grob gesagt von Ägypten bis in den hohen Norden Europas flächendeckend in zahlreichen Einwanderungsschüben von den patriarchalen Hirten-, Räuber- und Piratenvölkern überrannt.

In matriarchalen Kulturen war die Göttin die Mutter des Universums und folglich die Mutter allen Lebens. Alle Menschen, Tiere, Pflanzen sowie die Elemente, Planeten usw. waren Geschwister. Jeder Streit, jeder Krieg war ein Streit unter

Geschwistern. Alles galt als mit allem verbunden. So wie die Göttin allumfassende Fürsorgende war, so sorgten auch die Frauen traditionell nicht nur für ihre eigenen Kinder, sondern für alle Kinder sowie für die Kinder der Göttin: das Land und das Meer, Pflanzen und Tiere, die Elemente und Ahnen. In diesem Sinne hüteten sie in den Familien-Clans den Altar der Gottheiten und Ahn/innen, heilten Krankheiten, Sorgen und Nöte, halfen bei Geburts- und Sterbeprozessen und standen in Konflikten bei.

Die ägyptische Göttin *Ma'at* wog nach dem Tod jede Seele mit einer Feder auf. Sie verurteilte nicht. Sie prüft lediglich die Schwere oder die Leichtigkeit der Seele. Jede materielle Gebundenheit und jede auf Macht- und Besitzergreifung verengte Sichtweise belastet die Seele, macht sie schwer. So wie die Göttin galt auch die Frau als Prüferin und Unterweiserin. Beide sorgten auf ihrer jeweiligen Ebene für das Einhalten der Harmoniegesetze und für den Ausgleich der oft widerstrebenden Energien in der Kommunikation, sowohl unter den Menschen als auch zwischen den Menschen und den Ahn/innen, den Göttern und anderen unsichtbaren göttlichen und planetaren Ebenen. In diesem Bild gibt es keine auf- und abwertende Hierarchie, keine richterliche Gewalt, die mit Belohnung und Strafe oder gar ewiger Verdammnis verbunden ist.

Die jüdisch-kabbalistische *Schechina* wird vom Namen her mit Altar, Heimstatt und Herd verbunden, ebenso die griechische Göttin *Hera.* Die Frau als Kanal der Göttin war ebenfalls die Hüterin des Altars, des Herdes und des Landes, sowohl profan als auch sakral. Die beiden Göttinnen erfuhren eine Abwertung: Schechina ist heute ihrer Aufgabe enthoben. Sie ist verschwunden, keiner weiß wohin, Gott hat sie verloren. Hera wird in den griechischen Sagen als eifersüchtige Ehefrau des Universalvaters und göttlichen Patriarchen Zeus dargestellt. So wie die Göttinnen wurden auch ihre menschlichen Stellvertreterinnen, die Frauen, schleichend oder brutal ihrer Aufgaben enthoben. Überall verloren sie die Aufgaben der Priesterinnen, Hüterinnen, Fürsorgerinnen, Heilerinnen, Richterinnen und Unterweiserinnen. Die irdische Hausfrau für den Patriarchen, die Dienerin des Mannes und Deckerin all seiner schändlichen, den Lebens- und Harmoniegesetzen widerstrebenden Taten war geboren.

Über zig Jahrtausende hütete die Göttin und mit ihr die Frau das Land, das Haus und den Altar auf den unterschiedlichsten Ebenen. Die Frau war mit allen Ehrungen an die Natur, an die kosmische Mutter und an Mutter Erde betraut. Ihre Aufgaben bestanden darin für den immer währenden irdisch-menschlichen Ausgleich zu sorgen, damit die Mutter - die Erde und der Kosmos - nicht verletzt wird. Im Clan verwaltete die Frau die Güter, später auch das Geld, ohne Besitzrecht, wohl aber mit Verteilungsrecht. Noch heute hat die Erde in allen Sprachen weiblichen Charakter, Kontinente werden Göttinnen zugeordnet, Städtenamen waren noch bei den Römern immer weiblich. Als Hüterin des Landes und der Erde mit all ihren Schätzen und Gütern sowie als Hüterin des kosmischen Gleichgewichts standen die Göttinnen und mit ihnen die Frauen den räuberischen Eroberern deutlich im Weg.

1.6. Geschlechterspezifische Rollen

Wenn wir verlernt haben, welche geschlechterspezifische Rollen Mann und Frau inne haben, dann brauchen wir uns nur die Unterschiede unserer Körper anzusehen und die Unterschiede in unserem sexuellen Verhalten: der Mann erobert, geht nach vorne, zeigt sich öffentlich, stellt sich zur Schau und würde am liebsten immer wachsen und prahlen - wenn da nicht die Frau wäre, die ihn immer wieder auf den Boden der Tatsachen zurückholt durch ihren lachenden, weit geöffneten Mund - sei es der Mund im Gesicht oder der Mund der Vagina oder der Muttermund. Doch diese einst positiv und als lebenserhaltend empfundenen Rollen sind aus der Balance geraten, denn die Frau wurde ihrer gesellschaftlichen Aufgabe enthoben. Ihre Rolle wurde sexualisiert, verzerrt, deformiert und somit ins Lächerliche bzw. ins Verletzende hineingezogen. Zugleich erfuhr die Rolle des Mannes keine Eingrenzung und liebevolle Kontrolle mehr. Deshalb schaut unsere Ökonomie und Ökologie heute so aus, wie sie ist. Wir wanken einer Katastrophe entgegen.

Viele Frauen beklagen sich, dass immer sie es sind, die in den Beziehungen die Themen und Missstände ansprechen oder auf anstehende Arbeiten hinweisen. Auch sind es in der Regel die Frauen, die Emotionen besser formulieren oder anderweitig zum Ausdruck bringen können als die Männer. Im beruflichen, vor allem im wirtschaftlichen Kontext, werden sie dafür belächelt. Die Frau sei zu emotional, zu wenig rational, heißt es. Doch scheint genau darin eine sehr wichtige geschlechterspezifische Aufgabe der Frau zu liegen. Der Mund öffnet sich für das Wort. Die Frau ist der Mund. Der Mann sucht den Mund „...um ihn zu stopfen“, sagt man heute in zweideutiger Weise. Doch geschlechterspezifisch gedacht sucht er die Kommunikation mit ihrem Mund, das gemeinschaftliche Tun, das sich Mitteilen, die Verbindung, um seine Spermien, seine Ideen, fruchtbar werden zu lassen. Der Mann sät, er schleudert, wirft, streut aus und lässt fallen, die Frau, der Mund, nimmt auf und trägt aus bis zur Reife - der Muttermund oder der Mund der Mutter Erde.

1.7. Wurzeln des Christentums

In den letzten zwei Jahrtausenden begegneten sich im Europa nördlich der Alpen zwei sehr unterschiedliche Sakralkulturen: das germanische Heidentum und das orientalische Christentum. Ob sie in ihrem Kern wirklich so gegensätzlich sind, wie sie uns erscheinen, ist zu klären. Um das Christentum zu verstehen, ist es unerlässlich seine Wurzeln aufzusuchen. Diese liegen in der aramäischen Sprache, im alten Israel und früher. Die hebräische Heimstatt, *schechina*, wird gleichgesetzt mit dem aramäischen Wort *malchut*, ein Begriff, der in den Predigten von Jesus sehr oft vorkommt und im Neuen Testament allgemein mit „Himmelreich Gottes" übersetzt wird. *Malchut* wird abgeleitet vom aramäisch-hebräischen Wort *malacha,* „Königin". *Malchut* heißt „Reich der Himmelskönigin".

Symbolisch wird *malchut* gleichgesetzt mit dem Mund. In der Kabbala[5] ist *malchut* die zehnte und letzte *Sefira*, was übersetzt „göttliche Manifestation" heißt. In diesem Zusammenhang bedeutet *malchut* „die Welt der Tat", „das Potential dessen, das ist" oder „das, was ist". Malchut kann sich nur dann verwirklichen, wenn sie sich mit der ersten *Sefira,* der *Chochma,* was „Weisheit" bedeutet, vereint. Das aramäische *chochma* entspricht der griechischen *sophia*.

Chochma ist die erste göttliche Manifestation und bedeutet „Raum der Möglichkeiten" oder „das Potential dessen, was es gibt" und wird oft mit „Geistesblitz", „Originalidee" oder „Alles, aber als Möglichkeit" bezeichnet.

Malchut ist die materielle, die handelnde, die realisierende Verwirklichung von *chochma*. Das erklärt, warum sie mit dem Mund gleichgesetzt wird: dem Mund im Gesicht, dem Mund der Vagina oder dem Muttermund. Malchut ist die Empfängerin des Geistesblitzes oder der Originalidee, die alle Möglichkeiten und Potentiale enthält. Auf irdischer Ebene ist malchut die Empfängerin der Spermien, der Befruchtung durch den Muttermund und der Nahrung durch den Mund. Zugleich ist malchut die Geberin, die das aus den höheren göttlichen Manifestationen Empfangene transformiert und es in unsere Welt der Realisierung einbringt: durch das Wort bewirkt und

---

[5] Mündliche Überlieferung der mystischen Tradition des Judentums, basierend auf dem Tanach, Sagenkränze, Ätiologien und Herkunftssagen einzelner Sippen und Stämme, die in der Kabbala zusammenflossen. Die ältesten bekannten Schriftrollen stammen von 250 v. Chr.. Im 12. Jahrhundert wurden Texte der Kabbala erstmals aufgeschrieben.

unterweist sie und durch die Geburt spendet sie leibliches Leben.
Anders ausgedrückt: *malchut* empfängt die Einflüsse der neun höheren *Sefirot*[6], der neun höheren „Göttlichen Manifestationen“ und transformiert sie im/als Reich der Himmelskönigin so, dass sie auf Erden, in unserer Welt der Tat, verwirklicht werden können.

In unserer Welt ist es möglich, die göttliche Gegenwart ganz und gar zu leugnen, da sie sich in totaler Verborgenheit aufhält. Deshalb kann der Mensch sich aussuchen, ob er die göttlichen Manifestationen verwirklichen will oder nicht. Darin liegt das Wesen des freien Willens. Deshalb ist unsere Welt eine Welt der Herausforderungen. Die Kabbala und andere alte Lehren sagen, dass unsere Welt der letztendliche Sinn und Zweck der Schöpfung ist. Die orthodoxen jüdischen Gelehrten sagen: „Gott möchte, dass seine Geschöpfe Ihm eine Wohnstatt schaffen.“

Alle Kirchenlehrer der abrahamischen Religionen meinen, dass die Verwirklichung des Himmelreich Gottes (*malchut*) auf Erden nur über das Einhalten von Geboten[7] denkbar sei. Darin allerdings sehe ich bereits die Beschränkung des freien Willens durch die Einfügung des Einzelnen in eine Gehorsams- und Unterdrückungskultur, denn die Gebote sind bereits von Menschen gemachte Verständnishilfen – oder Manipulationen - auf jeden Fall immer Ausdeutungen, die auf Strenge, Unterwerfung und Glaube an Bücher und geschriebene Ge-

---

6 Sefirot ist die Mehrzahl, Plural, von Sefira. Es gibt insgesamt zehn Sefirot: drei Sefirot des Verstandes (ChaBaD): Chochma „Weisheit“, Bina „Verständnis“ und Daat „Wissen“; die drei Sefirot des Gefühls (ChaGaT) und ihre drei Erweiterungen (NeHiY). Die 10. Sefira ist malchut. (43)

7 Die Gebote sind enthalten in den fünf Büchern Moses (AT) und in Heiligen Schriften: im Jüdischen in der Tora, wörtlich: „Anweisung“, die 613 Mitzwot, „göttliche Gebote“, enthält; im Islam im Koran.

setze basieren. Immer flößen sie Angst ein vor dem höchsten göttlichen Gericht bei Ungehorsam, d.h. sofern die Gebote nicht befolgt werden, erfolgt empfindliche, z.T. sogar immerwährende, ewige Strafe. So wird der individuelle göttliche Impuls vernebelt, den ich für unerlässlich wichtig halte.

Malchut ist also die göttliche Manifestation, durch die sich das Ur, das *Or Ein Sof*, „das eine Unendliche Licht" oder (in matriarchalen Kulturen) die Universelle Mutter in der Schöpfung verwirklicht. Deshalb wird *malchut* mit *schechina*, der göttlichen Gegenwart, gleichgesetzt. Diese alte Lehre sagt: wenn sich die göttlichen Potentiale mit dem was ist verbinden, dann ist es so, wie wenn eine Schlange sich in den Schwanz beißt. Diese Vereinigung bildet den kosmischen Kreislauf ab. So entsteht Leben.[8]

Teile dieser Lehre findet sich auch im *Gnostizismus*[9] wieder. Der Gnostizismus oder die *Gnosis* ist die „Lehre der Erkenntnis". Bis ins 2. und 3. Jahrhundert war *Gnostiker* die gängige Bezeichnung für „Intellektuelle". Die gnostischen Christen wurden ab dem 2. Jahrhundert von den römischen Christen mehr und mehr verfolgt. Die allermeisten Informationen, die uns zugängig sind, stammen aus Schriften von Kirchenlehrern, die die Gnostiker als Häretiker, als Andersgläubige und Abweichler von der einzig wahren Lehre verurteilen. Mit ihren Schriften errichteten die Kirchenlehrer ein Gebäude, um diese Verurteilung intellektuell zu untermauern. Noch bis ins 5. Jahrhundert hinein gab es im Nahen Osten und im Antiken Griechenland eine gnostische Gruppierung, welche die Schlange verehrte in ihrem o.g. Aspekt. Es war eine Lehre des ewigen Werdens und Vergehens, der ewigen kosmischen Wandlung, die stets dem Ausgleich entgegen strebt, eine Lehre von den Polen, von Ursache und Wirkung und deren Aus-

---

8 43, Kap. 13, mehr in Band II

9 siehe Glossar

wirkung. Sie wurden hebr.: *Naassener* und griech.: *Ophiten*[10] genannt. Von den römischen Christen wurden sie vehement bekämpft. Möglicherweise gehörten Jesus und seine Familie zu den *Naassenern*. Einen Ort Nazareth gab es noch nicht zur damaligen Zeit. Jesus Lehre erinnert stark an die Lehren der Gnostiker, wie ich in Band II noch zeigen werde.

Wenn ich von *Jesus* spreche, so ist mir bewusst, dass nicht geklärt ist, ob er als eine Person oder als mehrere Personen, die später in eine zusammengefasst wurden, zu betrachten ist und unter welchem Namen er, der uns als Jesus bekannt ist, gelebt hat. Auch ist historisch nicht erwiesen, ob diese Geschichte real oder reine Fiktion ist. Ich betrachte ihn als Person und zugleich als Mythos, als den Helden einer Geschichte. Seine Lebenszeit soll die Jahre 0 bis ca. 33 n. Chr. umfassen. Mit seiner Geburt begann unsere Zeitrechnung. Ich halte mich daran. Demnach lebte Jesus in einer Zeit, in der in den Tempeln Israels noch die Göttinnen *Astarte* oder *Anath* verehrt wurden. Auch die weise Schlange und *Jahwe* hatten in den Tempeln ihren Platz. In dieser Zeit bedrohten die Patriarchen, so nennen sie sich selbst, alle spirituellen Strömungen der Völker, die von den Gesetzen der Patriarchen (wie z.B. von den Mose-Gesetzen) unabhängige Lehren vertraten, lebten und lehrten. Diese Völker, Stämme und Lehren sollten verdrängt und ausgerottet werden. Die Pharisäer[11] und Schriftgelehrten, die zu Jesus Lebzeiten in Israel lebten, waren Vertreter des antiken, orthodoxen, monotheistischen Judentums. Sie waren frauen- und sexualfeindlich eingestellt und forderten, dass die Regeln ihrer Religion von allen strengstens zu befolgen seien. Ihr Stammvater ist Abraham, ihre Gesetze stammen von Moses. Auch das jüngere Christentum und der noch jüngere Islam berufen sich

---

10 mehr in Band II: jüd.: *Naas*, griech.: *Ophion* bedeutet Schlange

11 eine theologische, lebenspraktische und politische Schule im antiken Judentum

auf Abraham und Moses. Zu Jesus Lebzeiten hatten Pharisäer und Schriftgelehrten in weiten Teilen Israels großen politischen und wirtschaftlichen Einfluss. Es gelang ihnen immer vehementer frauenfeindliche Gesetze durchzusetzen, wie z.B. die Steinigung von Frauen wegen Ehebruch ohne ein Gerichtsverfahren. Alle ihre Strafmaßnahmen begründeten sie auf geistliche Texte, die außer ihnen die wenigsten lesen konnten. Jesus nannte die Pharisäer und Schriftgelehrten im Neuen Testament Heuchler. In seinen auf aramäisch gehaltenen Predigten mahnte er immer wieder zum Umdenken, zur Umkehr. Dabei verwandte er, wie wir oben bereits gelesen haben, sehr häufig das Wort *malchut,* „Reich der Himmelskönigin", in allen Bibeln übersetzt mit „Himmelreich Gottes". Der oben und im zweiten Band ausführlicher beschriebene Zusammenhang ist nur einem sehr kleinen Kreis bekannt.[12]

Saulus-Paulus verfolgte und verurteilte als gebildeter Jude und gesetzestreuer Pharisäer mit römischem Bürgerrecht Jesus und seine Anhänger bis zu Jesus Tod und Auferstehung. Nach Jesus Auferstehung soll Paulus eine spirituelle Erleuchtungserfahrung mit dem auferstandenen Jesus gehabt haben. Daraufhin wurde er der umtriebigste Apostel und Missionsreisende für ein neues Christentum, das sich ausschließlich auf Jesus als Messias beruft. Inhalt seiner Lehre – und die all seiner Nachfolger – war und ist die Verknüpfung und Anerkennung der Mosesgesetze mit dem neu erstandenen Jesus-Christus-Glaube. Er schrieb und predigte gegen zahlreiche andere christliche Lehren, offensichtlich auch gegen die Lehren, die durch die Frauen um Jesus, bevorzugt durch Maria Magdalena, verbreitet wurden. Durch Paulus kam das Christentum in viele griechisch-römische Kolonien und schließlich auch nach Rom. Dort verstarb er 64 n. Chr..[13] Aus seiner Missionsarbeit erwuchs die heutige katholische und evangelische Kirche. In Abgrenzung zu

---

12 siehe dazu auch: Christa Mulack, Der veruntreute Jesus, 2009 (29)

13 mehr zu Saulus-Paulus in Band II

den gnostischen Christen nenne ich das Christentum, das sich auf die paulinische Lehre beruft, das „Römische Christentum".

1.8. Die Germanen

Im 2. Jh. v. Chr. kam es zur ersten Schlacht zwischen den Römern und einem germanischen Stamm, den Kimbern und Teutonen, in Kärnten.[14] Beim ersten Eintreffen der Römer in das von ihnen mit „Germanien" bezeichnete Land nördlich der Alpen fanden sie dort eine Kultur vor, die sie so nicht kannten. Das sumpfige, moorige, regnerische und kalte Land mit Urwald und Lichtungen schien ihnen aus der Zeit gefallen zu sein. Auch war es für den die Wärme gewohnten Römer viel zu kalt und nass, um dort überhaupt leben zu können. Keine Heere, keine Festungen, keine Türme, keine steinernen Tempel und keine feste Mauern um ihre Anwesen, keine Bäder, keine Wasserleitungen, keine Heizungen, nichts hatten diese Völker, was für die Römer das Leben ausmachte. In ihren Augen sahen sich die Germanen alle ähnlich, wie wenn seit ewigen Zeiten keine Fremdlinge mehr dort gewesen wären. Die germanischen Volksstämme betrieben keinen kultivierten Garten- oder Ackerbau, hatten keine Bewässerungsanlagen und bauten außer Getreide an einem jährlich wechselnden Ort anscheinend nichts an. Ihr Vieh trieben sie das ganze Jahr hindurch mal

---

[14] 113 v. Chr. waren die Römer in Kärnten. Dort wurden sie in Noreia von den germanischen Stämmen, den Kimbern und Teutonen geschlagen. Diese waren wegen Sturmfluten von Nord-Jütland und Schleswig-Holstein nach Süden gezogen. 10 Jahre später wurden diese auf fremdem Gebiet, nämlich in Südeuropa, von den Römern vernichtend geschlagen. Das waren die ersten kriegerischen Auseinandersetzungen zwischen den Römern und Germanen. Wegen der Germanenkämpfe führten die Römer unter Marius eine Heeresreform durch. Sie bildeten ein Berufsheer aus den Besitzlosen, die deshalb in Abhängigkeit zum Feldherrn standen. 58-51 wurde unter Julius Caesar Gallien erobert, die erste Rheingrenze gegen die Germanen wurde errichtet, die ersten Rheinübergänge erfolgten. 55 und 54 v. Chr. drangen die Römer bis nach Britannien vor. (49, S. 53,54)

hierhin mal dorthin. Sie waren in den Augen der Römer faul, freiheitsliebend, trinkfest und feierlustig. Das Einzige, was die Römer wirklich als bemerkenswert erwähnten, war ihre Monogamie - obwohl auch hier die Merkwürdigkeit bestand, dass die Braut nicht dem Mann eine Mitgift brachte, sondern der Mann der Frau, und zwar keine schönen Dinge, sondern Vieh und allerhand Brauchbares. Offensichtlich zog er dann in ihren Clan ein.

Die Römer hatten eine jungsteinzeitliche Stammeskultur mit gut ausgeprägten matriarchalen Spuren vorgefunden. Die Germanen benutzten nur wenig Eisen. Sie waren in ihren Stämmen oder Clans fest verwurzelt und hatten offensichtlich wenig Lust neue Länder, wie z.B. Rom zu erobern. Sie pflegten eine ausgeprägte Gastfreundschaft und setzten anscheinend mehr auf das Gespräch, den Vertrag und die Verhandlung als auf den Eroberungskampf. Der Kampf war für sie ein Sport, vorwiegend unter jungen Männern. Sie waren gutgläubig und vertrauensselig, doch ließen sie sich nur schwer bestechen, da sie an Schätzen kein Interesse zeigten. Sie hingen einem Göttinnenkult an, dem Kult der Erdgöttin Aertha/Nerthus. die Germanen verehrten ihre Frauen als Seherinnen und gaben ihren Königen und Heerführern keine Befehlsgewalt. Diese mussten unter ihresgleichen erkannt werden durch ihr edelmütiges Vorbild und ihre gelungene (Heer-) Führung. Mit einem Beschluss im Thing, der Stammesversammlung unter der Leitung eines Priesters, konnten sie jederzeit abgewählt werden. Das alles wirkte auf die Römer befremdlich: ihr Kaiser verlangte, wie ein Gott angebetet zu werden; sie kamen aus einem Land mit einer hohen technischen und architektonischen Kultur und einer hoch entwickelten Kriegskultur.

Umso erstaunter waren die Römer, als sie das Land systematisch zu erobern begannen. Je mehr sie ins Landesinnere vordringen wollten, umso heftiger wurden sie zurückgeschlagen. Es kam zu einem Guerillakampf im germanischen Urwald zwischen Schluchten, Flüssen, Bergen, Sümpfen und Mooren, in einem unübersichtlichen und finsteren Gelände für einen Fremden. Es herrschte unwirtliches Wetter, in dem die Römer nicht gewinnen konnten. Ihnen standen wütende Männer gegenüber, deren Framen, speerartige Schwerter mit kurzen und sehr scharfen Klingen mörderisch waren. Diese Männer scheuten nicht zu töten. Ihre Frauen feuerten sie an, junge Frauen kämpften mit, die Älteren verbanden die Verletzten und setzten sie zurück aufs Pferd. Zauberkundig und stark müssen diese Frauen gewesen sein und hart waren sie in der Verteidigung ihres Landes, so wie auch die Männer, denn sie liebten ihr Leben, ihre Freiheit, ihren Met, ihre Feste, den Gesang, ihre Götter, den Hain und den Tanz - all das liebten sie mehr als den Kampf. Dafür standen sie ein, Seite an Seite, unerbittlich und zornig. So traten sie dem Römer entgegen. Die römischen Grenzlinien achteten sie nicht - ihre eigenen Stammesgrenzen galten nur für sie.

Einige Jahrzehnte nach der Zeitenwende tauchten überall entlang der römischen Grenzlinie die drei Matronen auf. Die römischen Grenzsoldaten hatten offensichtlich den vermutlich vom Niederrhein stammenden *Matronenkult*, den „Mütterkult" von den „germanischen Barbaren" übernommen. Er verbreitete sich unter allen Grenzposten bis hinunter nach Italien, Frankreich und Spanien. Es sind immer drei Matronen, die auf den zahlreich gefundenen Votivsteinen abgebildet sind. Sie tragen jede einen Korb mit Früchten und Getreide und haben manchmal auch ein Schwein bei sich. Die meist in Latein verfassten Inschriften auf den Steinen und Altären kennzeichnen sie als Hüterinnen von Orten, Gewässern, Gehöften und ab und zu auch von sich offenbarenden Eigenschaften (Manifestationen).

Die germanischen Stammeskulturen waren vielfach durchdrungen von alten und uralten göttlichen Müttern und neueren, später hinzugekommenen göttlichen Vätern aus den sie erobernden Völkern. Sie alle lebten friedlich ineinander verwoben. So war es wie im Leben. Die Götter wurden ausgetauscht wie Geißeln oder wie Nahrung und blieben heilig wie das tägliche Brot[15].

Eine Philosophie hatte sich im Süden Europas etabliert, die den Körper, das Materielle als minderwertig vom Höhenflug des Geistes und die geistige Elite vom bäuerlichen Volk trennt. In Mittel-, West- und Nordeuropa waren diese Merkmale einer Geisteshaltung noch nicht ganz so klar umrissen angekommen. Doch auch von hier wird uns über eine Elite und eine grausige Unterwelt berichtet. Nur wenige, von Odin persönlich auserwählte Helden kamen nach Walhall in Odins Heer, das er sich zur Selbstverteidigung aufgebaut hatte. So hatte auch hier in der männlichen Götterwelt des hohen Nordens die kriegerische, paranoide Philosophie der Eroberungsvölker Fuß gefasst, nicht jedoch in der weiblichen: *Freyja* und *Frigg* blieben selbständig und mächtig, *Hel* war noch immer die Göttin der Unterwelt, die *Nornen* und *Walküren* waren keine willfährigen Nymphen des Odin, wenn sie ihm auch alle - in gewisser Weise zumindest – dienten. Seherinnen wurden von Odin verehrt und befragt. *Loki*, der Zwiespältige, der Widersacher und der zugleich kluge Hilfreiche war noch Teil der Götterwelt. Die Größe der Göttinnen schimmerte in allen Mythen, Mysterienkulten und Festen im Norden und im Süden Europas noch durch. Auch wenn sie da wie dort nach indoeuropäischen Einwanderungswellen zu Ehefrauen wurden oder als Dämoninnen in die Unterwelt verbannt worden waren, blieben sie noch lange machtvoll und lebendig in den Seelen und Herzen der Völker und Menschen. Ihre Liebe zur kosmischen Urmutter lebte noch. Die Göttinnen waren Weise, Wissende, Nährende und Lehrende. Die schnell sich verbreitende Mode des germanischen Matronenkultes entlang der römischen Grenzlinien ist der Beweis.

---

15 mehr in Band II

1.9. Die göttliche Urmutter

Von der Bedeutung der göttlichen Urmutter berichten uns zahlreiche Mythen. Am anschaulichsten erscheint mir diesbezüglich der Mythos der griechischen Urgöttin *Eurynome*:

Am Anfang war das Chaos. Nichts war zu sehen in der Finsternis. Nichts war fest, worauf man seinen Fuß setzen konnte. Nackt erhob sich Eurynome, die „Universelle", auch die Schöpferin genannt, aus dem Chaos. doch sie fand keinen Raum für ihren kosmischen Tanz. Da trennte sie das Obere von dem Unteren und tanzte auf den Wellen des Urmeeres so lange, bis sie die Elemente in eine Ordnung brachte. Sie tanzte gen Süden und der Nordwind erhob sich und folgte ihr. Sie wandte sich um und ergriff ihn mit ihren Händen. Da wurde er zu einer großen Schlange, die sie Ophion nannte. Eurynome tanzte immer wilder, bis Ophion sich um ihre göttlichen Glieder schlang. So wurde sie schwanger.

Nun nahm Eurynome die Gestalt der Erhabenen Taube an und flog einsam über den Wassern. Zu ihrer Zeit ließ sie sich auf den Wellen nieder und legte das Welten-Ei. Auf ihr Geheiß wandte sich Ophion siebenmal um dieses Ei und brütete es aus. Als die Schale zerbrach fielen Sonne, Mond und Sterne, Planeten und Erde mit allem, was auf ihnen lebte, heraus. So entstand auch unsere Erde, wie wir sie heute kennen, mit ihren Bergen, den Ozeanen, dem gesamten Horizont und dem Himmel mit all seinen Lichtern. Nachdem aber Eurynome mit Ophion ihre Wohnung auf dem Berg Olymp aufgeschlagen hatte, erregte Ophion ihren Unwillen, denn er behauptete nun der Schöpfer der Welt zu sein. Darüber geriet Eurynome sehr in Zorn. Sie wies ihn auf ihre Weise in seine Grenzen: Eurynome trat Ophion mit der Ferse auf den Kopf, schlug ihm dabei die Zähne aus und verbannte ihn in die dunklen, unterirdischen Höhlen der Erde.[16]

---

[16] siehe auch: 17, 2004, S.155; 33, S. 273 f

Über den Prozess der Eroberung und Überfremdung der alteuropäischen neolithischen Kulturen berichten uns ebenfalls zahlreiche Mythen aus sehr vielen Ländern. Passend erscheint mir hier der Mythos von *Europa* und *Zeus*:
Europa, Prinzessin von Phoinikien[17]*, hatte einen Traum, in dem der mächtige Erdteil Asia, in der ihre Heimat lag, in Gestalt einer schönen Frau vor ihr stand und ihre Arme schützend über sie ausbreitete, um sie vor dem Griff eines Fremden zu schützen. Doch eine andere Frau, ebenfalls ein Erdteil in Frauengestalt, drang heftig auf Frau Asia ein. „Lass mir das Kind!" rief Frau Asia bittend, „denn ich bin es doch, die sie zur Welt gebracht und aufgezogen hat! Lass mir meine geliebte Tochter!" Doch die Fremde war unerbittlich und entriss der Widerstrebenden die Jungfrau und führte sie fort. „Sei unbesorgt", sagte sie zur verängstigten Europa, „dem Weltenbeherrscher selbst, so ist es vom Geschick bestimmt, sollst du zu eigen sein."*

Nur schwer fand Europa am Tag darauf ihre Unbekümmertheit wieder. Schließlich ging sie mit ihren Gespielinnen auf die großen Wiesen in der Nähe des Meeres, um dort Blumen zu pflücken, die sie zu Kränzen wanden und um dort zu tanzen.

Niemand wusste, dass in Zeus, dem Weltenbeherrscher, eine unstillbare Liebe zu der Jungfrau entbrannt war. Er kannte keinen anderen Wunsch mehr als Europa zu gewinnen. Er wusste, dass nur eine List ihn zum Ziele führen würde. Also bat er Hermes, seinen geflügelten Götterboten, die Viehherden von den Bergwiesen Phoinikiens zum Strand des Meeres zu treiben. Er selbst verwandelte sich in einen kraftvollen Stier.

---

17 Küstenstreifen am Mittelmeer mit den Stadtstaaten Byblos, Sidon, Tyrus, Ugarit. Dort wurden die Göttinnen Aschera und Mari und Aphrodite verehrt sowie die Götter Adonis und Attis, der in Jerusalem Tammuz hieß. Mehr zur Sakralgeschichte dieser Region und deren Auswirkung auf unsere spirituelle Geschichte heute in Band II.

Seine Hörner schienen wie von Meisterhand gedrechselt, so fein standen sie auf hoher Stirn.
Inmitten der Viehherde erreichte Zeus in Stiergestalt die Wiesen, wo die tanzenden Jungfrauen weilten. Ein wunderschöner Stier näherte sich Europa voller Sanftmut und Zutrauen, was sie erstaunte. „Wie herrlich ist er anzuschauen," rief sie. Sehnsüchtig blickte das Tier sie an, kniete vor ihr nieder, leckte ihre Füße und schien ihr den Rücken zum Dienste anzubieten. Sie bekränzte seine Hörner mit den zum Kranz gewundenen Blumen, und er beugte ihr dafür willig sein Haupt entgegen. Da schwang sie sich vertrauensvoll unter den Zurufen ihrer Gespielinnen auf seinen Rücken.

Im gleichen Augenblick stand das Tier wieder auf seinen Füßen, schüttelte sich in wohliger Begierde und setzte sich in Bewegung. Schneller, immer schneller wurden seine Schritte, dann fiel er in Trab. Ängstlich und verwirrt klammerte sich Europa an seinen Hörnern fest. Vergeblich klangen ihre Rufe über die Felder, zu weit hatte sie bereits die Wiese mit ihren Gespielinnen hinter sich gelassen. Die Sinne wollten ihr vor Angst vergehen, denn nun jagte sie auf dem Rücken ihres Reittieres wie im Fluge dahin.

Schon lag der Strand vor ihr. Nun stürzte sich der Stier in die Wellen und schwamm mit seiner Beute davon! „Fürchte dich nicht, Geliebte", hörte sie eine Stimme sprechen, „kein Leid soll dir geschehen! Ich führe dich dem höchsten Glück entgegen."

Schnell glitt das seltsame Paar über die Wellen. Kein Tropfen benetzte die Reiterin. Gleichmäßig wie ein Schiff schwamm der Stier dahin. Die heimatlichen Ufer waren längst hinter dem Horizont der untergehenden Sonne verschwunden. Mütterlich breitete die Nachtruhe ihren Mantel um sie und so wurde sie ganz ruhig.

Dann stieg im Osten Eos, die Morgenröte auf und Helios, ihr Sohn, beleuchtete die unermessliche Weite des Meeres. Den ganzen Tag glitt der Stier mit seiner schönen Beute so dahin. Da endlich am Abend zeigte sich Land und der Stier schwamm zum Strand. Ohne einen Laut ließ er sich auf die Erde nieder, so dass die Jungfrau absteigen konnte. Dann entschwand er ihren Blicken.

Hilflos blickte sich Europa in dem fremden Lande um, als plötzlich ein Mann, anzusehen wie ein Gott, vor ihr stand: „Sei unbesorgt und ohne Furcht", redete er mit freundlicher Stimme, „kein Leid wird dir geschehen. Ich bin der König dieser Lande. Es ist die Insel Kreta, auf der du dich befindest. Ich will für dich sorgen und dich beschützen, wenn du meine Gemahlin werden willst. An meiner Seite sollst du herrschen."

Sie erkannte ihn als Stier und vertraute ihm. Gemeinsam verbrachten sie die Nacht. Am nächsten Morgen aber war er fort und sie war wieder allein, fern von ihrer geliebten Heimat. Alles war und blieb ihr fremd. Sie sehnte sich nach ihren Eltern und machte sich bittere Vorwürfe ob ihrer Leichtgläubigkeit. Kurz überlegte sie ihr schmachvolles Leben selbst zu beenden. Sie hatte keine Wahl, wurde schwanger, gebar drei Kinder, der berühmteste Sohn war Minos. Ab und zu besuchte der Weltbeherrscher Zeus sie in ihrer Einsamkeit. Ihre Heimat sah sie nie mehr wieder, der neue Kontinent aber erhielt ihren Namen.[18]

Ein sehr ähnlicher Mythos wurde im alten Germanien, im kleinen Frankenland, von der Urmutter der Merowinger erzählt. Sie soll von einem Stier im Norden am Meer geschwängert worden sein. Aus dieser mythischen Verbindung ist das Geschlecht der Merowinger entstanden.

---

[18] verkürzt erzählt nach Schwab, Gustav, Griechische Sagen, 1978, S. 23 ff

2. MARKSTEINE der geschichtlichen Entwicklung

„Erinnert euch all der Gesetze, mit denen unsere Vorfahren die Freiheit der Frauen gebunden, durch die sie die Weiber der Macht der Männer gebeugt haben ..... sobald sie uns gleichgestellt sind, sind sie uns überlegen.“
Cato, röm. Konsul, 3. Jh. v. Chr.. Er warnte die Männer des Senats davor, den Frauen gleiche Rechte zu geben.[19]

2.1. Die Christianisierung Germaniens bis 1000

1. Jahrhundert:

Die im 1. Jh. v. Chr. aufgetauchte Sammlung von „heiligen Schriften“, auch *byblos* „Bibel“ [20] genannt, wurde „im 1. Jh. n. Chr. von den Juden in der Diaspora[21] als heilig akzeptiert und an die Christen weitergegeben.“ Danach erfuhr sie noch zahlreiche Veränderungen. (31, „Bibel“, S. 126 f)

EINSCHUB

Diese Textsammlung unterschiedlichen Alters und Herkunft entstand vermutlich im 6. Jh. v. Chr. während des babylonischen Exils[22]. Die israelische wirtschaftliche, geistliche und politische Führungsschicht war nach Babylon deportiert worden. Das Exil wurde als religiöse Strafe aufgefasst und sorgte im Volk für eine spirituelle Verunsicherung, da sie sich von Gott *Jahwe,*

---

19 Richard Fester, Marie König, Doris Jonas, Weib und Macht, Fünf Millionen Jahre Urgeschichte der Frau, Frankfurt a. Main 1982, S. 8

20 mehr zur Entstehung der Bibel in Band II

21 griech.: „Verstreutheit“: religiöse oder ethnische Gruppen, die ihre traditionelle Heimat verlassen haben und überall auf der Erde verstreut unter Andersdenkenden leben.

22 597 - 539 v. Chr., mehr dazu siehe Glossar: babylonisches Exil

mit dem sie doch einen Bund geschlossen hatten, verlassen fühlten. Die Menschen im Exil lebten in komfortablen Lebensumständen und mussten keiner Arbeit nachgehen. So hatten sie Zeit sich philosophischen und geistlichen Studien zu widmen. Die damals zusammengetragene Sammlung von unterschiedlichsten Schriftstücken sollte mehr als 500 Jahre später, bekleidet mit dem Mythos, dass sie von Gott selbst diktiert worden sei, als „Heilige Schrift“ Verbreitung finden.

9: Die Römer wurden im Teutoburger Wald in Mitteldeutschland geschlagen und damit aus dem Gebiet zwischen Rhein und Elbe vertrieben. Es war eine der letzten Niederlagen Roms gegen einen Volksstamm der Germanen. (49, S. 66, 58)

14: Der römische Geschichtsschreiber Tacitus[23] berichtet von einem Feldzug gegen die Marsen aus dem Jahr 14: [Der römische Feldherr] *„Germanicus ließ eine Strecke von fünfzig Meilen mit Feuer und Schwert verwüsten. Kein Altar, kein Geschlecht fand Erbarmen. Profane und heilige Stätten, darunter auch der bei jenen Stämmen hoch berühmte Tempel, den sie das Heiligtum der Tamfana nennen, wurde dem Erdboden gleichgemacht.“* ([24])

16: Auf einer Ebene namens *Idisiaviso*, „Ebene der Idisi“, „Frauenwiese“, an der Weser nahe der Porta Westfalica in Mitteldeutschland fand eine Schlacht des römischen Feldherrn Germanicus gegen den germanischen Heerführer Arminius

---

23 56 - ca. 120 n. Chr., Publius Cornelius Tacitus war römischer Historiker und Senator. In seinen Werken *Germania* (98), *Annales* (110-120) u.v.a. schrieb er die Geschichte der Eroberung sowie seine Eindrücke über das damalige Germanien für seine römische Leserschaft nieder. Er erklärte die germanischen Bräuche, Götter und Sitten mit römischen Namen und Vergleichen aus dem römischen Leben.

24 de.wikipedia.org/wiki/Tamfana (28.12.2014), Tacitus Annales I, 51 nach Walter Baetke, *Die Religion der Germanen in Quellenzeugnissen,* 2. erweiterte Auflage 1944, S. 11

statt. Den kämpfenden Idisen, jungen, zauberkundigen Frauen oder Wesen wird nachgesagt, dass sie die Macht haben Heere zu hemmen. Eine weitere Schlacht fand am Angrivarierwall zwischen Weser und Steinhuder Meer statt. Die Römer verzichteten danach endgültig auf das Land zwischen Rhein und Elbe. (49, S. 66; 44, „Idisi“; „Idisiaviso“, S. 211)

ab ca. 35: Unter der Leitung der Apostel Paulus[25] und Petrus begann die systematische Christianisierung in vielen römischen Kolonien in Palästina und Griechenland, belegt durch die Apostelbriefe im Neuen Testament. Das Anliegen des neuen Christentums war die Anerkennung der jüdischen Mose-Gesetzbücher und in Folge die Anerkennung des gesamten Alten Testaments als die Wahrheit wie ein ehernes Gesetz. *„Seit der Zeit Esras bestimmte das Mosegesetz das gesamte Leben des jüdischen Volkes und grenzte es streng gegen die übrigen Völker ab. ... Über die Frage nach der Geltung des Mosegesetzes für die christlichen Gemeinden kam es in der Ur-Christenheit zu ernsten Auseinandersetzungen.“*
(41, S. 311, „Gesetz“[26]; 29, 2007 und 2009)

69 bis 70: Die germanische Seherin Veleda begeisterte ihre Landsleute am Aufstand des Batavers Julius Civilis gegen die Römer am Rhein mitzumachen. Weitere Aufstände folgten. Anfangs verhandelten die Römer sogar mit ihr, obwohl sie normalerweise nie mit Frauen verhandelten. Jedoch wurde sie bald schon gefangen gesetzt. Die Aufstände wurden niedergeschlagen. ([27]; 49, S. 66)

70: Jerusalem wurde mit all seinen Tempelanlagen von den Römern völlig zerstört. (Anm. BW)

70 bis 80: In diese Zeit datiert die älteste gefundene In-

---

[25] 5 – 64 n. Chr., Paulus von Tarsus, siehe Glossar

[26] siehe: Apostelgeschichte 15, Galater 2

[27] de.wikipedia.org/wiki/veleda (Okt./ 2014); Tac.hist.44,61;65; 5,24, Tac.Germ.8,3

schrift auf einem Weihestein des *Matronenkultes*, „Mütterkult“, in Andernach am Rhein. Nachweise des *Matronenkultes* wurden vor allem am Niederrhein aber auch in anderen römisch besetzten Gebieten gefunden. Möglicherweise wurde der *Matronenkult* von den germanischen Legionären und Verwaltungsbeamten, die im römischen (Kriegs-)Dienst standen, dorthin gebracht.
(44, „Matronenkult“, S. 262)

84: Der Bau des Limes wurde unter Domitian begonnen.

EINSCHUB

Der Limes führte quer durch die Länder und Wälder der germanischen Stämme und zerschnitt ihre Stammesgebiete brutal. Der Limes war eine römische Grenzlinie, befestigt mit Wällen, Gräben und regional auch mit Steinmauern. Er hatte über 1000 Wachtürme und über 100 Kastelle hinter der Grenzlinie, war ca. 548 km lang und führte durch die römischen Provinzen Obergermanien und Rätien, dem heutigen Graubünden, Tirol und Südbayern. Er begann in Rheinbrohl, nähe Neuwied, und verlief grob entlang des Rheins, über den Taunus, umschloss die Wetterau und zog sich bis zum Neckar, von wo er bis zur Donau weitergebaut wurde.
Der Limes diente dazu das römische Grenzgebiet vor den Germanen abzuschließen, deren Gebiete vor allem wegen des undurchdringlichen Waldes und der vielen Moore und Sümpfe, sowie wegen des schlechten bzw. ungewohnt nassen und kalten Klimas für die rein militärisch operierenden Römer uneinnehmbar blieb. Das alte Germanien war damals einem undurchdringlichen Urwald gleich und von zahlreichen Stämmen bevölkert.

2. Jahrhundert:

In Gallien setzte die Christianisierung ein. (20, S. 79)

Ab dem 2. Jahrhundert begann das Christentum verstärkt in Südeuropa Fuß zu fassen. (Anm. BW)

Das erste Hebammenlehrbuch wurde verfasst. Autor war Soranos in Ephesos[28]. (24)

EINSCHUB

Die Hebamme ist einer der ältesten Frauenberufe. Traditionell lag die Geburtshilfe in der Hand von heilkundigen Frauen, den Hebammen und Wehemüttern. Eines der ältesten Zeugnisse der Hebammenkunst stammt aus dem dritten Jahrtausend vor Christus: Eine Tempelmalerei zeigt die Drillingsgeburt der Pharaonenkinder des ägyptischen Sonnengottes Re. Auch in der Bibel finden Geburtshelferinnen Erwähnung: *„Und Gott tat den Hebammen Gutes; und das Volk mehrte sich und wurde sehr stark. Und es geschah, weil die Hebammen Gott fürchteten, so machte er ihnen Häuser."*[29] In der Antike war es Brauch, dass nur Frauen Hebammen werden konnten, die selbst schon geboren hatten und nicht mehr selbst schwanger werden konnten. So war sichergestellt, dass Hebammen jederzeit zur Verfügung standen, die über eigene Geburtserfahrung verfügten. In allen alten Völkern gab es Hebammen-Göttinnen, wie z.B. *Hathor* in Ägypten, *Ninmah* bei den Sumerern u.v.a.. (24)

Entgegen der häufig vertretenen Behauptung war das spätere römisch-katholische Christentum von Anfang an keine Unterschichtenreligion, sondern verbreitete sich sehr schnell

---

[28] antiker griechischer Arzt, der um 100 n. Chr. in Rom tätig war; er schrieb mehrere medizinische und populäre Werke u.a. über Frauenheilkunde, chronische Krankheiten, Hygiene und Chirurgie.

[29] 2. Moses, 1, 20-21

in höchsten Kreisen. Das war vermutlich ein strategisches Anliegen der Bischöfe, denn so konnten sie am ehesten missionarische Erfolge in einem großen Gebiet oder in einem ganzen Land erzielen. Das Christentum war ein städtisches Phänomen. Im ländlichen Raum verbreitete es sich erst später.

Wenn wir vom Christentum sprechen, sind verschiedene Strömungen zu unterscheiden: aus der paulinischen Lehre entstand die römisch-katholische Kirche. Diese Strömung war vermutlich die aggressivste, da sie die hierarchisch am straffsten organisierte Sekte[30] war. Weitere christliche Gruppierungen, die allgemein als Sekten bezeichnet wurden und werden, sind die sogenannten gnostischen Christen. Die Gnostiker waren in dieser Zeit die Intellektuellen. Sie hingen unterschiedlichen politischen, philosophischen und spirituellen Strömungen, Studien und Forschungen an. In den Überlieferungen sind sie in unterschiedliche Gruppen eingeteilt und nach ihren Lehrern, Orten oder Lehren benannt. Vermutlich wurden sie erst später durch ihre Feinde so gruppiert. Sie selbst nannten sich schlicht „Christen". Die Sekte, die ihre Lehren auf Paulus und Petrus gründete, grenzte sich scharf von allen anderen Lehren ab, bezeichnete sie als Irrlehren und beschuldigte sie der Häresie, was übersetzt eigentlich nur „Andersdenkende" bedeutet. Spätestens nachdem sie als römische Staatsreligion anerkannt worden waren, entwickelten sie eine Vielzahl von Beschlüssen auf deren Basis sie die ‚Andersgläubigen verurteilten. Wer der Häresie angeklagt wurde, dem war scharfe Verfolgung und meist auch die Todesstrafe sicher. Da ihre Verfolger, die Römischen Christen sehr eng mit der sozialen und wirtschaftlichen Elite der jeweiligen römischen Kolonien und späteren eigen-

30 Eine Sekte ist eine politisch oder philosophisch einseitig ausgerichtete Gruppe. Im Zusammenhang mit den Hochreligionen gilt eine kleinere, von einer christlichen Kirche oder einer anderen Hochreligion abgespaltene, meist religiöse Gemeinschaft als Sekte. Mehr dazu siehe Glossar

ständigen Staaten und Reiche zusammen arbeiteten und bis heute zusammen arbeiten, verfügen sie bis heute über eine ungeheuerliche Macht.

Hauptstreitpunkte zwischen den Römischen Christen und den gnostischen Christen waren der Umgang mit Jesus als Sohn, als Mensch oder als Gott und damit verbunden die Trinitätslehre[31], sowie der Umgang mit Maria, als Mensch, als Göttin oder als ein Zwischenwesen und damit die Lehre von der Sünde. Über die unbefleckte Empfängnis und die Rolle der Mütter wurden lange Debatten geführt. Durch diese erhielt Eva, was übersetzt „Mutter alles Lebendigen" heißt, die Rolle der Erbsünderin und Mutter aller Sünder und Sünderinnen und alles Sündigen.

Die vermutlich im 2./3. Jh. aufgeschriebene gnostische Schrift Pistis Sophia[32] berichtet, dass Jesus Christus noch elf Jahre nach der Auferstehung auf Erden gewirkt habe. In dieser Zeit lehrte er seine Jünger die erste Stufe der Mysterien. Der Text beginnt mit einer Allegorie von Tod und Auferstehung Christi, die zugleich den Auf- und Abstieg der Seele beschreibt. Später werden die wichtigsten Gestalten der gnostischen Kosmologie behandelt und 32 fleischliche Begierden aufgezählt, die überwunden werden müssen, um Erlösung zu erlangen. Eine besondere Bedeutung erhält die Schrift dadurch, dass sie eines der wenigen direkten Zeugnisse des antiken Gnostizismus ist. Die allermeisten Zeugnisse stammen aus der Feder von Kirchenvätern des alten Römischen Christentums, die ihre Lehrmeinung gegen die andersdenkenden Gnostiker verteidigen. ([33])

---

31 Die Lehre der Dreieinigkei von Gott-Vater, Gott-Sohn und Gott-Heiliger Geist, mehr siehe Glossar

32 siehe Glossar und Band II

33 de.wikipedia.org/wiki/Pistis_Sophia (Okt. 2014)

seit 100: Die beginnende Privatisierung im Römischen Reich[34] lässt Großgrundbesitzer und Latifundien (private Ländereien) entstehen. (2)

um 180: Irenäus von Lyon[35], Bischof von Lugdunum, Gallien, verhängte gegen gnostische Sekten den Kirchenbann. (31, S. 331)

EINSCHUB

In seinen Schriften „Gegen die Häresien", *adversus haereses,* prägte Irenäus den Begriff *regula fidei,* „Regel des Glaubens". Zweck seiner Schriften war die Abgrenzung des Christentums von gnostischen und anderen Lehren. Sie sollten als irreführend erwiesen werden. Er gilt als der Begründer der christlichen Dogmatik. Im Zentrum des Christentums steht die Einheit Gottes im Gegensatz zum gnostischen Gottesverständnis, die mehrere *Äonen,* „Weltzeiten, Ewigkeiten"[36], d.h. verschiedene göttliche Seinsformen oder Ebenen kennen. Sie unterschieden zwischen einer höchsten urgöttlichen Einheit und einem niedrigeren *Demiurgen,* „Weltenbaumeister, Weltenschöpfer". Der Demiurg hat die Welt, wie wir sie kennen, erschaffen. Irenäus legte Christus als Erlöser fest. Irenäus verglich Maria mit Eva und konstatierte die Pflichtvergessenheit der Eva im Vergleich zum Pflichtgefühl der Maria: *„Eva musste notwendigerweise in Maria wieder hergestellt werden, damit eine Jungfrau, damit sie die Anwältin einer Jungfrau werde, durch ihren jungfräulichen Gehorsam den jungfräulichen Ungehorsam rückgängig mache."*[37]

---

[34] gegründet 753 v. Chr., Höhepunkt der Ausdehnung bis 100 n. Chr., Krise des Weström. Reiches im 3. Jh.; Auflösung des Weström. Reiches 5. oder 6. Jh., Auflösung des Oström. Reiches 1453 n. Chr.

[35] ca. 135 – 202, griechischer Kirchenvater, 2. Bischof von Lyon, das damals zu Gallien gehörte

[36] *Äonen* werden in gnostischen Schriften verschiedene wesenhafte Urideen bzw. verschiedene *Emanationen,* d.h.: „Ausflüsse der Göttlichkeit" genannt.

[37] Zum Erweis der apostolischen Verkündigung, Epideixis, 33:

Einige gnostische Gruppierungen, z.B. die Ophiten, lehrten, dass die wahre Offenbarung des christlichen Geheimnisses durch eine Frau, die „Apostelin der Apostel" geschehen sei, nämlich durch Maria Magdalena, die innig von Jesus geliebt wurde. Sie beteten zu einer zweigeschlechtlichen Gottheit, dem Vater und der Mutter, die mit Jesus und Maria gleichgesetzt wurden. Irenäus verhängte über sie den Kirchenbann und bestand auf der Reue dieser Gläubigen. Durch den Kirchenbann hatte er einen Grund sie zu bestrafen „um so ihre Seelen vor der Verdammung zu retten". (31, S. 331 und [38])

Irenäus legte durch seine Schriften einen wichtigen kirchenrechtlichen und argumentativen Grundstein für die Verfolgungen aller als Häretiker[39] und Ketzer[40] bezeichneten Gruppierungen und Einzelpersonen. Diese bezogen sich oft auf alte gnostische Lehren und stellten sich gegen die Lehrmeinung der Römischen Kirche als einzig gültige Wahrheit Stellung.

186: „Latronen-Revolten" in Norditalien über Gallien und Spanien bis Obergermanien: Die Latronen revoltierten gegen die sozialen Folgen, die aus der Privatisierung von Staatsland im Römischen Reich entstanden sind. Die zahlreichen neu entstandenen Latifundien, die Vorläufer der Lehen, wurden von Sklaven bewirtschaftet. Die Revolten der bäuerlichen Bevölkerung wurden von desertierenden Soldaten aus den römischen Legionen unterstützt. (2)

---

de.wikipedia.org/wiki/Irenäus_von_Lyon (4.9.2015)

38 Mailahn, Klaus, Die Göttin des Christentums: Maria Magdalena: Das Geheimnis der Gefährtin Jesu, 2013

39 Abweichung von der offiziellen Kirchenmeinung bzw. -lehre; Häretiker sind Andersdenkende, Abweichler, siehe Glossar

40 Irrgläubiger, Jemand der sich gegen geltende Meinungen auflehnt, siehe Glossar

3. Jahrhundert:

Christliche Taufbekenntnisse gehen davon aus, dass „Maria als Mutter reine Jungfrau geblieben ist." (29, S. 38)

Die Christen wurden im Römischen Reich grausam verfolgt (s.u.). (Anm. BW)

EINSCHUB

Im Römischen Reich wurde von allen Anhängern einer neuen Religion, so auch von den Christen, eine gelegentliche Geste der Verehrung gegenüber den römischen Göttern und dem Haupt des Staates, dem Kaiser, erwartet und auch verlangt. Alle taten das, auch die Anhänger von *Isis* und *Osiris* und von *Mithras*. Die Christen aber weigerten sich strikt, da sie darin einen Akt des Götzendienstes und des Polytheismus[41] sahen. Vor allem aber verweigerten sie den Kaiserkult, was in den Augen der Römer dazu führte, dass sie in den Christen keine Religionsgemeinschaft, sondern eine radikale politische Bewegung sahen, die offensichtlich den Umsturz plante. Sie wurden verfolgt als gottlos und staatsfeindlich, denn wer den Kaiserkult verweigerte, galt vor dem Gesetz als „Majestätsverbrecher". Unter dem römischen Kaiser Diocletian setzte eine systematische Verfolgung der christlichen Staatsfeinde ein. Sein erklärtes Ziel war sie vollkommen auszurotten. Er schloss die Christen von allen Ämtern aus und zerstörte ihre „konspirativen" Versammlungshäuser, die Kirchen. (20, S. 27 f)

---

41 „Vielgötterei", religiöse Verehrung zahlreicher Götter, im Gegensatz zum Monotheismus, in dem nur eine Gottheit, sei diese weiblich oder meist männlich, verehrt wird.

Clemens von Alexandrien[42] betrachtete die Rache als etwas, das nicht zu Gottes Wesen passe. ([43]) Diese Vorstellung setzte sich leider nicht durch. Gott unterstützt sowohl im Alten Testament als auch in zahlreichen damaligen und aktuellen Kampfhandlungen, Kriegen und Eroberungen die Rache.

Die Römischen Christen predigten die Sündhaftigkeit der Eva und der Sexualität. Wer in ihre Sekte eintrat, beugte sich diesen Vorstellungen. Um die Richtigkeit dieser Lehre zu unterstützen, blieben „seit dem 3. Jh. Bischöfe und Priester nach der Ordination unverheiratet, was ihr Ansehen beim Volk heben sollte, das bereits anfing, die Ehe für sündhaft zu halten Doch spielte neben der kultischen auch das finanzielle Motiv eine Rolle. Die Pfarrer hatten sämtliche Einnahmen an die Bischöfe abzuführen, weshalb diesen eine ehelose Geistlichkeit willkommener sein musste als eine mit Frau und Kindern." (29, 2005, S. 38; [44])

„Tertullian[45] warf Maria, der Mutter von Jesus[46] ... vor, nicht an Christus geglaubt zu haben. Auch andere Kirchenväter des 3. Jh. sagen ihr unter anderem Eitelkeit und Stolz nach." (29, 2005, S. 138). Diese Unterstellung basiert vermutlich auf der Differenz zwischen der Lehre des Apostel Paulus und der Lehre von Jesus selbst, die auch Maria, die Frauen und die engsten Freunde und Familienangehörigen von Jesus verbreitet haben. Wieso diese auf keinen Fall mit den Lehren des Paulus konform gegangen sein konnten, zeige ich in Band II.

*Der griechische und christliche Gelehrte a*us Alexandrien Origenes[47] verglich erstmalig *Luzifer* mit *Teufel/Satanel.* Bis

---

[42] 150 - 215

[43] de.wikipedia.org/wiki/Apokatastasis (Okt. 2015)

[44] zitiert aus Karlheinz Deschner, Abermals krähte der Hahn

[45] 150 - 230, war Sohn eines römischen Offiziers, selbst Advokat in Rom, dann christlicher Schriftsteller

[46] mehr zur Jungfrau und zur Gottesmutter siehe Band II

[47] 185 - 254, Alexandrien; mehr zu den Schriften des Origenes in Band II

dahin galt *Luzifer* (lat.: *Lucifer,* griech.: *Phosphóros*, auch *Eosphoros*[48], hebr.: *Helal*) nur als der „Morgenstern" und ging auch noch mit dieser Bedeutung in die *Vulgata*[49], die erste lateinische Bibelübersetzung, ein. Origenes vertrat in seiner Schrift *de principiis prooemium* und in einer *Homilie über das Buch XII* den Standpunkt, dass *karan helal* verwechselt worden sei mit „hell strahlender Morgenstern", griech.: *Phaeton*, „der Strahlende". Er sei nämlich der *Helal-Eosphorus-Luzifer*, der, nachdem er sich Gott gleichzustellen versuchte, als himmlischer Geist in den Abgrund stürzte. Seine Auffassung beruht im Wesentlichen auf dem hellenistischen Mythos von *Eos*, der Morgenröte und *Phosphóros* bzw. *Eosphoros*, ihrem Sohn, dem Morgenstern, der als himmlischer Geist in den Abgrund stürzt. Origenes übersetzte diesen alten, griechischen Mythos ins Latein: *Eos* erhielt den Namen *Aurora*, die römische Morgenröte, ihr Sohn den Namen *Luzifer*, der römische Morgenstern, der in den Abgrund stürzte. Der Morgenstern wird tatsächlich unsichtbar, wenn die Sonne höher steigt und erst als Abendstern wieder sichtbar, bevor die Nacht anbricht. Morgen- und Abendstern sind der Planet Venus.
Origenes kam mit dieser Auffassung den Römischen Christen sehr entgegen, da sie sich mit dieser Ansicht deutlich von gnostischen Lehren abgrenzen konnten.
Tertullian, Cyprian[50], Ambrosius[51] u.a. schlossen sich im Wesentlichen dieser dem hellenistischen Mythos entlehnten Auffassung an. (40)

*Dieser Lehransatz b*rachte Origenes so viel Sympathie bei den Römischen Christen ein, dass sie ihn, als sie an der Macht

---

48 genauer bedeutet Eosphoros = „Bringer der Morgenröte"; mehr in Band II

49 s.u. 382, lateinische Bibelübersetzung

50 200 oder 210 - 258, römischer Bürger, stammte aus einer altgläubigen (heidnischen) Familie der Oberschicht

51 327 - 397, Ambrosius von Mailand wurde als römischer Politiker zum Bischof gewählt.

waren, nicht als Gnostiker verfolgten. Dennoch wurden seine Schriften ab 553 immer wieder verboten, vor allem wegen seiner Präexistenzlehre und der Lehre zu den Logoi. Origenes vertrat, dass Seele und Geist präexistent seien, d.h. schon vor der Geburt seiend waren. Diese *Präexistenz-Lehre* sorgte bis zum Mittelalter immer wieder für Zündstoff, da sie für alle Seelen gleichermaßen die Erlösung vorsah. Seine Präexistenzlehre beinhaltet nicht die *Reinkarnationslehre*. Die Seelenentwicklung erfolgte nach Origenes also nicht durch mehrere Wiedergeburten auf der Erde. Er bestritt die Reinkarnationslehre explizit, die in seiner Zeit auch unter den gnostischen Christen weit verbreitet war.

Origenes vertrat weiter *die Lehre der Logoi*[52] und damit die Menschlichkeit Christi. Gott und Christi waren aus seiner Sicht nicht wesensgleich. Darin enthalten war die Lehre von der *Apokatastasis*, der „Allaussöhnung", nach der am Ende alles mit allem ausgesöhnt sein wird. Folglich werden auch der Satan und alle Dämonen am Ende erlöst sein. Diese Lehre basiert auf einem zyklisch-theologischen Geschichtsbild.[53] Weiter betrachtete er die Weisen, die Jesus zur Geburt Geschenke brachten, als *Magoi*, als Magiere oder Priester von unterschiedlichen Stämmen, Gruppierungen oder spirituellen Kulturen oder Lehren. Den Stern von Bethlehem sah er als eine natürliche Himmelserscheinung an, nämlich als einen Kometen. ([54])

Origenes ist bis heute nicht als Kirchenlehrer von der römisch-katholischen Kirche anerkannt.

---

52 logos (griech., *Mehrzahl:* logoi): göttliche Offenbarung, göttliche Vernunft, Offenbarung des göttlichen Willens im fleischgewordener Sohn Jesu – In diesem Zusammenhang wird Logos nur in der Einzahl verwendet; Origenes aber sprach von Logoi und damit von einer Vielzahl von göttlichen Offenbarungen, Vernünften und Willen. Das handelte seinen Schriften und Lehren das Verbot ein.... mehr in Band II

53 siehe Glossar

54 de.wikipedia.org/wiki/origenes (Okt. 2015)

4. Jahrhundert:

Ambrosius schreibt, „*dass der Verlust der Unberührtheit für ein Mädchen einer Verunstaltung des Schöpferwerkes gleichkommt.*" (29, 2005, S. 28)
Sein Zeitgenosse Hieronymus[55] schlussfolgert: „*Um zu zeigen, dass Jungfräulichkeit natürlich ist, wohingegen der Ehestand sich nur auf Schuld gründet; was aus der Ehe geboren wird ist jungfräuliches Fleisch.*" und ... dass „*die Ehe überhaupt nur deswegen toleriert werden könne, weil daraus weitere Jungfrauen hervorgingen.*" (29, 2005, S. 38)

Augustinus von Hippo[56], einer der größten christlichen Kirchenlehrer, war Vertreter der *Erbsündenlehre*, der *Lehre des Fegefeuers*, der *Höllenlehre*, der Lehre der *doppelten Prädestination*[57] und der Körper- und Sexualfeindlichkeit. Zugleich war er Befürworter des *gerechten Krieges*, damit hernach die Gerechten über die Ungerechten herrschen. Jahrzehntelang richtete er Angriffe gegen die Juden. (s.u.) (Anm. BW; [58])

EINSCHUB

Augustinus entwickelte den Begriff des sündigen Menschen, ein Begriff, der erst durch ihn seine schreckliche Ausprägung erhielt. Er vertrat die Ansicht, dass der sündige Mensch, nach seinem Tod in einer Hölle endlose Qualen er-

---

55 347 - 420, stammt aus einer christlichen Familie, Verfasser der Vulgata, der ersten lateinischen Bibelübersetzung

56 354 - 430, sein Vater war altgläubig, seine Mutter Christin. Sie erzog ihn christlich ohne Taufe. Die Notwendigkeit der Taufe als Schutz vor der Erbsünde war damals noch unbekannt. Diesen Zusammenhang entwickelte erst ihr Sohn. Augustinus gehörte zeitweise den Manichäern an, die staatlich verboten waren. Später wandte er sich von ihnen ab und verfasste seine christlichen Lehren, die bis zur Reformation und teilweise bis heute unangefochten blieben. Sie sind für die Entwicklung des heutigen Christentums äußerst prägend.

57 göttliche Vorherbestimmung zur Seligkeit oder zur Verdammnis

58 de.wikipedia.org/wiki/Augustinus_von_Hippo (Okt. 2015)

leiden muss. Die endlose Strafe für ein endliches Vergehen begründete er mit der Erbsünde des Menschen, *die ewiges Übel* verdiene.
In seiner *doppelten Prädestinationslehre* vertrat er, dass Gott von Anfang an das Schicksal der Menschen/Seelen vorherbestimmt hat, insbesondere die Erwählung einzelner Seelen zum ewigen Leben oder zur ewigen Verdammnis. Die Anzahl der Geretteten an der ewigen Gemeinschaft sei begrenzt. Wer sich berufen fühlt zum ewigen Leben soll den Geboten Gottes folgen. [Diese Lehre widerspricht den Ansätzen des Origenes, der von der Ausheilung allen Bösen und Lasterhaften überzeugt war.] Die Lehren des Augustinus blieben bis zur Reformation, also mindestens bis 1517 n. Chr. weitgehend unumstritten. ([59])

Die Christen brachten vor allem die soziale Elite des Römischen Reiches auf ihre Seite. Dies gelang über die Prädestinationslehre, die sie geschickt mit den Ständen, dem *ordo*[60], verbanden. Die bekehrten und getauften Christen (insbesondere die bekehrte Oberschicht, die Gelehrten, Geistlichen u.a.) galten nun als Auserwählte Gottes. Nach der Prädestinationslehre war ihnen durch das Taufgelübde ihr neuer Stand – der Stand der von Gott Auserwählten – ihr neuer *ordo* auch nach dem Tod und für alle Zeiten sicher. So also entstand ein neuer *ordo*, der Stand der christlich Getauften, eine christliche Elite, die Auserwählten Gottes. Ab dem Zeitpunkt der Taufe gehörten sie der (neuen) ewigen Gemeinschaft der Auserwählten an. Das ewige Leben im Himmel war ihnen sicher. Auch war ihnen die Abgrenzung vom Feind, vor den Heiden,

---

59 de.wikipedia.org/wiki/Augustinus_von_Hippo (Okt. 2015)

60 Das latinsche *ordo* bezeichnet den römischen Stand einer sozialen Elite. Im Römischen Reich gab es verschiedene Stände wie z. B. der *ordo senatorius*, der „Senatorenstand". Bekehrte Christen wurden ein neuer Stand, eine neue Elite, galten von Gott auserwählt und würden deshalb nach der Prädestinationslehre auf ewig Auserwählte bleiben.
(mehr siehe Glossar)

den Ungläubigen oder Altgläubigen sicher, die allesamt als Sünder auf ewig in der Hölle schmoren werden. So machten die Christen den zu Bekehrenden ein äußerst verlockendes, verführerisches Angebot! Wie sollte man wissen, ob das nicht vielleicht doch stimmt?

311: In Rom wurde ein kaiserliches Edikt erlassen, das den Christen gestattete ihre Kirchen wieder aufzubauen. (20, S. 28)

313: Der Römische Kaiser Konstantin erließ das Toleranzedikt in Mailand, der allen Christen Religionsfreiheit gewährte. Hintergrund sei sein Sieg an der Milvischen Brücke[61] gewesen, den er nach eigenem Bekunden nur durch den Christengott erlangt hatte. Wie Bischof Eusebius[62] berichtet, sei am Himmel ein aus Feuer bestehendes Kreuz erschienen, das über der Sonne schwebte. Ganz deutlich sei die Inschrift zu erkennen gewesen: IN HOC SIGNO VINCES! – „In diesem Zeichen wirst du siegen!“ (20, S. 28 f)

EINSCHUB

„In Wirklichkeit aber deutete Konstantin nur die Zeichen der Zeit: Die Volksstimmung gegenüber dem Christentum hatte sich gewandelt. Zu seinen Untertanen zählten nun zahlreiche Christen, vor allem auch Adelige und Reiche. Diocletian war gescheitert, weil er seine Interessen gegen die Christen durchsetzen wollte. Konstantin entschied nun mit Hilfe der Christen zu regieren. Die Christen verfügten über eine straff aufgebaute und gut organisierte Hierarchie mit einem festem Machtgefüge und bildeten dank dieser strengen Organisation quasi einen Staat im Staat. Ohne die anderen Religionen abzubauen, begünstigte Konstantin offen die Christen. Auch die

---

61 Sieg an der Ponte Mamollo in 312

62 gest. 370

christlichen Kirchen in den staatlichen Provinzen wurden mit staatlichen Mitteln unterstützt. Dadurch hatte er in einer Zeit, als das Römische Reich auseinander zu brechen drohte in den schwer unter Kontrolle zu haltenden Provinzen engagierte Mitarbeiter, die mittels ihrem missionarischen Eifer dort eher für Ordnung sorgen würden als die oft unwilligen Söldnertrupps." (20, S. 29 f) Durch diese Entscheidung wurde die christliche Sekte, die auf der paulinischen Lehre basierte, nach und nach fest in den Staatsorganismus des Römischen Reiches eingebaut. Römische Kirche und Römischer Staat zogen zur Durchsetzung ihrer jeweiligen Interessen an einem Strang. „Die Christliche Kirche war damit Werkzeug und Träger der Macht des Römischen Reiches geworden." (ebda.)

Die streng hierarchisch begriffene Lehre der nun staatlich gewollten Römischen Kirche wirkte einem natürlichen Selbstbewusstsein der unterworfenen Völker an den Grenzen des Römischen Reiches strikt entgegen. Durch das neu eingeführte Sakrament der Beichte wurde zugleich ein wunderbar funktionierendes Spitzelwesen aufgebaut. Durch die regen und bisweilen fanatischen Missionars-Tätigkeiten verbreiterte das Römische Christentum die Basis für eine Verherrlichung des alleinigen Gottes im Himmel, wie dies keine andere Religion im Römischen Reich bisher vermocht hatte. Gott war die Spitze der Pyramide und wachte mit seinem göttlichen Auge zusammen mit seinen irdischen Dienern über das einfache Volk. So wurde das bereits sehr desolat gewordene hierarchische Staatsgebäude des Römischen Reiches bestens saniert und kam einem Gottesgebäude gleich. Dem unterdrückten Volk wurde versprochen, sofern sie nur gehorsam und fromm ihre von Gott gegebenen Bürden ertrügen, in das Himmelreich Gottes aufgenommen zu werden.

314: Der *Canon Episcopi*, „Brief der Bischöfe", wurde auf dem Konzil von Ankyra beschlossen. Der Text fordert die Bischöfe und ihre Mitarbeiter auf in ihren Sprengeln[63] Wahrsager und Zauberer zu ermitteln und zu entfernen. Er droht darüber hinaus jenen Frauen mit der Ausweisung aus dem Pfarrbezirk, die der als gottlosen Aberglauben gebrandmarkten Vorstellung anhingen, sie würden einen Ritt durch die Nacht auf Tieren unternehmen. (19)

318: Der Presbyter Arius[64] vertrat die Auffassung der Wesensähnlichkeit zwischen Gott-Vater und Sohn mit Unterordnung des Sohnes unter den Vater. (52)

EINSCHUB

Nach der Lehre des aus Alexandrien stammenden Arius war Christus mit Gott nicht wesensgleich, sondern nur das Erste und Höchste aller erschaffenen Wesen. Für die Kirche war die Frage der Wesensgleichheit (*homousia*) gegenüber der Wesensähnlichkeit (*homoiusia*) des Sohnes mit dem Vater sowohl theologisch als auch in politischer Hinsicht von entscheidender Bedeutung. Vor allem ostgermanische Stämme - Goten, Vandalen, Langobarden - beharrten auf der Beibehaltung des *Arianismus*, weil er ihnen logischer erschien. Die christliche Kirche konnte sich mit einer Rivalin nicht abfinden, entsprechend waren die *Arianer* in ihren Augen Irrgläubige, denn wenn Christus nicht Gott war, drohte die ganze christliche Lehre aus den Fugen zu geraten.
(20, S. 75)

320: Der Bischof von Rom bezog seinen Sitz im Lateranpalast und lebte fortan wie ein Fürst. Mit kaiserlichem Pomp zog er durch die Straßen. (20, S. 30 f)

---

63 Amtsbezirk eines Bischofs oder Pfarrers
64 vermutlich 280 - 336

325: Das Konzil von Nicäa schloss alle gnostischen und *apokryphen*[65] Texte aus dem christlichem Glaubenssystem aus, obwohl einige dieser Schriften, wie das Johannesevangelium, ein Teil des christlichen Kanons wurden. (30, S. 190 f)

EINSCHUB

Der Begriff Apokryphen bedeutet: „verborgene, geheime Schriften" und wird in der Christenheit allgemein mit „unechte Schriften" übersetzt. Die *Apokryphen* wurden nicht in den Kanon der Bibel mit aufgenommen. Der griechische Begriff *Canon,* „Katalog, Regel, Richtschnur" wird allgemein als „der Leitfaden des Glaubens und der Ethik der Kirche" verstanden. Der Kanon besitzt kirchenrechtlichen Charakter, wie der Umgang mit dem *canon episcopi* noch zeigen wird.

325: Das Konzil von Nicäa entwickelte die christliche *Trinitätslehre*, „Dreifaltigkeit, Dreieinigkeit", die besagt, dass die Wesenheiten Gottes eine Person sind. Es wurden Vater (Gott der Vater, Gott Vater oder Gottvater), Sohn (Jesus Christus, Sohn Gottes, Gott der Sohn oder Gott Sohn) und Heiliger Geist genannt. (52)

EINSCHUB

In diesem Zusammenhang kam es zum Arianerstreit, zum Streit zwischen den Verteidigern der Wesens-Einheit von Gott und Sohn (Nicäner) und den Verteidigern der Verschiedenheit bzw. Wesensähnlichkeit von Gott und Sohn (*Arianer*). Nach der Lehre der Arianer gab es keine Wesensgleichheit zwischen Gott, der obersten Gottheit, und seinem Sohn Jesus sowie dem heiligen Geist. Jesus geriet so in eine Zwischenposition zwischen göttlich und menschlich. Der Arianismus wurde von

---

65 griech.: *apocryph* bedeutet„verborgen, geheim". Der Begriff wird allgemein mit „unecht" übersetzt; siehe Glossar

dem Konzil von Nicäa als Irrlehre zurückgewiesen. Es folgte ein jahrzehntelanger Streit zwischen den Nicänern und den Arianern. Die Arianer gewannen anfangs bei der höheren Geistlichkeit und den hellenistisch Gebildeten bei Hof und im Kaiserhaus viele Anhänger. (52)

340 – 360: Es traten verschiedene arianische Synoden zusammen, die 14 verschiedene nicht-trinitarische Bekenntnisse beschlossen.
Zu der Frage von der Wesensgleichheit oder Wesensähnlichkeit zwischen Vater und Sohn kam die Frage nach der Stellung des Heiligen Geistes hinzu. Ist der Geist Gottes eine Person der göttlichen Trinität, eine unpersönliche Kraft Gottes, eine andere Bezeichnung für Jesus Christus oder ein Geschöpf? Die *Makedonianer,* nach einem ihrer Führer, dem arianischen Patriarchen Makedonios I. von Konstantinopel benannt, auch *Pneumatomachen* , „Geistbekämpfer" genannt, vertraten die Ansicht, der Heilige Geist sei ebenso ein Geschöpf wie der Sohn. (52)

EINSCHUB

Das aramäische und in der Bibel benutzt Wort für deutsch: „Heiliger Geist" heißt *ruach*. Es ist ein Femina, ein weiblicher Begriff und müsste demzufolge eigentlich übersetzt werden mit die „Heilige Geistin". Es ist eine Heilige Inspiration, ebenfalls ein weiblicher Begriff, die durch die weibliche Gottheit, die Göttin hervorgerufen wird. Das mit dem Heiligen Geist verbundene Symbol der Taube ist ein in allen semitischen und europäischen Völkern bekanntes uraltes Symbol der Göttin.

343: Im Konzil von Sardica bestätigte Papst Julius I. den Bischof von Rom als oberste Instanz in Personalfragen.
(20, S. 31)

360: Im Streit zwischen den Arianern und den Nicänern gewannen die Arianer die Oberhand. Die Mehrheit der Bischöfe stimmte für die arianische Version, d.h. für die Wesensunterschiede von Vater, Sohn und Heiliger Geist. (52)

362: Das Konzil von Alexandrien formulierte eine Lehre über den Heiligen Geist und seine Wesenseinheit mit Gott. Bis 380 gab es zahlreiche Predigten und Abhandlungen zu diesem Thema. (52)

365: Bischof Hilarius von Poitiers[66] kritisierte die Verbannung von Andersgläubigen als Häretiker durch die eigene, die römisch-christliche Kirche sehr. Damit kritisierte er die Forderungen des Canon Episcopi (314) und die Beschlüsse des Konzils von Nicäa (325).
Hilarius schrieb in seiner Schrift *Contra Auxentium* (Kap. 4): *„Jetzt empfehlen leider irdische Hilfsmittel den göttlichen Glauben ... Die Kirche schreckt mit Verbannung und Kerker, ... sie vertreibt die Priester, sie, die durch vertriebene Priester fortgepflanzt worden ist."* (23, S. 3)

EINSCHUB

Menschen, die ihre Freiheit sowie ihren alten Glauben beibehalten wollten, wurden von ihrem Land vertrieben, was die in Großfamilien und Stämmen organisierte Bevölkerung in ihrem inneren Zusammenhalt schwächen und destabilisieren sollte.
Die Bevölkerung lebte eng mit ihren Gottheiten zusammen, die sie regelmäßig in Ritualen verehrten, zu ihren Festen einluden und mit Opfergaben bewirteten. Ihre Ahn/innen dienten ihnen als die Vermittler zur jenseitigen Welt. Ahn/innen galten immer als Geschwister. Ahn/innen waren nicht nur ver-

---

66 315 - 367, Franzose, stammte aus wohlhabender heidnischer Familie. Er ließ sich 345 mit Frau und Tochter taufen

storbene Menschen, sondern auch Tierwesen, je nach Anlass auch Pflanzenwesen oder Wesen der Elemente, wie Feuer, Erde, Wasser, Luft und Gestein. Priesterinnen und Priester übernahmen die „Kontaktpflege" zu den Ahn/innen und zur geistigen und göttlichen Welt.

Im alten vor-kykladischen, vor-hellenistischen, also im vor-indoeuropäischen Europa gab es die Ur-Göttin oder Ur-Mutter, auch Große Mutter und Göttliche Mutter[67] genannt. Diese Vorstellung hatte in unterschiedlichsten Varianten überlebt, wenn auch abgeschwächt und zum Teil schwer kriegerisch verbrämt. Die Göttliche Mutter war nach wie vor unsterblich und die mit ihr verbundenen Mysterien lebten. So wie die Natur erneuert sich ihr Wesen stets selbst, so wie der Mond, der Tag, das Jahr. Alles in der Natur wird durch eine Mutter geboren. Die Ur-Göttin hatte einst die ganze Welt geboren, weshalb alle mit allen und alles mit allem verschwistert ist. Kriege sind demzufolge immer Bruder- oder Schwesternkriege.

Alles und Alle haben ihre ureigensten Aufgaben zu erfüllen: Gottheiten und Menschen, Pflanzen und Tiere. Alle Elemente unterliegen dem Zyklus. Es oblag den Priesterinnen und Priestern im richtigen Moment die Göttinnen und Götter zu rufen und um Beistand und Hilfe zu bitten, die gerade jetzt gebraucht wurden. Nur die Priester/innen waren eingeweiht in diese Mysterien und wussten welche Aufgaben wer, wann und wie erfüllen konnte und welche Gaben im Ausgleich dafür zu geben waren.

Diese Priester/innen wurden überall dort vertrieben, wo die Römischen Christen ihre Macht auszubreiten begannen: in Italien, in den römischen Kolonien, in Gallien und bald schon im Europa nördlich der Alpen. Die Römischen Christen vertrieben die Priesterinnen und Priester dieser Völker. Sie vertrieben ebenfalls die Lehrenden der gnostischen Gruppen. Sie taten

---

67 lat.: Magna Mater, auch die niederrheinisch-germanischen Matronen gehören dazu

das, obwohl die christlichen Priester einst selbst von den Römern und früher noch von Pharisäern und Schriftgelehrten verfolgt und vertrieben worden waren, wie Hilarius treffend bemerkte.

Die Folgen waren fatal. Das Volk geriet in eine Art Hilflosigkeit, denn Andere, weit weniger Eingeweihte mussten nun die priesterlichen Aufgaben übernehmen und zwar heimlich und immer mit der Angst im Nacken. Im Verborgenen mussten sie nun weiter machen, denn altbewährte Gottheiten wechselt kein Mensch eben mal aus. Das käme einer tiefen Beleidigung, ja einem Verrat käme das gleich.
Diese römisch-christlichen Maßnahmen erzeugten Wut, Angst, Verunsicherung und Verzweiflung – ein guter Nährboden um machtpolitische Ziele durchzusetzen.

380: Unter dem römischen Kaiser Theodosius dem Großen[68] wurde zunächst die öffentliche, später auch die private Verehrung der alten Götter verboten. Die paulinische Lehre des Christentums wurde zur alleinigen Staatsreligion erklärt. Damit verschwanden alle nichtchristlichen Götterbilder und die Tempel standen leer. (Anm. BW)
EINSCHUB

Bis das Römische Christentum zur Staatsreligion wurde, gab es einen regen Wettbewerb zwischen jüdisch-gnostischen, christlich-gnostischen und anderen gnostischen Weltbildern. Der Gnostizismus wurde ab jetzt von der Römischen Staatskirche verfolgt, lebte jedoch in verstreuten Gruppen unauffällig weiter. (30, S. 190 f)

Das Römische Christentum lehnte das gnostische Bild der Frau ab. Es war ihnen unerträglich sich vorzustellen, dass Gott von der Großen Mutter, hier: von der (Pistis) Sophia bestraft würde, so wie es die Gnostiker behaupteten.

---

[68] 347 - 395, Oströmische. Kaiser, regiert 379 - 395

Nach der Legende wird Gott, der Demiurg von seinen Geschwistern als Angeber erkannt und von seiner Mutter, der Pistis Sophia, was so viel heißt wie die urvertraute Weisheit, ermahnt. Er hatte von sich überall behauptet der einzige Gott zu sein. Seine Mutter sagte zu ihm: *„Du irrst dich, Samael," d.h. der blinde Gott*[69]*. „Ein unsterblicher, lichter Mensch*[70] *existiert vor dir, der sich offenbaren wird in euren Gebilden. Er wird dich zu Boden treten, wie man den Töpferton stampft. Und du wirst mit den Deinigen heruntergehen zu deiner Mutter, der Tiefe. Denn am Ende eurer Werke wird man den ganzen Mangel auflösen, der aus der Wahrheit in Erscheinung getreten ist. Er wird vergehen und es wird sein, als ob er niemals entstanden wäre."*[71]

„Die Nachfolger des heiligen Paulus verkündeten öffentlich, die Gnostikerinnen und Gnostiker seien die Erstgeborenen des Satans. Sie seien beutegierige Wölfe, vom Teufel Besessene, Bestien in Menschengestalt und sie handelten mit tödlichem Gift." (31, S. 331)

Seitdem das Römische Christentum Staats- und Volksreligion geworden war, gehörten der Römischen Kirche in einem relativ großem Umfang auch die sogenannten „Namenchristen" an, Menschen, die die römisch-christlichen Bräuche nur äußerlich mitmachten. (20, S. 31)

Die gewaltige Faszination, die das Römische Christentum auf so viele Menschen ausübte, war nicht so sehr ihre Glaubenslehre zu verdanken, sondern wohl eher der Hoffnung, mittels dieses *Glaubensbekenntnisses*, einem Parteibuch nicht un-

---

69 Samael heißt auch: „der Gott, der den Tod in die Welt bringt"

70 nicht der sterbliche Mensch, auch nicht der Heiland o.ä. ist hier gemeint, sondern die allererste Schöpfung, der Unsterbliche Mannweibliche, *„Der erste Äon ist der des unsterblichen Menschen"* (Eugnostosbrief, Band II)

71 Schenke, Hans-Martin, Der Gott „Mensch" in der Gnosis, Berlin 1962, S. 89+91; siehe Band II

ähnlich, in einer streng hierarchisch strukturierten Eroberungsgesellschaft mehr Chancen für die Durchsetzung von persönlichen und familiären Interessen zu haben. Der *ordo*, der soziale Stand der römischen Oberschicht wurde durch das Römische Christentum aufgewertet, da die bestehende soziale Ordnung, gestützt auf die Prädestinationslehre[72] als von Gott gegeben auf ewig manifestiert wurde. Sie stellt jeden Menschen in eine feste und unabänderliche spirituelle und auch soziale Position. Durch die Verlockung dieser von Gott vorherbestimmten Ordnung konnten vor allem Adelige und Beamte der Oberschicht für das Römische Christentum gewonnen werden, verführt durch das heilige Versprechen, dass ihr derzeitiger (sozialer) Status mit Hilfe des neuen Gottes auf ewig zementiert bleibt und möglicherweise sogar vermehrt und verbessert wird (s.o.). Je mehr Wohlhabende, Adelige und hohe Beamte sich zum Christentum bekehrten, desto mehr Anteil erhielt die Römische Kirche am Reichtum und desto größer wurde ihr machtpolitischer Einfluss. (20, S. 30 f)

bis 381: Seitens der Nicäner erfolgten zum Arianerstreit zahlreiche Veröffentlichungen und Predigten, die die Wesens-Einheit von Gott dem Vater, dem Sohn und dem Heiligen Geist zum Thema hatten: Gregor von Nazianz hielt 380 die fünfte Theologische Rede über den Heiligen Geist als Gott. Fast gleichzeitig schrieb Didymus der Blinde eine Abhandlung über den Heiligen Geist. Hilarius von Poitiers schrieb auf lateinisch über die Trinität und Ambrosius von Mailand veröffentlichte 381 seine Abhandlung *De Spiritu Sancto*, „Über den Heiligen Geist". (52)

EINSCHUB

Die griechische Theologie des vierten Jahrhunderts verwendet statt „Person" das griechische Wort *Hypostase*, was

[72] siehe Glossar, Prädestinationslehre

„Wirklichkeit, Wesen, Natur“ bedeutet. Dies wird bis heute so gehandhabt, da der moderne Begriff „Person" auch im theologischen Zusammenhang oft und fälschlicherweise mit dem lateinischen Begriff *persona*, „Persönlichkeit“ gleichgesetzt wird. (52)

381: Der erste Konzil von Konstantinopel wurde einberufen, um den arianischen Streit beizulegen. Dort wurde das mit dem nicänischen Glaubensbekenntnis verwandte *Nicäno-Konstantinopolitanum* beschlossen, das insbesondere den Teil bezüglich des „Heiligen Geist“ erweiterte und damit die Trinität mehr betonte als alle früheren Bekenntnisse.
Im Konzil von Chalzedon wurden die mit der Trinitätslehre zusammenhängenden Fragen präzisiert. Heute sehen die meisten Kirchenhistoriker das *Nicäno-Konstantinopolitanum* von 381 als das erste und wesentliche, verbindliche Bekenntnis zur Trinität an. (52)

382: Unter Papst Damasius I. sammelte der heilige Hieronymus hebräische Manuskripte und redigierte sie, um eine lateinische Übersetzung anzufertigen, eine Bibel mit bemerkenswerter Ungenauigkeit. Sie wich merklich vom Original, das Hieronymus zur Verfügung stand, ab. „Es gibt keine bekannten Teile der Bibel, die vor dem 4. Jh. v. Chr. entstanden sind.“ (31, „Bibel“, S. 127)

EINSCHUB

Diese erste lateinische Bibelübersetzung ist bekannt unter dem Namen *Vulgata*, was wörtlich übersetzt heißt: „im Volk verbreitet“. Dennoch sollte sie nur einen kleinen Elite zur Verfügung stehen. Hieronymus hatte an den vorhandenen Evangelien gründliche Überarbeitungen und Korrekturen vorgenommen. Der Rest des Neuen Testaments (die Briefe des Apostel Paulus und andere Apostelbriefe sowie die Offenbarung des Johannes) und das Alte Testament wurden ohne starke Eingriffe übersetzt. Ab dem 9. Jahrhundert bis zur Reformation galt die *Vulgata* im gesamten Christentum als einzig gültige Bibel. Im 15. Jahrhundert erreichte ihre Verbreitung auf Grund des neu erfundenen Buchdrucks ihren Höhepunkt. ([73])

390: Die berühmte Bibliothek von Alexandria brannte ab. Sie war wichtiger Bestandteil des hellenistischen Kulturzentrums Alexandria in Unterägypten. In ihr lagerten Hunderttausende von Schriftrollen, u.a. eine umfangreiche Sammlung von philosophischen und gnostischen Texten. Alexandria galt als die Hauptstadt der christlichen Gnosis, deren Weltbild dem paulinischen, dem Römischen Christentum in vielen Punkten widersprach. Fast alle gnostischen Schriftrollen verbrannten. Einige Schriften sind erhalten geblieben, u.a. Pistis Sophia und das Buch Enoch.
Brandstifter war vermutlich der Christ Theophilus. (30, S. 190 f)

5. Jahrhundert:

Der *Matronenkult*, „Mütterkult", wurde von den Römischen Christen bekämpft. Er war im ganzen Römischen Reich, besonders am Niederrhein, stark verbreitet. ([74])

Die Schulen der Ophiten, eine gnostische Gruppierung (s.o.), meist übersetzt mit „Schlangenbrüder", existierten in Bithynien noch im 5. Jh. n. Chr.. Erst jetzt begannen die Bischöfe der Römischen Christen den Mob aufzuhetzen, um die ophitischen Kirchen zu zerstören. 75 (31, „Schlange", S. 990)

---

[73] de.wikipedia.org/wiki/vulgata (Okt. 2015), mehr zur Vulgata s.o.: 8. Jh. und 9. Jh.

[74] mehr zu den Matronen in Band II

[75] mehr zu den Ophiten in Band II

EINSCHUB

Das Aufhetzen des christlichen Mobs war Taktik. Sie wurde bis in die Hexenverfolgung hinein immer wieder angewendet um unliebsame Gegner/innen zu beseitigen. Das Volk wurde über Demagogie aufgehetzt und in Verwirrung gebracht, so dass es letztendlich fLeute aus seinen eigenen Reihen als seine Feinde betrachtete und sie sogar umbrachte bzw. ihre oft bestialische Ermordung mit unterstützte. Noch heute wird die Manipulation des Volkswillens auf politischer Ebene, insbesondere in der Kriegspropaganda angewendet. Die Menschen, die sich durch Medien und Demagogie aufhetzen lassen, kennen in der Regel die wahre Gesinnung und oft auch die wahren Drahtzieher, die dahinter stehen nicht.

410 bis 420?: Während des sogenannten dunklen britischen Zeitalters erfolgte die Loslösung der britischen Provinzen vom römischen Imperium im Zeichen eines militanten Christentums. Es war geprägt von Martin von Tours[76] und wurde getragen von einer Bagaudenrevolte[77]. Die mit den Römischen Christen verbündeten Bauern erzwangen eine Abschaffung des zentralen [römischen] Heeres und der Steuern. So konnten die lokalen [britischen] Machthaber eine christliche Volkskultur bis ins 7. Jh. hinein entfalteten. (2)

415 oder 416: Hypatia von Alexandria wurde ermordet. Dieser Mord gilt als die erste Hexenverfolgung. Sie wurde von einem aufgehetzten christlichen Volksanteil, dem christlichen Mob der Hexerei verdächtigt und umgebracht. (23, S. 73)

Die heidnische Philosophin Hypatia lehrte Philosophie, Astro-

[76] 316 – 393, asketischer Mönch, bekannt als Nothelfer und Wundertäter; er ist bis heute einer der bekanntesten Heiligen und wird mit einem Laternenumzug am Martinstag gefeiert. Er soll für einen frierenden Bettler seinen Mantel in zwei Hälften geteilt haben um ihm einen Teil abzugeben. Er galt als das Bindeglied zwischen Rom und den Franken.

[77] Bagaudenrevolten waren Revolten von Bauern und Hirten, eigentlich in Gallien und Hispanien, die sich gegen die römische Regierung erhoben.

nomie und Mathematik im Kulturzentrum von Alexandria, in der schon ihr Vater gelehrt hatte. (Anm. BW)

431: Auf dem Konzil von Ephesos wurde das erstes Mariendogma von der *Theotókos,* der „Gottesgebärerin" verkündigt. Es ist kein Wunder, dass das Mariendogma ausgerechnet in Ephesos verkündigt wurde, denn dort befand sich ein Tempel von überregionaler Bedeutung. Er war ursprünglich der griechischen Göttin Artemis, später der römischen Göttin Diana geweiht. [78]

Paulus hatte auf seinen Missionsreisen nach Ephesos herbe Niederlagen einstecken müssen.[79] So wählte die Römische Kirche diesen Ort aus gutem Grund: „Die Menschen waren offensichtlich nicht bereit die Verehrung der Göttin für Priester und Propheten aufzugeben." (29, 2010, S. 155 f)

432: Irland kommt durch den Heiligen Patrick[80] mit dem Christentum in Berührung. Er gilt als der „Apostel der Iren". Mit Hilfe des dreiblättrigen Kleeblattes, ein vermutlich uraltes irisch- heidnisches Symbol, veranschaulichte er den Iren geschickt die Heilige Dreifaltigkeit. Seitdem ist das Kleeblatt, *shamrock*, inoffizielles Nationalsymbol geworden. Im vorchristlichen Irland wurde das Kleeblatt von den Druiden als Zauber- und Symbolpflanze genutzt, vor allem als Heilpflanze für Mensch und Tier, zur Wettervorhersage und um böse Geister in Schach zu halten. Es steht bis heute für Glück, Lebenskraft und Liebe, da es eine Frühlings/Sommer-Pflanze ist. 432 wurde der Heilige Patrick zum Bischof ernannt und gründete zahlreiche Klöster, teilweise gegen den erbitterten Widerstand der keltischen Priester, der Druiden. Diese Klöster entwickelten sich im 7. Jh. zum geistigen Zentrum Westeuropas. (20, S. 184)

---

78 mehr zur Bedeutung von Ephesos und seinem Tempel in Band II

79 AT, Apg. 19, 27-29

80 385 - 460

447 bis 482: Chlodio I. war der erste uns bekannte fränkische Kleinkönig aus dem Geschlecht der Merowinger, gefolgt von Merowech um 455 und Childerich I. bis 482. Das Geschlecht der Merowinger begründete seine im Volk tief verankerte und anerkannte Königsmacht auf folgende Legende: die Urmutter aller Merowinger wurde einst im Norden am Meer von einem heiligen Stier geschwängert.
(20, S. 77 und S. 279, Tafel)

EINSCHUB

Zur Legende der Urmutter aller Merowinger: aus dem Norden kam einst die Götterwelt der Asen zusammen mit der Eroberungswelle nordöstlicher Kriegervölker. Sie vereinte sich mit der im Binnenland ansässigen älteren Götterwelt der Wanen. Bei den Wanen hatten Göttinnen noch eine höhere Stellung inne als später bei den Asen. In der Edda[81] und in den nordischen Mythologien ist überliefert, dass Odin, der oberste Gott der Asen, das Zaubern von Freyja lernte, da er selbst nicht zaubern konnte. Freyja und ihr Bruder Freyr gehörten einst zu den Wanen. Weiter berichtet der Mythos von Friedensverhandlungen zwischen Asen und Wanen und dem gegenseitigen Austausch von Göttern. Die Völker der Wanen führten offensichtlich noch keine Kriege. Sie waren eine friedlich lebende Ackerbaukultur. In der Edda heißt es, dass die Asen den Krieg gebracht haben. 82 Odin und Wotan verschmolzen in vielen Überlieferungen zu einem Hauptgott.

---

81 Edda bezeichnet eine Sammlung altnordischer Helden- und Götterlieder. Edda bedeutet eigentlich „Urgroßmutter". Sie wurde von dem irischen Gelehrten und Politiker Snorri Sturluson (1179 - 1241) aufgeschrieben. Zweifellos sind Snorris Darstellungen der Nordischen Mythologie in der Edda und anderen Werken von seiner christlichen Bildung durchsetzt. Dennoch stellen sie unsere wichtigste Quelle nordgermanischer Mythologie dar. (44, „Edda")

82 mehr in Band II

(siehe 44) Dieser Mythenkreis war in Germanien Teil der dort gelebten Kultur. Der Mythos vom Stier, der vom Meer kam und die Urmutter der Merowinger schwängerte, erinnert an den Mythos von Zeus, ebenfalls ein Eroberer, der Europa entführte und mehrfach schwängerte.

Die Franken waren bis zum 5. Jh. ein Stamm unter vielen. Die germanischen Stämme kannten keine Stände und keinen Adel. Die gegenteiligen Berichte des Tacitus sind seiner römischen Sichtweise geschuldet. Nach neueren Forschungen gibt es keine Kontinuität zwischen germanischen Herrschaftsstrukturen und der späteren Ständegesellschaft, dem späteren feudalen Königs- und Lehnswesen. ([83]) Auch für die Merowingerkönige ist dies nicht ableitbar. Die Entwicklung vom Sakralkönigtum zum Feudalkönigtum liegt im Dunkeln.[84]
Nach und nach unterwarfen die Merowingerkönige germanische Stämme, die sie zu einem Frankenreich vereinen wollten, was 400 Jahre später auch gelang, allerdings bereits unter der Führung des ihnen bis dahin als Hausmeier[85], später auch als Leiter der Regierungsgeschäfte dienenden Karolingergeschlechtes. (20, S. 77 und S. 279, Tafel)

Die Franken hatten in ihren Gauen *„gelockte Könige"* über sich gesetzt, die nach einem Bericht des Bischof Gregor von Tours[86] *„aus ihrem ersten und sozusagen adeligsten Geschlecht"* kamen, womit das Geschlecht der Merowinger gemeint ist, deren Ehren- und Hoheitszeichen lange Locken waren. Mit dem langen, wallenden Haupthaar verband das Volk der Franken nicht nur rechtliche, sondern vor allem mythisch-religiöse Bedeutungsinhalte. Das Haar galt als Träger der Lebenskraft, sein Verlust machte kraftlos und unfrei.

---

[83] de.wikipedia.org/wiki/Deutscher_Adel (Okt. 2005)

[84] mehr zum Sakralkönigtum Band II

[85] siehe EINSCHUB nach 723

[86] 538 - 594

Ähnliches wird auch im Alten Testament berichtet: Samson, ein Richter Israels, hatte sein Land aus den Händen der Philister gerettet. Das Geheimnis seiner übermenschlichen Stärke lag darin, dass er *Nasiräer* war: jemand, der Gott gelobt hatte, zeitlebens - oder bis zur Lösung des Gelübdes - bestimmte Arten der Enthaltsamkeit auf sich zu nehmen. Dazu gehörte insbesondere, dass er sich das Haupthaar nicht scheren durfte.[87] Aus Grimms Märchen kennen wir das gleiche Versprechen, nur dass es nicht Gott, sondern dem Teufel gegeben wurde, so in „Des Teufels rußiger Bruder"[88] oder „Bärenhäuter".[89]

Beim Haar des Königs der Franken wurden Eide geschworen. Lange Haare zeugten von einer hohen angeborenen persönlichen Würde. Außer dem König trugen alle Frauen lange Haare als Zeichen ihrer angeborenen Würde. (20, S. 55)

um 450: Ein Dekret des Römischen Kaisers bekräftigte die Machtbefugnisse des römischen Bischofs über alle Kirchen unter Papst Leo I.[90]. (20, S.31)

451: Auf dem vierten Ökumenischen Konzil der Kirche in Kalchedon wurde der Gottesmutter bzw. der Mutter von Jesus, Maria, der offizielle Titel *Aeiparthenos,* „Ewige Jungfrau" verliehen. (29, S. 38)

482 bis 511: Chlodwig I. aus dem Geschlecht der Merowinger war der erste König, der im gesamten Frankenreich, das bereits ein Bündnis zahlreicher Stämme war, anerkannt wurde. (20, S. 77)

---

87 AT Richter 13-16, AT, Numen 6,5

88 Die Märchen der Brüder Grimm, Nr. 101

89 Die Märchen der Brüder Grimm, Nr. 100

90 440 - 461

493: Chlodwig I. heiratete die katholische Burgunder-Prinzessin Chlothilde aus politischen Gründen. Sie hatte weder ein Mitspracherecht bezüglich ihrer Religion noch ihrer Heirat. Chlodwig I. war bekennender Heide und diente dem Kriegsgott Wotan-Odin. Seine Herrschaft als germanischer König beruhte auf der unlösbaren Einheit von König und Volk. Nach allgemeiner germanischer Vorstellung garantierte der König das Heil des Volkes, ebenso das Heil in der Schlacht und bei der Ernte durch sein ganz besonderes Charisma, welches u.a. auf die Abstammungslegende der Merowinger gestützt wurde. Chlothilde wünschte, dass Chlodwig zum Christentum überträte. Er konnte und er wollte seine alten Götter nicht verleugnen, denn nach der alten Sage floss ja göttliches Blut in seinen Adern. Würde er nun die Religion seiner Ahnen und die seines Volkes wechseln, so müsste er sich fragen, ob er noch heilsfähig wäre. (20, S. 77)

497: Clodwig I. ließ sich taufen. Laut Gregor von Tours fand der Übertritt Chlodwigs I. zur katholischen Staatskirche Ostern 497 statt. Andere Quellen berichten von Weihnachten 498 und 499 oder 506. Sein Übertritt zum Christentum war in erster Linie das Ergebnis kühlen, politischen Kalküls, denn er schuf damit die Voraussetzung für die Einheit des Frankenreiches. Clodwig hatte mit der Vergrößerung seines Reiches ins nördliche Gallien nun erheblich mehr christliche Untertanen als fränkische. Nur letztere teilten noch seinen Glauben an Wotan-Odin. In der gallorömischen Bevölkerung hatte die Christianisierung bereits im 2. Jh. begonnen und war dementsprechend weit fortgeschritten. (20, S. 77)

EINSCHUB

Seine Taufe begleiteten zahlreiche Mythen, die die heidnische Mythe von der Urmutter der Merowinger im Volk ersetzen und sein Charisma stärken sollten, was auch gelang.

Clodwig I. trat in aller Pracht zum Taufbecken, um sich darin nach altem Brauch von Schmutz und Aussatz rein zu waschen, während Bischof Remigius folgende Worte sprach: *„Beuge dein Haupt, stolzer Sigambrer, verbrenne, was du angebetet hast, bete an, was du verbrannt hast."* Um ihm göttliche Legitimität zu verleihen, wurde er im Anschluss an die Taufe gesalbt. Eine Taube soll die Ampulle mit dem kostbaren Öl eigens vom Himmel zur Erde gebracht haben. (20, S. 79 f)

Durch die Salbung und die Geschichte über die Taube wurde geschickt der alte Glaube mit dem neuen verbunden. Die Taube war ein in ganz Europa verbreitetes, uraltes Symbol der alles gebärenden Muttergöttin, der *Magna Mater*, der „Großen Mutter". Sie hatte das Weltenei gelegt, aus dem alles entstand (s. o. *Eurynome*). Salbungen wurden in heiligen Kult-Handlungen bereits lange vor dem Christentum vorgenommen, wenn ein König feierlich sein Gelübde ablegte, in dem er sein Schicksal ab nun mit dem seines Volkes unentflechtbar verband. Salbungen wurden symbolisch als Hochzeit zwischen dem König als Heros[91] und der Göttin als Mutter des Volkes zelebriert.

Die Christianisierung in ganz Germanien, vor allem im Frankenreich schritt schnell voran. Der neue Gott war der alleinige Herr. Die Basis einer Menschenpyramide, an deren Spitze der Herr nun stand, bildete fortan der kind-gebliebene Mensch. Sie taten, was ihnen aufgetragen wurde, gehorsam, brav und fromm. Auf diese Weise wurde der Widerstand gezähmt. Die „Ungebildeten" und die „Gebildeten" trennten sich. Die „Klugen" beanspruchten das Recht für sich die „Dummen" zu versklaven. Zu den „Ungebildeten und Dummen" zählte fortan vor allem das hartnäckig am Alten hängende bäuerliche Volk, zu den „Gebildeten und Klugen" ge-

---

91 Sohn der Göttin, Geliebter, „Held", germanisch: *hali, halu* = freier Mann, Hauptperson, Person um die sich alles dreht, mehr in Band II und bei: Heide Göttner-Abendroth, Die Göttin und ihr Heros (17)

hörten die Vasallen des neuen Herrn. Diese Pyramiden-Hierarchie stand im deutlichen Gegensatz zu den früheren Stammeshierarchien, in denen sich der Sakralkönig im Mittelpunkt des Volkes befand.
Land und Leute wurden ab jetzt über viele Jahrhunderte hinweg von den neuen Königen an die neu gebildete Oberschicht verschenkt. Auch der Klerus bekam seinen Teil an Land und Leute. Dieses Land hatte bisher keinem Menschen gehört. Es war Gemeingut, dass von den dort lebenden Menschen versorgt und genutzt wurde. Jetzt stahlen sich die Könige, die dem Wohl des Volkes nun weniger verpflichtet waren als dem Christengott und seinen Bischöfen, was ihnen nie gehörte: sie stahlen das Land den alten Göttern und brachten das Volk um ihre Freiheit. Das war Verrat!

Der Krieg wurde ein von Gott, dem (neuen) Herrn gesegneter Feldzug. Die meisten Völker kannten das aus ihre alten Götterwelt.

Die Frauen blieben für die Missionen eine undurchschaubare Widerstandskraft. Traditionell galten die alten Frauen als die Bewahrerinnen der Kulte, in denen Göttinnen, die mit vielen Tieren und Naturwesen verbunden waren, Leben spendeten und schützten. Sie sorgten für den Erhalt der Fruchtbarkeit der Erde und des Viehs, heilten Krankheiten, schützten das Volk vor Unbill und Gefahren, begleiteten Schwangere, junge Mütter und Kinder und waren sehr hilfreich während Geburts- und des Sterbeprozessen. Die jungen Frauen, die Mütter und die Großmütter der Stämme und Gemeinden drohten *„aus Schwäche und sündiger Dummheit“* wie es die Kirchenväter lehrten, ihre Kinder erneut zu *„Heiden“* zurückzubilden.

Eheschließungen von Geistlichen nach der Ordination wurden für ungültig erklärt.
Damit war sowohl die Erbberechtigung als auch die Unterhaltspflicht für Ehefrau und Kinder durch den nun zum Pries-

ter geweihten ehemaligen Ehemann ausgeschlossen. Es gab auch keine rechtliche Handhabe, da die Ehe nicht als geschieden, sondern als ungültig angesehen wurde. Die Frau war fortan als Prostituierte geächtet. Weder der Mann noch die Kirche mussten zahlen. Eine Verarmung der Familie des neu geweihten Priesters war die Folge. 92

6. Jahrhundert:

Die vordringenden Missionare zerstörten systematisch die Kultstätte des *Matronenkultes* am Niederrhein sowie überall im ehemaligen römischen Grenzgebiet. Sie zertrümmerten ihre Weihesteine, Denkmäler und Altäre und machten ihre Heiligtümer dem Erdboden gleich. Auf den Tempelruinen erbauten sie christliche Gotteshäuser. (Anm. BW)

553: Auf dem 5. ökumenischen Konzil, dem 2. Konzil in Konstantinopel wurden einige Lehren des Origenes offiziell verworfen, und zwar seine Präexistenzlehre der Seele sowie seine Lehre der Allaussöhnung 93. Seine Schriften sollten vernichtet werden. Ob in diesem Konzil auch die Reinkarnationslehre verurteilt wurde und alle damit verbunden Bibelstellen gestrichen worden sind bleibt umstritten. Alle Akten des Konzils wurden 681 vernichtet. ([94])

589: Das 3. Konzil von Toledo befahl den Bischöfen, Weiber, die im Verdacht standen, mit Priestern Verkehr zu pflegen, zu verkaufen und das eingelöste Geld an die Armen zu verteilen. (29, S. 38)

---

92 29, S. 38, zit.: Deschner, Karlheinz, Das Kreuz mit der Kirche, 1974

93 s.o. 3. Jahrhundert; mehr in Band II

94 de.wikipedia.org/wiki/origenes (Okt. 2015)

EINSCHUB

Mit diesem Edikt wurde das Zuhälterwesen eingeführt und klerikal legitimiert. Frauen, die ihren Körper verkauften, was in den allermeisten Fällen aus wirtschaftlicher Not geschah, mussten plötzlich ihr Geld an die Kirche abliefern und wurden für sie, die ihre Kunden waren, zur Ware.

591 bis 615: Der irische Wandermönch Columban d. Jüngere[95] überquerte mit angeblich zwölf Genossen den Ärmelkanal, um bei Franken und Alemannen den christlichen Glauben zu verbreiten. In den kaum erschlossenen Vogesen gründete er drei Klöster, denen er mit alt-testamentarischer Strenge vorstand. Trotz oder wegen seiner Strenge konnte er in den zwei Jahrzehnten seines Wirkens zahllose Menschen ansprechen, sogar die zügellose fränkische Oberschicht.
(20, S. 186 f)

592 bis 543: Benedikt von Nursia[96] gründete das Kloster und Kulturzentrum Monte Cassino, das spätere Mutterkloster des Benediktinerordens und unterwarf die Mönche unter seinen Leitsatz: *ora et labora,* "bete und arbeite". Als Haupterziehungsinstrument diente die Peitsche, mit der genau bemessene Prügel verabreicht wurden: sechs Hiebe erhielt, wer beim Singen hustete oder während des Chorgebets lächelte. Wer sich im vertraulichen Gespräch mit einem weiblichen Wesen erwischen ließ, erhielt 200 Hiebe. (20, S. 186)

7. Jahrhundert:

Durch seine zahlreichen Klöster hatte Irland sich zur Hochburg der Kunst, Kultur und Gelehrsamkeit entwickelt. Anerkannt als geistiges Zentrum Westeuropas gingen zahlreiche

---

95 ca. 545 - 615

96 ca. 480 - 543

Mönche dorthin. Ausgebildet als Missionare kamen sie von dort aufs Festland, um die Völker zu bekehren.
(20, S. 184)

Irische und angelsächsische Mönche tauchten zu Beginn des 7. Jh. überall im Frankenreich auf.
Angeregt durch den irischen Wandermönch Columban und seine Schüler (s.o.) wurden im Laufe dieses Jahrhunderts eine Fülle von Klöstern gegründet. Zahlreiche Männer nahmen die Mönchskutte, so auch Arnulf von Metz[97], der Stammvater des karolingischen Hauses. (20, S. 187)

Die Christen verboten allen Frauen auf dem Festland Waffen zu tragen und sich an Waffenübungen zu beteiligen. Auch die Sächsinnen hatten dieses Verbot [angeblich] akzeptiert. Generell gilt, dass weibliche Kriegerinnen (Kelten, Amazonen u.a.) besser belegt sind als allgemein angenommen wird. (12)

Um 600: Die Vorstellung von der Hölle als Sitz des Teufels erhielt durch Papst Gregor I. neue Nahrung. Ebenso das Bild des Fegefeuers. (18, Bd. 8, 1880)

604: Papst Gregor I. empfahl heidnische Heiligtümer in christliche umzuwandeln, um das Volk zur Bekehrung zu bewegen. (18, Bd. 8, 1880)

bis 632: Mohammed[98] wurde in Mekka geboren und wuchs in einem polytheistischen Umfeld auf. Als Vollwaise wurde er von seinem Onkel erzogen. Als Hirte und Handelsreisender lernte er seine Frau, die reiche Kaufmannswitwe Chadidscha in Mekka kennen. Er arbeitete für sie. Schließlich heiratete sie ihn. Er lebte bis zu ihrem Tod mit ihr in der Einehe. Sie gebar zwei Söhne und vier Töchter. Ihre gemeinsame Tochter Fatima und deren Ehemann wurden später als Mohammeds Nachkommen von allen Gruppen anerkannt. (Anm. BW)

---

[97] 582 - 640 / 814 - 629 Bischof von Metz
[98] 570 - 632

610: Mohammed hatte seine erste Offenbarung in den Bergen um Mekka. Chadidscha, seine Frau, prüfte diese und befand sie für rein. Sie unterstützte seitdem seinen weiteren Weg und half ihm über viele Anfechtungen durch Zweifel und Selbstzweifel hinweg. (Anm. BW)

613: Mohammed begann mit öffentlichen Predigten.

619: Chadidscha starb. (Anm. BW)

620: Mohammeds Onkel starb.
Mohammed begann sich deutlich zu radikalisieren. Nach dem Tod von Chadidscha nahm er sich mehrere Frauen. (Anm. BW)

622: Mohammed floh von Mekka nach Medina. Dort baute er eine islamische und politische Gemeinschaft auf. 622 ist der Beginn der islamischen Zeitrechnung. (Anm. BW)

622 bis 630: Mohammed führte zahlreiche Schlachten gemeinsam mit seinen Anhängern. (Anm. BW)

630: Mohammed gelang sein Einzug in Mekka, seinen Geburts- und Heimatort, als anerkannter Prophet. (Anm. BW)

EINSCHUB

Er konnte jetzt das Heiligtum der Kaaba für sich beanspruchen. Die Kaaba, was übersetzt „Kubus" oder „Würfel" heißt, ist ein schwarzer Stein, der die Form eines Ovals oder einer Vulva hat. Seit Urzeiten gilt dieser Stein bei den arabischen Stämmen als Heiligtum. Neben Allah wurden dort die Göttinnen al-Lat, Manat und Uzza geehrt. Ein Priester verwahrte den Schlüssel der Kaaba. Mohammed behielt bei seiner Übernahme des Heiligtums das Schlüsselritual vorerst bei. (siehe: 31, „Kaaba", S. 513)

632: Mohammed, der jetzt allgemein „der Prophet" genannt wurde, weihte die Kaaba allein Allah und entfernte alle Standbilder der anderen Gottheiten. Seitdem ist die Kaaba ein rein islamisches Heiligtum. (Anm. BW)

ab 632: Nach Mohammeds Tod blieb seine Nachfolge anfangs unklar. Es kam zu Streit und Spaltung zwischen Schiiten und Sunniten. Die Sunniten anerkannten den Koran sowie die mündlich überlieferten Aussprüche ihres Propheten, die Sunnit. Die Schiiten anerkannten nur den Koran. Erst der 4. Kalif der Sunniten, Ehemann von Fatima, Tochter von Chadidscha und Mohammed, wurde als rechtmäßiger Nachfolger von allen anerkannt. Mohammeds Nachkommen aus späteren Haremsverbindungen hatten sich nicht behaupten können. (Anm. BW)

EINSCHUB

Dieser Tatbestand lässt vermuten, dass sich die patrilineare[99] Erbfolge noch nicht als selbstverständlich durchgesetzt hatte.

Der Schlachtruf: „Es gibt nur Allah und Mohammed ist sein Prophet“ ließ die Söhne der Wüste zu harten Kriegern werden, die unter dem Zeichen des Halbmondes viele Kriege führten. In den Zeiten der Kreuzzüge wurden sie zu einem der Erzfeinde der Christen, jedoch auch zu deren Geschäftspartnern.

649: Papst Martin I. erklärte die immer-währende Jungfräulichkeit Marias zu einem kirchlichen Dogma auf dem 1. Lateranischen Konzil. Der Beschluss dieses Dogmas wird z.T. von Kirchenseite bestritten, allerdings fällt auf, dass *„die Jungfräulichkeit Marias mit so großer Selbstverständlichkeit in der Kirche gelehrt wird, dass man nicht umhin kommt in ihr einen Offenbarungssatz zu sehen ... .“* (29, S. 38[100])

---

[99] Erbfolge vom Vater auf den Sohn, Gegensatz: matrilineare Erbfolge, bei der das Erbe von der Mutter auf die Tochter übergeht. Die patrilineare Erbfolge ist auch im arabischen Raum die jüngere Erbregelung.

[100] zitiert aus Beinert, Wolfgang, Heute von Maria reden? Kleine Einfüh-

675: Auf der 11. Synode von Toledo wurde die Trinitätslehre über die Wesens-Einheit von Gott Vater, Sohn und Heiliger Geist als Dogma formuliert. (52)

690: Der northumbrische Mönch Willibrord überquerte nach seiner Ausbildung in Irland die Nordsee, um von Utrecht aus, wo er einen Bischofssitz gründete, keine Mühen zu scheuen die renitenten Friesen vom Christengott zu überzeugen - vergebens. (20, S. 190 f)

8. Jahrhundert:

Das Fest der unbefleckten Empfängnis wurde eingeführt. (29, S. 138)

Eine byzantinische Sammlung von Texten und Schriften, die nach und nach in Konstantinopel zusammengetragen worden waren, sowie einige ältere, später entdeckte Texte wurden zwischen dem 4. und dem 8. Jahrhundert als Ergänzung der *Vulgata* hinzugefügt. Das gesamte Werk bildet die Grundlage für die im 16. Jh. entstandenen Übersetzungen ins griechische durch Erasmus von Rotterdam sowie ins deutsche durch Martin Luther. (31, „Bibel", S. 127)

um 700 bis 730: Korbinian[101], ein gallo-fränkischer Mönch, vermutlich in der Nähe von Paris geboren und aufgewachsen, machte es sich enthusiastisch zur Aufgabe *„die vielen immer noch in Finsternis lebenden Seelen zu erhellen."* Er brachte schließlich den Bayern das Christentum näher. (20, S. 188 f)

---

rung in die Mariologie, 1973

101 670 - 730, geboren in Châtres, Frankreich, gestorben in Freising, Deutschland, wurde Bischof von Freising

EINSCHUB

Das Kernland des Frankenreiches war nun vom Christentum weitgehend durchdrungen. Derweil sah es an den Randgebieten wie Friesland, inmitten der ausgedehnten Wälder von Hessen und Thüringen sowie in den Wäldern, Sümpfen und Mooren von Sachsen „finster" aus. Nach wie vor suchten die Stämme mit aller Macht an ihren alten Kulten und damit auch an ihrer Selbstständigkeit festzuhalten. Die Annahme des neuen Glaubens wäre für sie gleichgekommen mit der Anerkennung der fränkischen Oberhoheit. (20, S. 190)

722: Der in Thüringen erfolglos tätige englische Missionar Bonifatius[102] wurde vom Papst zum Bischof geweiht, was seine Machtbefugnisse erhöhte. (20, S. 191)

723: Bonifatius wurde von Karl Martell[103], dem Hausmeier mehrere Frankenkönige, mit einem Schutzbrief ausgestattet und hatte somit staatliche Rückendeckung für seine Missionstätigkeit in Friesland und im hessisch-thüringischen Raum. Dabei schreckte er vor spektakulären Aktionen nicht zurück, um das „einfache" Volk von der Segenskraft des Christengottes und damit der Ohnmacht ihrer alten Götter zu überzeugen. (20, S. 191)

EINSCHUB

Das Amt des Hausmeiers am Königshof kam dem Amt des Verwalters des Hauses, maior *domus*, gleich. Ursprünglich hatte der Hausmeier die Oberaufsicht über das unfreie Hausgesinde des Hofes. Es gab oft mehrere Hausmeier, einen Hausmeier des Königs, einen der Königin, einen der Prinzen. Durch das fränkische Erbrecht, welches dafür sorgte, dass das Erbe

[102] geb. ca. 672 in Südengland, Exeter, gest. 754 in Friesland bei Dokkum

[103] 686 - 741, Großvater von Karl dem Großen

zu gleichen Teilen unter den erbberechtigten Nachkommen aufgeteilt werden musste, erhielt der Hausmeier eine Aufwertung seines Amtes, da er, im Gegensatz zu den Erben, das ganze Königsgut verwaltete. Ab dem 7. Jh. wurde der Hausmeier faktisch der Leiter der Regierungsgeschäfte. Er ernannte Beamte und stellte Urkunden aus im Namen des Königs. Das Hausmeieramt wurde jetzt von Adeligen bekleidet, die daran interessiert waren, die Macht des Königs mehr und mehr zu beschneiden. Auch nahmen die Adeligen jetzt direkten Einfluss auf die Wahl des Hausmeiers. Da die Merowingerkönige in dieser Zeit sehr früh starben[104], überlebte ein Hausmeier oft mehrere Könige, so wie auch Karl Martell. Das stärkte ihre Macht enorm, zumal die neuen Könige oft noch sehr jung waren. ([105])

Die germanische Stammeskultur kannten keine Ständehierarchien und keinen Adel, wohl aber die Römer und die Römischen Christen. In allen zum Christentum bekehrten Gebieten wurde die Ständehierarchie eingeführt. Anfangs wurden Adelige *Edelfreie* genannt. Zum Edelfreien wurde ein Mann, der ein dreifaches Wehrgeld an den nächsten männlichen Angehörigen eines Ermordeten zahlen konnte. Wehrgeld ist Sühnegeld für einen Mord, wodurch die Rache ausgesetzt wird. Aus den Edelfreien wurde ab dem 10. Jh. der Hochadel. Der Uradel ist jüngeren Ursprungs. Um 1400 wurden berittene Krieger, die in der 3. Generation Angehörige des berittenen Kriegerstands waren, *ritterbürtige Adelige* und damit einem Adeligen ebenbürtig. Sie waren in der Regel vor ihrer Ersterwähnung als Uradel unfreie Ministeriale, also höhere Beamte gewesen. ([106])

---

[104] vermutlich an Geschlechtskrankheiten, da sie mehr an Frauengeschichten als an Regierungsgeschäften Interesse zeigten. Allgemein wird allerdings behauptet, das Geschlecht sei degeneriert wegen „Inzucht.

[105] de.wikipedia.org/wiki/Hausmeier (Okt. 2014) und 20

[106] de.wikipedia.org/wiki/Deutscher_Adel (Okt. 2014)

723: Bonifatius fällte die heilige Donar-Eiche im heutigen Hessen. Die Donar-Eiche war dem Asen-Gott Thor geweiht. Bonifatius wollte die bisher äußerst widerspenstigen Chatten bekehren. Um die Ohnmacht ihrer alten Götter unter Beweis zu stellen, ließ er unter Schutz von fränkischen Soldaten und in Gegenwart zahlreicher Chatten die Donar-Eiche fällen. Die Donar-Eiche galt als eines der wichtigsten Heiligtümer seiner Zeit. Aus dem Holz der gefällten Eiche ließ er ein dem Heiligen Petrus geweihtes Bethaus errichten. Der Ort ist bis heute unbekannt. Nachgewiesen ist lediglich, dass Bonifatius 732 in Fritzlar ein solches Bethaus einweihte und mit einem Kloster ergänzte. (20, S. 192)

EINSCHUB

Die Indoeuropäer brachten ca. 2.000 v. Chr. die Verehrung des Baumes in das jungsteinzeitliche Europa. Bis dahin waren ihre Heiligtümer Steinformationen. Vor allem der alte, der hohle Baum und der Baum mit einem Loch wurden verehrt. Die Aushöhlung eines Baumes hat oft die Form einer ovalen Spalte, die an die Spalte der Frau, die Vulva, erinnert. Wer durch das Loch eines hohlen Baums kriecht, so wurde gesagt, der ist von allen Krankheiten geheilt. Oft wurden kranke Kinder durch das Loch in einem Baum gezwängt, damit sie wieder gesund wurden. Denselben Brauch gab es auch für Steine mit einem Loch. Dieser Brauch erinnert an die erneuernden und lebenspendenden Kräfte der Geburt und der Wiedergeburt, die eindeutig den Göttinnen zugeschrieben wurden. Mit der Zerstörung der Donar-Eiche und vieler anderer als Heiligtum verehrter uralter Bäume wurden tiefe Wunden in die Volksseele geschlagen. Es war nicht die Schwäche der alten Götter, wie fälschlicherweise behauptet und angenommen wird, die hierdurch aufgezeigt wurde, sondern es war und ist die unendlich lange Zeit, die es brauchen wird, bis ein solcher Baum sich wieder bildet! Das machte diese Taten zu nicht wieder gutzumachenden Freveln. Es kam einer Vergewaltigung der zyklischen Erd- und Himmelsmutter gleich. Die Generationen würden ihre Heiligkeit vergessen. Wichtige hoch sakrale Orte der Erinnerung an die kosmische und irdische Verbundenheit von allem was ist, wurden zutiefst entweiht.

Diese Handlungen erinnern an die im Alten Testament im Buch der Könige[107] beschriebenen Eroberungen, während derer die *gräulichen Götzen* und ihre Bilder zermalmt und ihre Altäre entweiht wurden, indem man die Leichen der Ermordeten auf sie warf und anzündete. Fälschlicherweise wird heute behauptet, diese Völker hätten Menschen als Brandopfer den Göttern dargebracht. Das ist völliger Unsinn, denn eine Opferhandlung war meist ein Schlachtopfer.[108] Die Legende von den Menschenopfern stammt aus Gelehrtenkreisen und zeigt, dass die Entweihung bestens funktioniert hat, in biblischen Zeiten und auch heute.

Bei der Vernichtung der gräulichen Götzen ging es um die Bekämpfung des Astarte-Kults der Ammoniter. Astarte war eine Hauptgöttin des alten Israels, die lange, vermutlich noch zu Lebzeiten von Jesu, in den Tempeln verehrt wurde. Damals war es üblich, dass verschiedene Religionen im selben Tempel ihren Platz gefunden haben. Es gehörte zur Kultur der Gastfreundschaft, dass der Gast die jeweils dort ansässigen Götter als Geste des Dankes für die Gastfreundschaft mit verehrte, ohne dass die eigene Gottheit deswegen beleidigt oder gar eifersüchtig geworden wäre. Ihre Standbilder oder Attribute

---

[107] AT, 2. Könige, 22 und vor allem 23, in dem Josija den Bund mit Gott erneuerte und die Götzendienste abschaffte

[108] Der Geist des verstorbenen Tieres wurde durch das Opfer versöhnt, indem ihm oder der ihm übergeordneten Gottheit die Innereien und andere Teile des geschlachteten Tieres als das Wertvollste in Form eines Brandopfer dargebracht wurden. Das Fleisch wurde dann im Rahmen eines Festes vom Volk verspeist, die Felle und Knochen verarbeitet. (41, S. 322 , „Opfer" und Band II)

standen oft dicht nebeneinander. Auf diese Sitte beriefen sich auch die alten Römer. Diese Sitte der praktizierten Gastfreundschaft verweigerten, wie oben gezeigt, die paulinischen Christen in Rom von Anfang an, was ihre bestialische Verfolgung in den ersten drei Jahrhunderten ausgelöst hatte.

723: Bonifatius wurde von Papst Gregor III. zum Erzbischof ohne festen Sitz und zum päpstlichen Vikar des deutschen Missionsgebietes ernannt, ausgestattet mit dem Recht, Bischöfe für neu zu errichtende Bistümer zu weihen, um so die Organisation der fränkischen Landeskirche endlich verstärkt in Angriff nehmen zu können. Dem widmete sich Bonifatius mit wahrem Feuereifer. Seine unermüdliche Missionstätigkeit in den Brennpunkten des Reiches [gemeint sind die Gebiete der widerspenstigen Heiden] hatte die Randgebiete enger an das Frankenreich gebunden. Genau das war die Intention von Karl Martell gewesen, dessen persönliches Verhältnis zur Religion ausschließlich von politischen Fragen bestimmt war. (20, S. 196 f)

EINSCHUB

Bonifatius festigte, ja verschweißte das Verhältnis zwischen den Römischen Christen und den Franken in den folgenden Jahrzehnten durch seine Missionsarbeit. Gemeinsam bauten Kirche und Staat die Macht dem Volk gegenüber nun ungehindert aus und festigten ihr Verhältnis durch politische und wirtschaftliche Verflechtungen. So wurde z.B. der Kirche das Recht eingeräumt, den *Zehnt* vom Volk zu verlangen. Dieses Recht erhielt die Kirche als Entschädigung für die durch Karl Martell konfiszierten Kirchengüter, die er nicht mehr zurückgeben konnte, da er sie bereits an Adelige weitergegeben hatte. Die Kirche kämpfte schon lange um diese Abgabe, im Rückgriff auf das Alten Testament, wo der Zehnt ebenfalls abgeführt wurde. Vom Zwang zur Zahlung des Zehnt, eine frühe Form der Kirchensteuer, wurden die Adeligen selbstverständlich ausgenommen. (20, S. 196 f)

740: Der Friesenherzog Radbod verjagte die Franken samt ihren christlichen Missionaren aus seinem Land. (20, S. 190 f)

751 bis 768: Das Geschlecht der Karolinger übernahm die Herrschaft über das ganze Frankenreich mit Pippin III[109]. Er ließ sich 751 zum König krönen. Die Karolinger waren bisher die Hausmeier der Könige aus dem Geschlecht der Merowinger gewesen. In dieser Funktion hatten sie bereits alle Regierungsgeschäfte des großen Reiches geführt. Die Merowingerkönige waren zum Schluss nur noch Alibikönige und lebten meist nur sehr kurz. Mit Pippin III. wurden die Karolinger zum neuen Königsgeschlecht. Pippin III. schaffte sinnigerweise das Hausmeieramt sofort ab. (20, S. 125 f; [110])

754: Bonifatius wurde ausgerechnet in dem durch ihn selbst missionierten Friesland (bei Dokkum) erschlagen, wohin er auf einer Firmreise unterwegs war. Unbekannte Wegelagerer hatten ihm aufgelauert, ihn überfallen und ihn umgebracht. (20, S. 200)

768 bis 814: Karl der Große[111], Sohn Pippin III. wurde König über das Frankenreich. Die Franken hatten nun eindeutig die Herrschaft vom Römischen Reich übernommen. (20, S. 250 ff)

Bis 771: Karl der Große regierte gemeinsam mit seinem Bruder Karlmann. Der starb im Dezember 771 nach kurzer Krankheit kurz bevor es zum Bruderkrieg kam. (20, S. 226)

---

[109] um 715 - 768

[110] de.wikipedia.org/wiki/Hausmeier (Okt. 2014)

[111] 742 - 814

EINSCHUB

Das Frankenreich reichte von der Elbe bis hinunter nach Spanien und hatte zum ersten Mal die vielen kleinen Stammesgebiete unter einer Herrschaft vereint. Die Herrschaft bestand aus dem weltlichen und dem religiösen Diktat. Beides musste Hand in Hand gehen. In der Zeit Karl des Großen wurden die letzten regionalen Widerstände gegen die neue Religion und damit gegen die Anerkennung seiner Macht und die der Kirche gebrochen.

Überall im Reich wurde die Grafschaftsverfassung eingeführt als charakteristisches Struktur- und Herrschaftselement. Das Frankenreich wurde mit einem Netz von Verwaltungsbezirken überzogen, wobei von ausschlaggebender Bedeutung war, dass die Grenzen der Grafschaften nicht mit den alten Stammesgrenzen identisch waren. Der *Graf* als Repräsentant des Königs auf regionaler Ebene vereinigte politische, fiskalische, gerichtliche und militärische Funktionen in seiner Person. Karl machte es sich zum Grundsatz stets nur ortsfremde Grafen einzusetzen, z.B. Thüringer in der Lombardei, Bayern in Sachsen usw.. Je weniger sich seine Beamten mit dem Land identifizieren konnten, das sie zu verwalten hatten, um so stärker war gewährleistet, dass sie ausschließlich die Interessen des Königs vertraten. Zur Kontrolle der Grafen entsandte er *Königsboten*, die jeweils paarweise, ein Weltlicher und ein Geistlicher, die Durchführung der königlichen Verfügungen zu überwachen hatten. Über die Ergebnisse ihrer Visitationen hatten sie regelmäßig ihrem König zu berichten. (20, S. 246 f)

Auffallend war, dass Karl seine acht Töchter über alles liebte, sie sehr gut ausbilden ließ und sie sehr förderte. Jedem sagte er, dass er sich ein Leben ohne seine Töchter nicht vorstellen könne. „Seltsamerweise erlaubte er ihnen nicht zu heiraten, weder einen Mann aus seinem Volk noch aus einem fremden.“ Doch auch wenn Karl seine Töchter stets in seiner Nähe haben wollte, ließ er es doch zu, dass sie sich mit ihren

Liebhabern vergnügten, auch wenn das ganz und gar nicht dem christlichen Sittenkodex entsprach: Rothrud hatte ein illegitimes Kind vom Grafen Rorico von Maine, dem späteren Abt von St. Denis. Berta fand in Angilbert, Abt von St. Requier, einen festen Lebensgefährten ohne kirchlichen Segen[112]. Die Verehrung der jungen, oft als Seherinnen begabte Frauen, wie es im heidnischen Germanentum üblich gewesen ist, war offensichtlich in ihm noch präsent. So wagte er es nicht sich gegen seine Mutter Bertrada zu stellen noch gegen seine Töchter.

772 bis 785: Die grausame Zwangsbekehrung der Sachsen durch Karl den Großen setzte ein und dauerte insgesamt 13 Jahre an. Die widerspenstigen Sachsen waren der letzte große Stamm im alten Germanien, der sich weigerte seine Freiheit und seinen Glauben aufzugeben. (20, S. 230 f)

EINSCHUB

Es heißt, die Sachsen waren zu dieser Zeit kein homogener Stamm, sondern setzten sich aus mehreren Stammesgruppierungen zusammen.[113] Im Unterschied zu den übrigen germanischen Stämmen hatten die Sachsen noch immer keine geschlossene Führungsgewalt hervorgebracht, was die Christianisierung enorm erschwerte, da diese bekanntlich mit Hilfe ihrer Prädestinationslehre, die die Missionare geschickt mit dem jeweiligen *ordo* oder Stand verbanden, stets zuerst beim Ehrgeiz der Oberschicht erfolgreich ansetzte. Bei den Sachsen jedoch gab es weder einen König noch einen Herzog, der den ganzen Stamm unter seiner Führung zusammengeschlossen hätte und auch keine Adelsschicht. Deshalb waren sie lange nur sehr

---

112 20, S. 251 f

113 20, S. 231 f

schwer mittels Intrigen und Versprechungen angreifbar. Nur eine einzige Quelle berichtet von einem festen Zentrum, an dem regelmäßig Stammesversammlungen abgehalten wurden. Im Zuge der über ein Jahrzehnt währenden Kämpfe kristallisierte sich dann doch, zumindest nach den Überlieferungen der Franken und Christen, eine Führungsschicht heraus, die es schließlich vorzog zum Christentum und damit zum Frankenkönig überzuwechseln. Doch offensichtlich besaßen sie kaum Einfluss im Rest des Volkes. Als Verräter und Überläufer geächtet und verfolgt kam es zwischen ihnen und dem Volk zu heftigen Konflikten, so dass der vermutlich neu sich selbsternannte sächsische Adel nun Anlehnung beim Frankenkönig suchte.

Der sagenumwobene westfälische Edeling Widukind[114] tauchte in dieser Phase auf, wie die Überlieferungen berichten, und einte den Widerstand neu. *Edeling* wird allgemein mit „Adeliger“ übersetzt, könnte jedoch auch „Edelmut“ und „Erdling“ heißen, was beides der germanischen Kultur mehr entspricht, die ja keinen Adelsstand in unserem Sinne kannte. Der Name *Widukind* könnte auf das Kind hinweisen, dass wiederkehrt, ein „Wiedergänger“ oder ein „Wiedergeborener“, wie wir es bis heute von der Person des Dalai Lama aus Tibet kennen. Damit dürfte Widukind weniger ein geschickter Kriegsmann und Stratege gewesen sein, sondern in erster Linie ein „Zauberer“, also ein Priester der alten Kultur, der die uralten, heidnischen Rituale und Zaubersprüche wohl anzuwenden wusste.

Als zauberkundig sind uns ebenfalls die Idisen überliefert, kämpfende Jungfrauen oder Fruchtbarkeitsgöttinnen[115]. In den *Merseburger Zaubersprüchen*[116] geht es um Heilung so-

---

[114] gest. zw. 804 und 812, allgemein als Sachsenfürst, Anführer der Rebellen, bezeichnet

[115] 44, „Idisi“, S. 211, ähnlich der Dis, pl.: Disen, Fruchtbarkeitsgöttinnen in Altschweden, mehr in Band II

[116] Zwei althochdt. Zaubersprüche, stabgereimte Langzeilen. Merse-

wie um das Loslösen der Gefangenen aus der Hand des Feindes durch eine Anzahl von Frauen, der Idisi. Sie rufen: *„Entspringe den Fesseln - entfliehe den Feinden ...“.*[117]

Die alten Sachsen einte ihre Sakralkultur. Diese war, wie überall auch hier das Ziel der Angreifer. Die Destabilisierung ihrer Sakralkultur würde auch ihre Sozialkultur schwächen und den inneren Zusammenhalt zerstören. Kriecht erst Angst in die Herzen der mutigen Menschen, so ist es für den Machtmenschen ein leichtes Spiel, diese umzudrehen.

Das damalige Sachsen reichte von der Nordsee (Dänemark bis Bremen) über Niedersachsen, Ostwestfalen, Westfalen (Hannover, Bielefeld) entlang der Grenze nach Thüringen bis südlich von Paderborn. Mehrmals musste Widukind vor den Franken nach Dänemark fliehen. Die Franken machten regelrechte Kesseljagden auf die Sachsen. Zahlreiche Dörfer wurden zwangs-evakuiert und die Menschen in kleinen sächsischen Kolonien auf das riesige Frankenreich verteilt. So erinnert uns z.B. das heutige Frankfurt-Sachsenhausen noch immer mit seinem Namen an die Zwangsumsiedlung der Sachsen an die Frankenfurt. (20, S. 230 f und 247)

772: Das wichtigste Heiligtum der Sachsen, die *Irminsul*, wurde gleich am Anfang der Kämpfe von fränkischen Truppen zerstört. (20, S. 230 f)

EINSCHUB

Die Irminsul war eine Holzsäule, die beim Sturm auf die Eresburg zerstört wurde. Die Eresburg lag auf einer zu allen Seiten steil abfallenden Bergkuppe und war eine 900 m lange und 350 m breite Festung beim heutigen Marsberg im Hoch-

---

burg/Saale liegt in Sachsen-Anhalt (44)

117 44, „Erster Merseburger Zauberspruch“, S. 89

sauerland. Es wurde dort nach der Eroberung eine fränkische Burg errichtet. (8)

Die Irminsul wird allgemein als Symbol des heiligen Baumes bezeichnet, des Weltenbaumes oder der Weltensäule, die Erde und Himmel verbindet. Dieses Bild erinnert an die griechische Mythologie um den griechischen Gott Atlas, der mit seinen Armen den Himmel stützt - oder Erde und Himmel verbindet? Atlantis gilt als die Tochter des Atlas, könnte aber in anderer Lesart auch seine Mutter gewesen sein. Atlantis wird allgemein mit dem uralten, sagenumwobenen Inselreich verbunden, über das Platon berichtet hat: es gab dort lange keine Kriege und viele edel gesinnte Menschen.

Das Heiligtum der Irminsul lag auf einer zu allen Seiten steil abfallenden Bergkuppe. Solche Erdformationen wurden in zahlreichen alten, oft steinzeitlichen Kulturen als Bauch einer Schwangeren verehrt. Somit könnte die Irminsul die Nabelschnur symbolisiert haben, was uns bekannt ist aus dem antiken Griechenland als *Omphalos,* wörtlich übersetzt mit „Nabel“. Der Omphalos galt als das Zentrum der Erde. Diese Symbolik ist uralt und führt uns weit zurück bis in die Altsteinzeit, wo sie im ganzen alten Europa, von Irland bis Griechenland, an zahlreichen Fundstätten zu finden ist. Diese Orte waren der Erdgöttin und der Erdfruchtbarkeit geweiht. (21, S. 149 f und S. 324)

Die Form der Irminsul erinnert sowohl an einen Baum als auch an mit Pflanzenornamenten verzierte Eierstöcke der Gebärmutter. Dieses Symbol taucht ebenfalls an steinzeitlichen Fundorten in vielfachen Varianten auf. Das Symbol des *Bucranion,* des Stierschädels erinnert an die beiden Mondsicheln. Es wurde im ganzen alten Europa als Symbol der Fruchtbarkeit und der Erneuerung hoch verehrt. Die Irminsul dürfte folglich ein Symbol der Vegetation gewesen sein. Das Leben spendende und Leben erneuernde Prinzip der Erdfruchtbarkeit war aufs engste verbunden mit der Fruchtbarkeit der Frauen und

Männer, der Lebenskraft, dem Werden und dem Vergehen allen Lebens.

Die Irminsul war das Symbol eines uralten Kultes. Ihr zugeordnet waren möglicherweise die *Idisen* (s.o.), junge Kämpferinnen, Göttinnen, Amazonen oder Priesterinnen, also Jungfrauen vor der Mutterschaft. In alten Völkern, wie z.B. in Japan[118] galten alle Frauen als Priesterinnen oder als Kanal der Göttin. Die langen Haare der Merowingerfrauen deuten darauf hin, das dies auch im vorchristlichen Germanien Brauch gewesen sein muss. In wieweit die Sachsen den uralten Mutterkult auf der Eresburg pflegten ist zu prüfen. In wieweit die Irminsul eine weibliche oder männliche Gottheit symbolisiert oder auch eine androgyne bleibt vorerst offen. Es gab die Idisen und drei namentlich genannte Hauptgötter. Im sächsischen Taufgelübde (772) mussten die Sachsen *Saxnôt, Donar, Wodon und allen Unholden* abschwören. *Wodon* ist mit *Wotan, Donar* mit *Thor* gleichzusetzen. Er ist uns bereits bekannt durch die Donar-Eiche, die Bonifatius in Hessen vor aller Augen fällen ließ. *Saxnôt* wird an erster Stelle der drei Götter im Taufgelübde genannt, woraus sich schließen lässt, dass er möglicherweise der wichtigste oder älteste Gott gewesen sein muss. *Saxnôt* wird mit *Tiwaz/Tyr* identifiziert und auch mit *Freyr*.[119] Freyr ist nach einigen Überlieferungen ein phallischer Gott und könnte demnach ein Vorläufer des Teufels gewesen sein. (mehr Band II)

776: Es wird von Massentaufen der Sachsen berichtet. (23)

---

[118] 17, 1991, S. 118 f

[119] 44, „Saxnôt“, S. 351

EINSCHUB

„Tod oder Taufe" gellte es von den Felsen zurück. Dass es diesen Schlachtruf gegeben hat, dementiert die katholische Kirche. Weiter dementiert sie jegliche gewaltsame Taufe. Sie sagt, dass nach dem Kirchenrecht nur ein freiwilliger Kirchenübertritt erfolgen durfte. Vermutlich hielten sich wenige an dieses Recht. Vermutlich wurde seine Einhaltung auch wenig kontrolliert.

Zuerst wechselten die „Adeligen" der Sachsen zum Christentum, so die Chroniken. Jedoch waren sie, wie schon gesagt, erstaunlich wenig angesehen im Volk, was gegen die Aussage, es seien Adelige, spricht. Vermutlich wurden ihnen Versprechungen gemacht, dass sie dereinst, ist erst das Volk besiegt, und das wird kommen, denn es ist Gottes Wille, dass sie dann in den hohen Stand des Adels aufgenommen werden. Durch ihren Übertritt ins Christentum seien sie bereits geadelt. Diesen Rang wird ihnen in Zukunft keiner mehr streitig machen, denn es gibt ja die vorherbestimmte göttliche Ordnung. Durch ihren Übertritt zeigen sie sich Gottes Ordnung wert und Gott ist und bleibt der einzige, wahre Gott. So könnten die Versprechungen gelautet haben.

Ab jetzt rekrutierte sich die Widerstandsbewegung der Sachsen „von unten", heißt es, da die Menschen jetzt sowohl gegen die Franken als auch gegen die „eigenen Adeligen", die ja in ihren Augen Verräter waren, aufstanden. Die neu erkorenen „Adeligen" wollten, ab jetzt vereint im neuen Glauben, ihren eigenen Landsleuten den fremden Glauben aufzwängen, um sich dadurch ihre neu erworbene, gehobene Position zu sichern und um sich selbst vor dem neuen Gott zu adeln. (20, S. 237 f)

782: Der Frankenkönig verbot den Sachsen jeglichen heidnischen Kult bei Todesstrafe, sowie alle öffentlichen Versammlungen und legte die Gerichtsbarkeit in die Hände der Grafen, und der Priester, die nach eigenem Gutdünken über Leben und Tod entscheiden durften. Als die meisten Sachsen sich immer noch nicht taufen ließen, Kirchen zerstörten, das 40-tägige Fasten nicht einhielten, gegen das Zehntgebot[120] verstießen und die Körper ihrer Verstorbenen nach dem alten Brauch ihrer Vorfahren verbrannten, und da Karl ihren „Anführer" Widukind nicht zu fassen kriegte, entschied sich der Frankenkönig ein blutiges, grausames Exempel zu statuieren. (20, S. 237 f)

783: Im Blutbad von Verden an der Aller ließ Karl der Große 4.500 Sachsen gefangen nehmen und wie in einem Blutrausch köpfen. (20, S. 238 f)

EINSCHUB

Karl der Große hatte den ganzen „sächsischen Adel" nach Verden einbestellt, um Gericht gegen die Aufständischen zu halten. Alle ihm ausgelieferten Rebellen wurden hingerichtet. Nach diesem Massaker nahmen die Kämpfe immer größere Ausmaße an und wurden in nie gekannter Bitterkeit geführt. Es kam zu zwei offenen Feldschlachten, in denen die Eroberer siegten. Das Land zwischen Rhein und Weser war vollkommen verwüstet. Widukind jedoch war entkommen. Er floh nach Dänemark, wo Karl der Große offensichtlich keine Verräter und Vasallen, also keine „sächsischen Adeligen" hatte und damit keinen Zugriff auf ihn.

Wie wenn höhere Mächte sich an Karl rächen wollten, starb im selben Jahr Karls große Liebe und Ehefrau Hildegard im Kindbett mit nur 25 Jahren. Sie hatte innerhalb von zwölf Ehejahren neun Kindern das Leben geschenkt, von denen vier starben bevor sie zehn Jahr alt geworden waren. Wenige Wo-

---

[120] Die Kirchen forderten ein Zehnt für sich als Steuer, siehe oben

chen später starb Karls Mutter, die resolute Königinwitwe von Pippin III., Bertrada. Karl hatte seine Mutter sehr verehrt. Trotz dieser Schicksalsschläge heiratete Karl noch im selben Jahr die ehrgeizige, Ränke schmiedende und bisweilen grausame Ostfränkin Fastrada, ein krasser Gegensatz zur sanften Hildegard. (20, S. 238 f)

784: Nach weiteren erbitterten Kämpfen gegen die Sachsen zeichnete sich mehr und mehr ab, dass der mächtige Frankenkönig den längeren Arm hatte und über bessere Waffen, Truppen und reichere Hilfsquellen verfügte. (20, S. 240)

785: Widukind reiste von Dänemark tief ins Frankenreich und ließ sich taufen. Damit bekannte er sich zu seinem Scheitern im Kampf für die sächsische Freiheit und anerkannte den stärkeren Gott. Danach rief er die Sachsen zur Versöhnung mit dem bitteren Feind auf. Das Christentum hatte mit Hilfe des weltlichen Arms blutig gesiegt auf Kosten der Freiheit der „einfachen" Frauen, Männer und Kinder.
(20, S. 237 f)

789: Karl der Große wies alle Klöster und Kathedralen an Schulen zu gründen, in denen Geistliche wie Laien gleichermaßen das Lesen und Schreiben lernen sollten.
(20, S. 264)

EINSCHUB

Dies war machtpolitisch ein kluger Schachzug. So konnte dem jungen Volk die Bildung zuerteil werden, die der Herrschende wünscht. Die Leiter dieser Schulen hatten dafür Sorge zu tragen, *„dass kein Unterschied zwischen Knechten und Freien gemacht werde, so dass alle kommen und auf der gleichen Bank Grammatik, Musik und Arithmetik betreiben kön-*

nen.“[121] Allerdings waren die wirtschaftlichen Verhältnisse so gerichtet, dass die unteren Schichten ihre Kinder in der Regel nicht in die Schulen schicken konnten und vermutlich anfangs auch nicht wollten, denn diese Schulen waren von der neuen Gewaltherrschaftsklasse errichtet worden, die ihnen alles Gute geraubt hatte, ihre Religion, ihren Frieden und ihre Freiheit.

9. Jahrhundert:

Die lateinische Bibelübersetzung *Vulgata* (wörtlich übersetzt: „im Volk verbreitet“) wurde als einzig gültige Bibel im gesamten Christentum anerkannt. „Die Kirche verbot sowohl die Forschung als auch das Lesen der Bibel durch Laien. Im ganzen Mittelalter war der Besitz einer Bibel in der Landessprache ein Verbrechen, dass durch Tod auf dem Scheiterhaufen bestraft wurde. (31, „Bibel“, S. 127)

Die Wikinger überfielen Irland, brannten Kirchen und Klöster nieder und töteten die Diener des Christentums. Dieses kriegerische Werk wurde irisch *diberc* genannt, was vermutlich *Týverk*, „Tyrs Werk“ bedeutet. Tyr war der Kriegsgott der nordischen Völker. (53, S. 187)
Daraus könnte sich „Teufelswerk“ entwickelt haben. ([122])

800: Karl der Große ließ sich zum Kaiser krönen. Das war spektakulär, denn bis zu diesem Zeitpunkt hatte nur der Römische Kaiser diesen Titel inne. (20, S. 250 ff)

814: Karl der Große starb. Sein Sohn, Ludwig der Fromme regierte das Riesenreich bis 840, konnte oder wollte es jedoch nicht zusammenhalten. Ihm wird nachgesagt, dass er weder feierte noch lachte, stattdessen betete er schon am frühen Morgen in der Kirche *„die Stirn auf den Boden gedrückt“*, nicht

---

[121] 20, S. 264

[122] mehr zur Entschlüsselung von Hexe und Teufel in Band II

selten unter Tränen. Die *Königsboten*, die die königlichen Befehle in die Grafschaften hinaustragen und kontrollieren sollten, fanden schon bald keine Beachtung mehr. Die Autonomie der Grafschaften und Fürstentümer wuchs in Folge enorm. Das Rad der Geschichte drehte sich weiter.
(20, S. 267 f)

EINSCHUB

Der Klerus und der neu erstarkte Adel nahmen ungeachtet der äußeren politischen Lage das Volk weiter in die Zange von Macht, Besitz und Gehorsam durch Spaltung, Intrige und Verleumdung. Die Spaltung zerstört das System einer Einheit. Der Außenfeind stärkt das private System. Frauen und Männer wurden unter grausamen Machenschaften geknechtet und mittels Glaubenszwängen geknebelt. Doch die Göttin starb nicht aus, auch wenn sie vielfach verstümmelt wurde.[123]

831: Abt Radbertus schrieb, dass *„sich selbst Jesu Geburt bei geschlossenem Leib, utero clauso, der Jungfrau vollzog."* (29, S. 39)

841 bis 843: Stellinga-Aufstand in Sachsen: Die freien Wehr-Bauern wollten ein *„Leben nach Altväterart"* mit Gemeineigentum an Wald und Wasser durchsetzen. Der Aufstand richtete sich gegen die Privatisierung des Gemeineigentums, das sie zum Überleben brauchten, sowie gegen die neuen Zehnt-Forderungen der Kirche. Ludwig der Deutsche hielt ein furchtbares Strafgericht. (2)

850: Abt Hilduin verband in seinen Schriften unter dem Pseudonym eines Dionysius Areopagita östliche und westliche Mystik, erhob die Engel zu reinen Geistwesen und gab ihnen

---

[123] mehr in Band II

eine Ordnung in je drei Rängen mit je drei Ordnungen. Seitdem gibt es eine Engelhierarchie. (30, S. 198 f)

10. Jahrhundert:

Aus den Edelfreien wurde ab dem 10. Jh. der Hochadel.[124] Das im fränkischen Reich entwickelte Lehnswesen begann sich in ganz Europa zu verbreiteten. ([125])

Vermutlich zwischen 800 und 1000 entstand ein Kreuzabnahme-Relief an der Natursteinwand der Externsteine bei Detmold, im ehemaligen Sachsenland. Es war möglicherweise eine Auftragsarbeit von Ludwig dem Frommen, dem Sohn Karl des Großen. Es zeugt bis heute von der Christianisierung im Bilde einer gebeugten Irminsul.
(Anm. BW)

EINSCHUB

Funde haben gezeigt, dass die markante Felsformation der Externsteine bereits um 10.000 v. Chr. als Aufenthaltsort und möglicherweise als Heiligtum genutzt wurde. In ihren bizarren Formationen lassen sich zahlreiche riesenhaft anmutende Gesichter und Figuren erkennen, die zum Teil offensichtlich nachgearbeitet wurden, was die Vermutung, dass sich hier eine steinzeitliche Kultstätte befunden habe, bestätigt. Zeitweise wurde hier sogar der Standort der Irminsul angenommen.

Das Kreuzabnahme-Relief kann als ein Akt der Entweihung dieses Ortes von der tradierten, heidnischen Kultur verstanden werden. Auf dem Relief wird die Kreuzabnahme des

---

[124] siehe oben: 723, EINSCHUB

[125] www.leben-im-mittelalter.net/gesellschaft-im-mittelalter/feudalismus/lehnswesen.html (30.7.15)

Leichnam von Jesus dargestellt wie auf anderen christlichen Bildern auch. Doch statt der Leiter, auf der ein Mann steht, der die Leiche vom Kreuz nimmt, ist hier ein gebeugter stilisierter Baum zu sehen. Im Fremdenführer ist zu lesen: *„Anstelle der sonst üblichen, die Bildkomposition so hässlich störenden Leiter, wird er* [der gebeugte, stilisiert als Palme gezeichnete Baum] *von Verfechtern einer vorchristlichen Kultstätte als Irminsul gedeutet. Die sächsische Kultsäule wäre dienend in die Darstellung des Heilgeschehens eingeordnet.“*[126]
Hat sich hier die Irminsul, das 772 zerstörte sächsische Heiligtum freiwillig gebeugt um als Trittleiter für den als Nikodemus identifizierten Mann in sächsisch-fränkischer Tracht bei der Kreuzabnahme des byzantinisch-römischen Jesus, der neuen Kultfigur, zu dienen? Setzen wir die Irminsul mit der Göttin gleich, so beugt sie sich in diesem Relief nicht hin zum Kreuz, wie es ihr gegenüber die Mutter Maria tut, sondern vom Kreuz weg. Die Männer auf dem Relief tragen die sächsisch-fränkische Tracht und zeichnen sich dadurch eindeutig als Vasallen der Eroberer bzw. als Männer nach der Eroberung der Sachsen durch die Franken aus. Die Botschaft ist eindeutig: Der Widerstand ist gebrochen!
Goethe war beeindruckt von der künstlerischen Ausgewogenheit dieses Reliefs im karolingischen Stil mit byzantinischem Einfluss. Beeindruckt zeigte Goethe 1824 sich vor allem von dem menschlichen, weichen Antlitz des vom Kreuz abgenommenen und über der Schulter eines Mannes liegenden Jesus, das an der Brust der Gottesmutter ruht. Das Antlitz der Gottesmutter wurde später zerstört.
Der Mann (Nikodemus), der auf der Irminsul steht, hat seinen Arm so um das Kreuz gelegt wie ein erschöpftes oder trauriges Kind den Arm um den Hals der Mutter schlingt. Sein Helm scheint ihm verrutscht zu sein. Für ihn, den sächsisch-

---

[126] Landesverband Lippe, Forstamt Horn, Verwaltung Externsteine, 1998

fränkischen Soldat, hat das Kreuz die Funktion der göttlichen Mutter nun inne. Alle Figuren sind zum Kreuz hingewandt dargestellt, außer Jesus, der seiner göttlichen Mutter zugewandt ist und außer der gebeugten Irminsul. Sie zeigt dem Kreuz ihr Gesäß.

Das soziale Gefüge der Bevölkerung blieb bis weit ins Mittelalter hinein geschwisterlich und meist matrilinear[127] und matrilokal[128] strukturiert, was den Lehnsherren große Probleme bereitete, da die Menschen eines Dorfes niemals jemandem aus demselben Dorf beischliefen, sondern ihre Partner/innen immer aus einem der Nachbardörfer wählten. Dadurch verloren die Lehnsherren ihren Lehnknecht und dessen Nachwuchs an das nachbarliche Dorf, das meist nicht in ihrem Besitzbereich lag. Die Männer zogen nämlich in dieser Zeit noch zu den Frauen. Das Dorf, aus dem die Mutter stammte, war das Heimatdorf des Kindes und der jungen Familie.
(16, S. 146 f)

906: *Der Canon Episcopi, „Brief der Bischöfe",* ein kanonischer, „kirchenrechtlicher" Text, erstmals beschlossen im Jahr 314, erschien im Sendhandbuch des Abtes Regino von Prüm. Dort heißt es: diejenigen Frauen, die der als gottlosen Aberglauben gebrandmarkten Vorstellung anhingen, sie würden nachts im Gefolge der heidnischen Göttin Diana reiten, seien durch den Teufel getäuscht worden, was sie in einem älteren Verständnis als Häretikerinnen qualifiziert. (19)

---

[127] Mutterlinie = Vererbungslinie sowie Namensgebung nach der Mutter

[128] der Ehemann zog in das Haus der Familie der Frau, nicht wie später die Frau in das Haus der Familie des Mannes (patrilokal)

EINSCHUB

Ein Sendhandbuch ist eine juristische Schrift. Es wurde für bischöfliche Visitationen benutzt, also für bischöfliche Besuche mit Aufsichts- und Kontrollbefugnis, wobei es um die Einhaltung von Kirchengesetzen und -Normen ging.
Vor dem Sendgericht (ehemals Synode, Sinode), einem kirchlichen Gericht, wurde von den Geistlichen (Bischöfen) im Beisein der gräflichen Schultheißen Schandtaten, Sünden und Laster der Gemeindeglieder behandelt und gerügt. Das Sendgericht war ein regelmäßig stattfindendes Sittengericht bis in die frühe Neuzeit. Kirchenrechtliche Richtlinien sowie Leitfäden des Glaubens und der Ethik der Kirche, nach denen geurteilt wurde, waren als Kanon, „Katalog, Richtschnur, Regel" im Sendhandbuch niedergelegt.

Das Sendhandbuch des Abt Regino von Prüm hatte eine sehr hohe und überregional anerkannte Bedeutung im Kirchenrecht bis weit in die Neuzeit hinein und wurde in zahlreichen Prozessen als Grundlage für Anklage und Urteilsfindung hinzugezogen. Die Texte des *Canon Episcopi* waren darin in den 909 Kapiteln niedergelegt. Wahrscheinlich diente der *Canon* in der Karolinger- und Ottonenzeit der Bekämpfung einer verbliebenen, heidnischen Glaubensvorstellung, die aus der Sicht der Amtskirche Aberglauben und Teufelswerk darstellte.

"Bereits die Tradierung[129] des *Canon Episcopi* in der kanonistischen Literatur lässt seine interpretatorische Anpassungsfähigkeit an verschiedenartige, von der Kirche inkriminierte[130] magische Praktiken und volkstümliche Glaubensbestände erkennen." Aus dem „Ritt durch die Nacht auf Tieren" wurde der „Ritt im Gefolge der heidnischen Göttin Diana". (19)

---

[129] Übertragung

[130] zur Last gelegte

Die hier erwähnte Göttin Diana ist ein interessanter Aspekt dieser Bedeutungsverschiebung. Im Mythos fliegt die Göttin Diana mit ihren Nymphen durch die Lüfte. Diana heißt übersetzt „Himmelskönigin“[131]. Diana war die römische Nachfolgegöttin der griechischen Artemis in der rebellischen Tempelgemeinde von Ephesos. Dort hatte der Apostel Paulus mit seinen missionarischen Bemühungen wenig Erfolg gehabt. Als er nach Ephesos kam schallte ihm der Ruf entgegen: *„Groß ist die Artemis von Ephesos!“ Die Unruhen breiteten sich in der ganzen Stadt aus.“*[132] In Ephesos mussten die Römischen Christen das erste Mariendogma verkündigen[133] um Diana dort absetzen zu können. Das bedeutete für die Kirchenväter ein Eingeständnis. An einer Göttin hatten sie keinerlei Interesse. Doch es gelang ihnen sie durch die unbefleckte Maria zu ersetzen. So gingen offensichtlich in den *Canon Episcopi* die Erzählungen über die rebellischen Frauen aus Ephesos und die Berichte über rebellierende Frauen und Männer an anderen zu christianisierenden Orten ein. Aus Unkenntnis des regional verankerten Volksglaubens wurde Diana als Göttin auch im Frankenland als Dämonin genannt. Hier allerdings gab es keine Göttin Diana. In Irland allerdings gab es die Göttin Dana, die Göttin des Todes und der Erneuerung, die sehr gefürchtet wurde. Das erklärt warum die meist irischen und angelsächsischen Missionare mit Diana als Dana etwas anfangen konnten. In diesem Text vermischen sich sehr anschaulich die Kulturen.

Der Canon Episcopi diente als Richtlinie für die während einer Pfarrvisitation den Laien zu stellenden Fragen über Zauberer und Wahrsager. Unter der Überschrift *„Von Frauen, die sagen, sie ritten zu nächtlicher Stunde mit Dämonen“*[134] lautet die fünfundvierzigste Frage: *„Es muss nachgeforscht werden, ob es*

[131] 31, „Diana“, S. 179 f; mehr in Band II

[132] NT, Apg. 19, 27-29

[133] siehe Jahr 431

[134] *De mulieribus, quae cum daemonibus se dicunt nocturnis horis equitare*

eine Frau gibt, die behauptet, sie könne durch gewisse magische Handlungen und Beschwörungen die Gesinnung von Menschen verändern – das heißt, dass sie Hass in Liebe oder Liebe in Hass verwandelt -, oder die den Besitz von Menschen entweder schädigt oder entwendet. Und wenn es eine Frau gibt, die behauptet, sie reite mit einer in die Gestalt von Frauen verwandelten Schar von Dämonen in bestimmten Nächten auf gewissen Tieren und gehöre zu deren Gemeinschaft, so muss eine solche auf jeden Fall aus der Pfarrgemeinde ausgestoßen werden." (19)

Ein Dämon ist ein Mittelwesen zwischen Gott und Mensch und weder gut noch böse. Das griechische Wort *daimon* heißt übersetzt „göttliche Macht, Gott, Geschick."[135] (47)

Der Canon Episcopi verurteilt die Wahrsage- und Zauberkunst[136], sei sie begangen von Mann oder Frau, als ein vom Teufel erfundenes Verbrechen, als einen Verstoß gegen das erste Gebot, das da heißt: „Ich bin der Herr, dein Gott. Du sollst keine anderen Götter neben mir haben." - und als Häresie. In diesem Zusammenhang wendet er sich zugleich gegen die offenbar bei bestimmten Frauen anzutreffenden Vorstellungen einer nächtlichen Ausfahrt. Die zentrale Passage lautet: *„Auch dies darf nicht übergangen werden, dass einige verruchte, wieder zum Satan bekehrte Frauen von den Vorspiegelungen und Hirngespinsten böser Geister verführt sind und glauben und behaupten, sie ritten zu nächtlicher Stunde mit Diana, der Göttin der Heiden und einer unzähligen Menge von Frauen auf gewissen Tieren und legten in der Stille der tiefen Nacht weite Landstrecken zurück und gehorchten ihren (Dianas) Befehlen wie denen einer Herrin und würden in bestimmten Nächten zu ihrem Dienst herbeigerufen. Aber wären doch nur diese Frauen allein in ihrem Unglauben zugrunde gegan-*

135 mehr zu *Dämon* in Band II

136 *sortilegam et maleficam artem*

gen, und hätten sie nicht viele Menschen mit sich in den Untergang des Unglaubens hineingezogen! Denn eine unzählige Menge wird von dieser falschen Anschauung getäuscht und glaubt, diese Dinge seien wahr, und indem sie dies glaubt, weicht sie vom rechten Glauben ab und verwickelt sich wieder in den Irrtum der Heiden, weil sie meint, dass es irgendeine Gottheit oder etwas Göttliches neben dem einen Gott gebe." (19, Hervorheb. BW)

Diese Passage zeugt von dem große Einfluss, den Frauen damals noch hatten: auf „viele Menschen", die sie „mit sich in den Untergang des Unglaubens hineingezogen" haben, auf „eine unzählige Menge", die ihren Aussagen glauben. Diese „unzählige Menge" waren sicher ihre Kinder, Enkel und Urenkel, es müssen jedoch auch andere aus der Dorfgemeinschaft gewesen sein.[137] Das war den nach Macht und Kontrolle strebenden Kirchen- und Staatsmännern zu gefährlich, weshalb sie das Bild der Frau überall zu schwächen und zu dämonisieren suchten.

„Zur Erklärung führt der Kanon an, dass solche Vorstellungen der schwachen, ungläubigen Frau vom Teufel, der sich in die Gestalt eines Lichtengels verwandelt habe, im Schlaf vorgespiegelt würden. Dadurch halte ihre Seele das Geträumte für eine körperlich erfahrene Wirklichkeit. Nicht einmal der Apostel Paulus habe es gewagt zu behaupten, dass seine visionäre Entrückung (*raptus*) körperlich (*in corpore*) geschehen sei. Solches noch dazu auf die Verehrung einer heidnischen Göttin zurückzuführen, sei als Treulosigkeit gegen Gott und damit als Rückfall in den heidnischen Unglauben (Apostasie) zu definieren, wie am Ende des Textes nochmals bekräftigt wird: *„Wer also glaubt, irgendetwas könnte entstehen oder irgendein Geschöpf zum Besseren oder Schlechteren verändert oder zu anderer Erscheinung oder*

[137] siehe Band II: Hexe, Teufel, Hexensabbat etc.

Ähnlichkeit hin umgeformt werden außer durch den Schöpfer selbst, der alles gemacht hat und durch den alles gemacht ist, der ist zweifellos ungläubig."[138] (19)

Die hohe Bedeutung dieses Canons ist dadurch unterstrichen, dass er Eingang fand in die im Auftrag des Erzbischof Radbods von Trier[139] verfassten und schließlich dem Erzbischof Hatto von Mainz[140] gewidmeten Kirchenrechtssammlung des Regino von Prüm, *Libellus de ecclesiasticis disciplinis et religione Christiana.* (19)

So ging der Canon auch über viele Jahrhunderte hinweg nicht verloren. Ohne den Canon Episcopi hätte die Frauen-, Zauberer- und Hexenverfolgung einen weit schwereren Stand gehabt. Er legte die kirchenrechtliche Grundlage für deren unerbittliche Verfolgung durch Unterstellungen und Anschuldigungen. Die Ermordung dieser Personen fordert der *Canon Episcopi* jedoch nicht. Auch weist er darauf hin, dass der nächtliche Flug und die Verwandlung in Tiere, auch als Strigenglaube[141] bekannt, Wahnvorstellungen seien und nicht *in corpore*, also real passieren. Darüber wurde in den Jahrhunderten viel diskutiert. Schließlich wurden alle hier genannten Vergehen, wie Zauberei, Hexenflug und Tierverwandlung für die „moderne Hexe" der frühen Neuzeit als real (*in corpore*) angenommen. Das gedankliche Fundament für die in der frühen Neuzeit, in der Zeit des Humanismus, der Renaissance und der Reformation durchgezogenen massenhaften Frauen-

---

138 Wilfried Hartmann (Hg., Übers.), Das Sendhandbuch des Regino von Prüm, Darmstadt 2004, S. 244-245, 420-423, hier: S. 423

139 Bischof: 883-915, 989 erhielt er das Recht eigene Münzen zu prägen und die Gerichtsbarkeit.

140 Hatto I., Bischof in Mainz 891-913, war bekannt für seine Hartherzigkeit. Er galt in weiten Kreisen als Mörder und Betrüger und wurde schließlich im Mäuseturm von Bingen gefangen gesetzt, wo er von den Mäusen zerfressen worden sein soll.

141 Verwandlung der Seele in Tiergestalten hervorgerufen ausschließlich durch Frauen, stri bedeutet „Frau"

verbrennungen wurde hier gelegt. Wohlgemerkt: es waren alles hochgebildete, studierte und privilegiert, meist aus sehr gutem (Adels-)Hause stammende Männer, religiöse oder spirituelle Führer einer riesigen Volksmasse, die daran aktiv mitgewirkt haben. Sie haben diese Annahmen als Thesen und dann als Gesetze formuliert und durchgesetzt. Der Prozess lief über ca. 700 bis 1.300[142] Jahre, also ca. 21 bis 39 Generationen. Von Verwirrung und Irrung in einer kurzen Zeitspanne kann hierbei wohl kaum – bei gutem Gewissen! – die Rede sein.

936: In England wurde den Frauen verboten Waffen zu tragen und sich an Waffenübungen zu beteiligen. (12)

987: Das von Clodwig I. gegründete Frankenreich als Keimzelle Europas war zwar tot, Frankreich und Deutschland aber geboren. (20, S. 267 ff)

993 bis 1025: Burchard von Worms[143], ein führender Kirchenrechtler, wurde 993 Bischof von Worms. Im Zuge der Diskussion über die nächtlichen Flüge der Frauen mit Diana im *Canon Episcopi* ergänzte bzw. ersetzte er die Göttin Diana durch weitere Figuren in ähnlich verführerischer Funktion: Herodias, die Anstifterin der Hinrichtung Johannes des Täufers, die im Volksglauben mitunter als Königin, Göttin oder Perchta angesehen wurde und Hulda, auch Holda, Holt, Holle, die nordische Fruchtbarkeitsgöttin und Anführerin der ‚Wilden Jagd'. (19)

---

142 314 (Beschluss des *Canon Episcopi* auf dem Konzil von Ankyra); 906 (Aufnahme ins Sendhandbuch) bis 1580 – 1630 (intensivste Phase der systematische Frauenverfolgung war 1580 - 1630) sind 700 bis 1.300 Jahre!

143 965 - 1025

2.2. Geschichte der Umerziehung der Bevölkerung Mitteleuropas im Mittelalter

11. Jahrhundert:

Am Anfang des 11. Jahrhundert war bei dem führenden Kirchenrechtler Burchard von Worms und anderen eine Verschmelzung des Ritts im Gefolge der Göttin mit dem Strigenglauben (*striga holda, striga unholda*) und damit indirekt auch mit Flugvorstellungen noch deutlicher erkennbar (s.u.). (19)

Das Vasallentum und die Lehnsherrschaft breiteten sich weiter aus (s.u.). (Anm. BW)

EINSCHUB

Der Strigenglaube[144] *basiert* auf einer antiken Vorstellung der Tierverwandlung. Im Altnordischen gibt es ihn ebenfalls. Diese Zauberkunst, germanisch: *seidr,* kann nur von Frauen ausgeübt werden. Die Seele wird in Tiergestalt, als Katze, Kröte, Rabe, Schmetterling, Mücke, Fliege, oft als ein sehr kleines Tier, ausgesandt oder es findet eine zeitweise Verwandlung der Seele in eine Tiergestalt statt. Oft fliegt die Seele aus den Öffnungen am Kopf, aus den Nasenlöchern, dem Mund, den Ohren eines sich in Trance, Ekstase oder im Schlaf befindenden Menschen oder eines Sterbenden und Toten heraus. ([145])

Noch im Mittelalter wurde die pflügende und säende Göttin in England verehrt. Später wurde sie später zu Milburga, der Schutz-Heiligen der Saat. Es sind Rituale belegt, die dazu dienten, die Fruchtbarkeit des Ackers zu erhöhen und böse Mächte fernzuhalten. (21, S. 140 f)

---

144 Die Silbe *stri* bedeutet „Frau", mehr siehe Glossar

145 Akademie der Wissenschaft zu Göttingen, Walter de Gruyter, 2007, googlebooks (14.8.15)

Die in Europa stark verehrte Jungfrau Maria wurde paradoxerweise in mehrfacher Weise zur Feindin der Frau, und zwar immer dann, wenn sich die Kirche ihres Kultes bediente um eigene Ziele und Vorstellungen durchzusetzen. Ursprünglich hatte die Kirche kein Interesse an der Marienverehrung, bis sie merkte, dass der Gottessohn besser mit einer Mutter oder Gefährtin unter das Volk zu bringen war. Überall in Europa wurden nach wie vor Göttinnen verehrt, denen mit einem Gottessohn nicht beizukommen war. (29, 2005, S. 52)

Die Verfolgungen von Andersgläubigen, ihre Vertreibungen und Hinrichtungen fanden überall in Frankreich, Deutschland und Italien statt. Sie wurden sowohl durch weltliche Herrscher als auch durch lokale kirchliche Autoritäten ausgelöst. Von Kirche und Staat unmittelbar organisierte Inquisitionsverfahren entstanden erst später. Zunächst ging man per Ad-hoc-Anzeige gegen Häretiker vor. Auf dem Konzil von Tours betonte Papst Alexander III. die Notwendigkeit zeitlicher Strafen gegen Abweichler. (14)

Im 11. Jahrhundert waren die meisten freien Männer, die über Grundbesitz verfügten und wehrhaft waren, also Rüstung und Ross besaßen, auch Lehensträger. Das Vasallentum diente zur wirksamen Ausübung der Staatsgewalt und zur Sicherung einer gut ausgerüsteten, zuverlässigen Kriegsmacht. ([146])

Auf lokaler Ebene wurden immer mehr Ministerialen, d.h. unfreie Verwaltungsbeamte eingesetzt, die Kontrollaufgaben übernahmen für Königs-, Klöster- und Adelsgüter. Sie waren waffenfähig und ökonomisch abgesichert und hatten als Dienstleute des Adels (Truchsess, Mundschenk, Kämmerer

---

[146] www.leben-im-mittelalter.net/gesellschaft-im-mittelalter/feudalismus/lehnswesen.html (30.7.15)

etc.) ein hohes Ansehen. Ab dem 13. Jh. entstand aus diesem unfreien Stand der niedrige (Ritter-)Adel. ([147])

Der einst freie Mensch wurde durch Lehnsherrschaft verknechtet. Die Menschen lebten mit dem Vieh in den Ställen im Schatten der Burgen und Schlösser. Ihre Treffen zu den alten Festtagen fanden nur noch heimlich statt. Da ihre Stammesgebiete durch die Grenzen der Grafschaften zerschnitten waren, konnten sie sich nur heimlich noch zu ihren Verwandten oder Liebsten schleichen. ([148])

Hexe, ahd.[149] Hagzissa bedeutet: „Elfe und verkrüppeltes, altes, zerzaustes Weib überschreitet eine Grenze“ oder „Grenzgängerin“. Die Hexen, die Hagzissas, wie sie in dieser Zeit noch hießen, dürften die alten oder auf alt und zerzaust gemachten, also als hässliches Weib verkleideten jungen Frauen gewesen sein, die diese neuen Grenzen heimlich überschritten, um Lebensmittel, Botschaften oder Informationen auszutauschen oder um bei Geburten, bei Sterbeprozessen und im Krankheitsfall zu helfen. Sie mussten sich hässlich machen, ihr Gesicht mit Lehm beschmieren, so dass es alte Furchen bekam, ihre Zähne mit Ruß oder schwarz färbenden Pflanzensaft gut schwärzen, ihr Haar mit Asche ergrauen lassen, einen Buckel aus Stofffetzen in den Nacken schieben und eine aus stinkenden Exkrementen und Dung gemischte Duftnote benutzen um sich vor den sexuellen Zudringlichkeiten der zölibatär lebenden Mönche oder der sich herumtreibenden Soldaten zu schützen. Wer weiß, ob sie es nicht selber waren, die - anfangs aus Übermut vielleicht - den Fremden mit den Geschichten vom Ritt durch die Nacht einen Bären aufgebunden hatten. Es ist sehr gut vorstellbar, dass die Hagzissas oder ihre anverwandten Dorfbewohner zum eigenen

---

[147] de.wikipedia.org/wiki/Ministeriale (Okt. 2014)

[148] siehe Band II

[149] althochdeutsch wurde 750 – 1050 gesprochen

Schutz vor den kirchlichen Spähern diese und andere gruselige Geschichten erfanden, um die ängstlichen und um ihr Seelenheil so sehr besorgten Kuttenträger zu verjagen. Diese Männer waren anfangs ausnahmslos Fremde und meist auch Ausländer. So manches Mal dürfte es geschehen sein, dass die alten, zerzausten Weiber, die Hagzissas im Dickicht wie spurlos verschwanden und plötzlich kreischend Vögel aufstoben, was den Fantasien der zölibatären Kirchenmänner gleich noch mehr Flügel verlieh. Ihre Furcht vor den Verführungskünsten des Teufels war panisch. Diese zerzausten, buckeligen und wie aus dem Nichts auftauchenden und wieder verschwindenden, scheinbar steinalten Frauen mit ihren dunklen, Dreck verschmierten Gesichtern, dem zahnlosen Mund und den leuchtenden Augen machten ihnen höllische Angst. Diese Hexen mussten mit dem Teufel im Bunde stehen.
In den Nächten der heidnischen Feste, die heimlich irgendwo gefeiert wurden, dürften den armen, ortsfremden Mönchen in den Fluren und Wäldern viele gruselige Gestalten begegnet sein[150].

Priesterinnen und Priester waren überall aus ihren Stämmen, Dörfern, Sippen und Familien vertrieben worden. Wie Freiwild lebten sie in abgelegenen Gebieten, meist in den Tiefen der für die Herrschaft noch immer undurchdringlichen Wäldern, die nur sie allein bestens kannten. Durch ihr Leben so eng mit und in der Natur sowie durch ihr überliefertes, uraltes, spirituelles Wissen wurden sie nach wie vor als Heilkundige und als Weise vielfach um Rat gefragt. Die Kinder liebten sie. Warum auch nicht? Entstammten sie nicht einer Zeit und Kultur, in der die Erdmutter hoch verehrt wurde? Mütter und Kinder waren die leibliche Form der Göttin selbst. Noch also brachten die Kinder ihnen, den vertriebenen Alten und Weisen, Speisen und Getränke in den tiefen Wald. Doch

---

150 Hag-Zissa = hag: Zaun, Hecke, Gehege; tyska = Elfe, verkrüppelte oder zerzauste Frau (47), siehe Glossar, ausführliche Ausarbeitung in Band II

das sollte bald schon zu gefährlich werden, denn der Wolf war nicht die Gefahr, er greift keine Kinder an, wohl aber der verkleidete, böse Wolf als guter Onkel (siehe dazu die Märchen: Rotkäppchen, Der Wolf und die sieben Geißlein).
Die dann entstandenen Erzählungen von den Kinder fressenden Hexen dürften zur Warnung den Kindern erzählt worden sein, damit sie nicht alleine in den Wald zu den alten Frauen gingen, die vermutlich vielfach ihre Großmütter oder Urgroßmütter gewesen waren. Manche werden auch ihre leiblichen und urplötzlich verstorbenen oder verschwundenen guten Mütter gewesen sein. Die Kinder mussten geschützt werden - und die Vertriebenen auch. Es war gefährlich geworden, denn die Kreuz- und Kuttenträger und ihre Helfer schreckten nicht davor zurück von Kindern, zur Not auch unter Folter, Geständnisse zu erpressen, wo die Alten wohnten und wer aus dem Dorf noch mit ihnen Kontakt hatte[151] (siehe: Hänsel und Gretel u.a. Märchen).

Zur Wortbedeutung von keusch: in unserer Forschung müssen wir immer bedenken, dass alle Herrschaft aus dem Ausland kam, weshalb der Sprachgebrauch auch entsprechend verwirrend war. Am Beispiel „keusch“ ist dies gut nachvollziehbar: keusch hieß im ahd., das zwischen 750 und 1050 gesprochen wurde, *kuski* und bedeutet „eingeweiht, bewusst“. Keusch wird bis heute mit jungen Frauen zu Beginn ihrer Geschlechtsreife in Verbindung gebracht. Die beginnende Geschlechtsreife bei den jungen Frauen geht immer einher mit der ersten Menstruation. In dieser Zeit müssen alle jungen Frauen in Vielerlei eingeweiht werden. In alten Zeiten wurde diese wichtige Zeit in vielen Volksgruppen durch ein Einweihungsritual gefeiert. Das monatliche Blut der jungen Frau

---

151 Von Inquisitoren ist überliefert, dass sie nicht davor zurückschreckten 8-10 jährige Kinder zu foltern, um Aussagen aus ihnen herauszupressen. Da Kinder große Angst vor Schmerzen haben reden sie meist sehr schnell. (12)

wurde der Erdgöttin geweiht. Sie, die Erdmutter, wurde von den älteren Frauen vertreten, die ihre Töchter, Nichten und Enkelinnen einweihten in die Mysterien der sexuellen Lust aber auch in ihre Begierde und in den Zyklus ihrer Gebärfähigkeit. Die nun positiv und selbst-bewusst zu ihrer Sexualität und ihrem Körper samt allen Funktionen eingestellte junge Frau, eingeweiht in die ursprünglichsten Mysterien allen Lebens, aus der eine gesunde, selbstbewusste mütterliche Frau reifend sich entwickeln wird, wurde vollkommen entstellt und verzerrt in eine unselbstständige, unbewusste, etwas dümmliche, sich stets zurückhaltende, dem Manne dienende, minderwertige, eben eine christlich-keusche, eine sexuell enthaltsame Jungfrau. Was für eine menschliche Katastrophe!

Alles Fremde wurde verteufelt - und das Fremde waren für die ortsfremden Herren die Einheimischen mit ihrer heidnischen Kultur. So wurden in den Schriften der gebildeten Elite aus traditionellen Heilerfahrungen und dem Umgang mit den Kräften und Mächten der Natur „Magie" und „Zauberei" und der „Ritt auf Tieren durch die Nacht im Gefolge einer verworfenen Göttin" oder die „Verwandlung der Seele in ein Tier" als würde dies alles ganz real geschehen. Die Elite lebte orts- und kulturfremd abgehoben auf ihrem Schloss, in ihrer Burg, in ihrem Stadthaus, auf ihrem Landgut oder im Kloster.

Die Existenz der heilkundigen Alten und ihre Fähigkeiten zu „zaubern" und „Magie auszuüben" machte auf Burgen und Schlössern der Grafen und Gräfinnen ihre Runde. Als Zauberinnen wurden die einsamen Frauen von *Herrinnen* gerufen um Liebestränke zu brauen. Das allerdings widersprach der Ethik einer Hagzissa, denn das Eingreifen in dieser Form ist gefährlich. Die Geister, die du rufst, sie werden kommen. Rufst du die manipulierenden Geister, so werden sie sich dämonisch aufblähen.
Dennoch folgten vermutlich viele dieser armen Frauen schon bald den herrschaftlichen Anfragen, oder sollten wir es besser

erzwungene Forderungen nennen? Sie handelten in der Hoffnung für sich (und ihre Familie) einen Vorteil zu erwirken in ihrer ausweglosen, verzweifelten Lage. Die mittelhochdeutsche *Hecse*[152] war geboren. Sie geriet in ihrer Not mehr und mehr zur gefährlichen Manipulatorin. Die Herrin kannte schon lange nichts anderes mehr. Das Herz lag noch immer nur im Volk. „So wird es lange bleiben," stöhnte die junge Hecse und zauberte den eingeforderten Liebestrank. Dann forderte sie den gerechten Lohn. Die Herrin besiegte sie durch Verrat. Die Versprechen löste sie nur selten ein. Bezahlung ist kein Wert.

Die Prostitution war zu einem unentbehrlichen Bestandteil der neuen feudal und hierarchisch aufgebauten patriarchalen Sozialkultur geworden. Aus der einstigen sakralen „Tempelprostitution"[153], in der die Frauen selbstbestimmt handelten und deren Zweck die Vereinigung mit dem Göttlichen und die Verehrung von Geschlecht und Fruchtbarkeit war, entwickelten sich unter dem zölibatären, neu-priesterlichen Einfluss organisierte Institutionen, deren Zweck darin bestand, einen Beitrag zur Erhöhung der öffentlichen Einnahmen zu leisten. Ge- und verkauft wurde der Körper der Frauen als Dienstleistung und Ware. An den Gelüsten der sexuell unterdrückten Männer aus allen Ständen verdienten nicht so sehr (mehr) die Frauen. Sie wurden ausgebeutet und dienten als Sünderinnen in doppelter Weise dem Mann: als sexuelles Objekt zur Befriedigung der Begierde und als finanzielle Melkkuh für Klerus und Staat. Die führenden Köpfe der Kirche tolerierten die Prostitution, sie förderten und nutzten sie selbst, insgeheim und auch in aller Öffentlichkeit. Von Karl dem Großen (768) bis Ludwig VIII. (gest. 1226) trifft man auf keine gesetzlichen Bestimmungen gegen die Prostitution. (27, S. 14; 28, S. 29 ff)

---

152 Hexe, mhd.: *hecse* oder *hesse;* mhd. wurde 1050 - 1350 gesprochen

153 Sie wird bis heute meist völlig falsch verstanden und interpretiert, sowohl von Männern als auch von (feministischen) Frauen, siehe Bd. II

Über die sexuelle Verrohung der Männer im frühen Mittelalter schreibt Franz Hügel im Jahr 1865: *„In der Epoche, als außerehelicher Beischlaf verdammt wurde, konnte man nicht umhin, die Einrichtung von Institutionen zu begünstigen, durch welche der Ausbruch der rohen Sinnlichkeit von den Familien ferngehalten werden konnte.“* (28, S. 45)
Was für ein Hohn!

Doch blicken wir zurück in die Zeit vor der römischen Invasion durch Militär und vor allem durch das Römische Christentum, so stellen wir erstaunt fest: weder bei den Kelten, noch bei den Galliern noch bei den Germanen war Prostitution bekannt. Lustmädchen gab es ebenso wenig wie Kuppelei. Es ist bekannt, dass die Germanen Prostituierte des Landes verwiesen. Vermutlich kamen sie zusammen mit den römischen Legionen aus dem Ausland, um die am Limes Wache haltenden Legionäre fern ihrer Heimat bei Laune zu halten. Möglicherweise sollten sie auch in die Stämme eingeschleust werden. Bei den Germanen galt: war eine ihrer Frauen sexuell geschändet, durfte sie nicht mehr heiraten. Diese Regelung war folgenschwer für die Frauen, die von Söldnern oder römischen Legionären rund um den Limes, von den Adeligen oder von den Mönchen vergewaltigt wurden. Sie diente einerseits dazu, die jungen Mädchen davon abzuhalten mit den Fremden etwas anzufangen und andererseits der Sicherheit des Volkes vor eingeschleppten Geschlechtskrankheiten. Das dürfte der Hauptgrund für diese strenge Regel gewesen sein!

Durch den Aufstieg der Merowinger von einem germanischen Stammesgeschlecht aus dem einstigen Frankenland zu einer Weltmacht, die Hand in Hand mit der mitteleuropäischen Missionierung und Christianisierung verlief, wurden die Frauen überall entmachtet (siehe *Canon Episcopi*) und ihre Sexualität entwürdigt. Diese wurde neu begriffen und zwar allein dem Trieb des männlichen Geschlechtes entsprechend.

Die Königsmacht wurde nicht länger von einem Stamm getragen, in dem Frauen aller Altersgruppen über das spirituelle und körperliche Wohl wachten und walteten, sondern von der Selbstverherrlichung des Königs selbst. Damals wie heute beginnen größenwahnsinnig gewordene Männer, die von keiner weiblichen Sozialkultur mehr gehalten und zurückgerufen werden (können), sich sexuell hyperaktiv zu verhalten. So war es auch bei den Merowinger-Königen, was zur Folge hatte, dass sie sich mehr für Frauenaffären interessierten als für die Staats- und Volksbelange. Ihr Verhalten mündete schließlich über die anfangs stille, dann offizielle Machtübernahme durch die Hausmeier, in nackte, gefühlserkaltete Machtpolitik. Die Merowingerkönige hatten nun ihr angestammtes, heiliges Königtum endgültig verspielt. Die germanische Sozial- und Sakralkultur hatten sie verkauft. Jetzt war sie tot. Auf Grund von Ansteckung mit Geschlechtskrankheiten starben die Merowingerkönige früh und ihre Nachkommen waren nicht sehr klug. Sämtliche alte Sozialstrukturen, insbesondere die Heiligung der Sexualität und damit verbunden die Achtung und Ehrbarkeit der Frauen und ihrer Kinder waren verloren. In der nun römisch-christlich geprägten Gesellschaft wurden die sexuellen Erfahrungen des Mannes als Teil seiner normalen Entwicklung angesehen und sehr gefördert, während die sexuellen Erfahrungen der Frau als schreckliche Katastrophe galten, als Verlust ihrer Ehre und von allem, was in einem Menschen gut und edel ist. Auf der anderen Seite blühte die Prostitution und Geschlechtskrankheiten begannen sich enorm zu verbreiten. Dennoch, die Abwertung der Frauen und der Sexualität erfolgte schleichend. Das noch aus der römischen Kaiserzeit stammende, gesetzlich erlaubte Konkubinat[154], die außereheliche Verbindung ohne Eheschließung, die

---

154 Konkubinat: gesetzlich erlaubte außereheliche Verbindung, auch Verbindung ohne Eheschließung zwischen zwei Personen, die nicht heiraten dürfen, z.B. weil sie bereits verheiratet sind und Scheidung nach

„wilde Ehe“ (würden wir heute sagen), wurde noch bis zur Zeit Karl des Großen gleich hoch geachtet wie die Ehe. Es gab sogar Fälle, in denen eine Konkubine des Ehebruchs beschuldigt wurde. Das durch die Römer eingeführte Konkubinat war den bis dahin meist monogam lebenden Germanen unbekannt. Seine Grenzen zur Prostitution blieben schwammig. ([155])

1004: Verfolgung Andersgläubiger in der Champagne (14)

1022: Verfolgung von Andersgläubigen in Orléans (14)

1046/47: Papst Clemens II. stellte während seiner kurzen Amtszeit eine Bulle aus, die besagt, dass Prostituierte toleriert werden, wenn sie einen bestimmten Teil ihrer Einnahmen an die Kirche abführen. (27, S. 14)

1073 bis 1075: In Sachsen erhoben sich Bauern und Adelige gegen Heinrich IV.. Der Aufstand richtete sich gegen den Burgenbau im Harz, der die Bauern stark belastete, denn Bauern wurden zum Burgenbau zu jeder Jahreszeit herangezogen ohne bezahlt zu werden. Es war Fronarbeit. Je nachdem zu welcher Jahreszeit diese Arbeitseinsätze verlangt wurden, konnte es geschehen, dass die Bauern deshalb ihre Äcker nicht bestellen konnten, weshalb sie ihren Zehnt hernach nicht bezahlen konnten. Weiter wehrten sie sich gegen den neuen Einsatz von *Ministerialen*[156]. (2)

1095: Papst Urban II. rief zum 1. Kreuzzug auf. (23, S. 24)

1096: Es kam zu einer Massenflucht der Bauern in Franken. Sie entflohen ihrem Herrschaftsbereich und sammelten sich

---

römisch-christlichem Kirchenrecht nicht möglich war oder wegen eines Standesunterschiedes. Das Konkubinat stammt ursprünglich aus der römischen Kaiserzeit. (54)

155 siehe dazu: 20; 27; Band II

156 waffenfähige Verwaltungsbeamte im 11. Jh. mit hohem Ansehen

zum „Kreuzzug der Armen". Die Bauern erhofften auf diesem Weg, indem sie sich ganz und gar dem Glauben und seinen Zielen hingaben, eine völlige Befreiung zu erlangen. Der Papst verurteilte diesen Kreuzzug. Diese Flucht nach Vorne endete für die meisten Teilnehmer mit dem Tod. (2; 23, S. 35)

1096 bis 1272: Sieben große Kreuzzüge wurden zur Unterstützung der Ostkirche auf die Bitten der Päpste durchgeführt. (23, S. 82)

EINSCHUB

Ein Ziel der Kreuzzüge war die Eroberung Jerusalems, das als Mittelpunkt der Erde galt und als zweites Paradies beschrieben wurde. Weiter dienten die Kreuzzüge der Bekämpfung des Islamismus. *„Gott will es, Gott will es"* war ihr Schlachtruf.

Zahlreiche weitere Kreuzzüge, zum Teil eigenmächtig organisiert, zum Teil vom Papst genehmigt, wurden in Europa und dem Nahen Osten durchgeführt, bis weit ins 18. Jahrhundert hinein. Erst 1798 löste Napoleon den letzten Kreuzzug auf. Es gab eine große Anzahl Opfer. Die Angaben variieren zwischen 200.000, 5 Mio. und 20 Mio. Menschen.

Ein positiver Nebeneffekt der Kreuzzüge war der kulturelle Austausch zwischen Ost und West. Es entstanden intensive Handelsbeziehungen unter den Königshäusern und Emiraten. Zugleich wuchs der Zusammenhalt der europäischen Länder gegen den Außenfeind und die Vertiefung des christlichen Glaubens durch ritterliche Tugenden und Ideale. (23, S. 82)

Ende des 11. Jahrhunderts: Die Ärztin Trotula von Salerno schrieb mehrere Werke, u.a. auch ein Lehrbuch über die Geburtshilfe. Bis ins 16. Jahrhundert galt das Werk der Trotula von Salerno als Standardwerk bei der Geburtshilfe. Ansonsten wurde das Wissen über die Geburtshilfe nach wie vor mündlich weitergegeben. (24)

12. Jahrhundert:

Die Kabbala[157] wurde in Südfrankreich als Geheimlehre erstmals aufgeschrieben. Ihre Lehre basiert auf mündlichen Überlieferungen der mystischen Traditionen des Judentums, die sich aus gnostischen, christlichen und jüdischen Überlieferungen zusammen setzen und auf uralten Stammes- und Sippensagen fußen. (Anm. BW)

Die Katharer, „die Reinen", wurden zu einer der größten religiösen Bewegungen im 12. und 13. Jh. (s.u.). (8)

Die Unterdrückung und Diskriminierung der Frauen nahm weiter zu (s.u.). (Anm. BW)

Die Beginenbewegung entstand im Hochmittelalter aus der Suche nach spirituellen Lebensformen außerhalb von Klostermauern (s.u.). (12)

Die Begarden waren das männliche Pendant zu den Beginen, meist organisiert in der Krankenpflegervereinigung. (8)

Um das römische Christentum leichter im Volk durchzusetzen und die neuen Werte und Begriffe zu verankern, wurden ehemals heidnisch-heilige Orte, Figuren, Symbole, Namen und Worte mit neuen Inhalten belegt, was eine Verwechslung (über Generationen) ermöglichte. (s.u.). (Anm. BW)

Die Gestalt der Jungfrau Maria als Braut Gottes und Christi hatte in der Frömmigkeitsgeschichte auch eine positive Auswirkung auf das konkrete Leben der Frauen. (29, 2005, S. 55)

Das Fest der unbefleckten Empfängnis entwickelte sich zu einem Kultfest. Diese Entwicklung wurde von Kirchenlehrern höchst unterschiedlich aufgenommen. (s.u.) (29, 2005, S. 138 f)

---

157 jüdisch-mystische Geheimlehre, siehe Glossar

EINSCHUB

Die Katharer nannten sich selbst *veri christiani, boni christiani*, „die wahren Christen", „die guten Christen" oder *boni homines*, „die guten Menschen". Zeitgenössische Bezeichnungen waren auch *Manichäer, Patarener* und *Albingenser*. Sie breiteten sich rasch aus im Rheinland, in England, in Nord- und Südfrankreich und in Oberitalien.

Motive ihrer Entstehung waren die Kritik an der Verweltlichung des Klerus und an den Mängeln der Seelsorge und der Theologie sowie der Ruf nach einer „armen Kirche" und einem apostolischen Leben. Wanderprediger verbreiteten ihre Lehre.

Die Lehre der Katharer war geprägt von manichäischen[158] und gnostischen Einflüssen, die vermutlich Kaufleute und Kreuzfahrer aus dem Osten in den Westen mitgebracht hatten. Als Heilige Schrift galt den Katharern lediglich das Neue Testament, vor allem das Johannesevangelium und die Apokalypse[159], sowie die Psalmen und einige Propheten des Alten Testaments. Grundlegend für ihre Lehre war der Dualismus von zwei einander entgegengesetzten, fast gleichstarken Prinzipien, einem guten (Gott) und einem bösen (Satan), wobei die französischen und italienischen Katharer der Meinung waren, der Schöpfer der Körperwelt sei nicht Gott, sondern Satan. Infolgedessen verachteten sie das Leibliche. 160

Jesus Christus war nach ihrer Lehre kein wirklicher Mensch gewesen, sondern ein den Menschen als Führer zur Erkenntnis des Guten aus dem Himmel gesandter Engel. Seine körperliche Existenz war nur vorgespiegelt. Er war folglich nur scheinbar gestorben.

---

158 siehe Glossar

159 Bibel, NT, Offb. Joh.

160 mehr zu den gnostische Lehren in Band II

Unter den Katharern gab es die Unterscheidung der *Credentes*, der „Gläubigen" und der *Perfecti*, „der Vollkommenen". Letztere galten als Geistträger. Nur sie bildeten die „wahre Kirche", die „Gemeinschaft der Heiligen". Die *Perfecti* verpflichteten sich zu einem asketischen Leben, entsagten Fleisch und Völlerei und lebten sexuell enthaltsam. Frauen konnten auch zu *Perfecti* ordiniert werden, waren allerdings den Männern nicht gleichgestellt. Zu den Anhängern der Katharer zählte fast der ganze Adel Okzitaniens (Region in Südfrankreich). (8)

Um als Frau frei zu werden, musste sie einen wohlhabenden und zugleich einflussreichen Mann für sich gewinnen. Um diesen Edelmann anzulocken, wurde reiche Mitgift (für die Töchter) angesammelt und sich vom Munde abgespart. Raffinessen wurden ausgebildet, die den Nebenbuhlerinnen schaden sollten und dem eigenen Streben dienen. Die Rivalität unter Frauen war geboren und fasste Fuß unter existentieller Not. Es war ein zweischneidiges Schwert, was sich hier zu schärfen begann unter Sklavinnen, die unter die Herrschaft der Männer gegen die Frauen geraten waren. Dagegen stellten sich die Beginen. Sie ließen sich nicht brechen.

Die Beginen waren unabhängig, selbstständige Frauen, die weder heiraten noch in ein Kloster eintreten wollten. Beginen lebten vorwiegend in den Städten, waren allerdings auch auf dem Land zu finden. Sie lebten zumeist in den sogenannten Beginenhöfen. Eine Begine konnte aber auch alleine, zu zweit oder in ihrer Familie leben. Zu Beginn der Bewegung waren es vorwiegend Frauen aus dem Adel und dem städtischen Mittelstand, später schlossen sich Frauen und Mädchen aus allen Schichten der Bewegung an. Jede Frau konnte eine Begine werden.

Anders als katholische Nonnen mussten die Beginen keinerlei Gelübde (lebenslanges Gehorsams- und Keuschheitsgelübde) ablegen und konnten auch jederzeit ohne weitere Angaben von Gründen das Konvent wieder verlassen (was äußerst selten ge-

schah). Auch die Möglichkeit sich zu bilden und zu unterrichten dürfte für einige Frauen ebenfalls eine große Rolle gespielt haben, Begine zu werden.
Die Beginen unterstanden keinem Orden und keiner kirchlichen Hierarchie. Sie organisierten ihre Gemeinschaften selbst, wählten die Vorsteherinnen, arbeiteten und legten ihr Geld zusammen.
Ein Leben als Begine ermöglichte es den Frauen die sozial auferlegten Rollen wie Ehe und Mutterschaft zu verweigern. Es war vielleicht die einzige Möglichkeit, ein Leben in Selbständigkeit und wirtschaftlicher Unabhängigkeit zu führen. Somit stellte es für viele Frauen eine reale Alternative zu Ehe und Familie dar. (12)

„Als Bild weiblicher Unabhängigkeit erinnerte sie [die Gestalt der Jungfrau Maria] die Frau immer wieder an die Möglichkeit, auch außerhalb der Ehe ein sinnvolles Leben führen zu können, was in dieser Zeit mit seinem anhaltenden Frauenüberschuss von nicht zu unterschätzender Bedeutung war. So wird die „Braut Christi" für viele zum Vorbild für die eigene Vermählung mit Christus und einem Leben hinter Klostermauern. ... die Anziehungskraft, die das Kloster auf Frauen im Mittelalter ausübte, war verhältnismäßig stark. Das ist sicherlich ein Indiz für die Unzufriedenheit der Frau mit ihrem gesellschaftlichen Status als Ehefrau oder auch als Unverheiratete. Es will schon was heißen, wenn adelige Damen ihren Wohlstand verlassen, um ihn gegen ein Leben in Armut in der Gemeinschaft anderer Frauen einzutauschen, und das, obgleich dieser Trend von den Kirchen des 12. und 13. Jahrhunderts keineswegs gefördert wurde. Ganz im Gegenteil versuchten sie vielmehr, die Aufnahme von Frauen zu begrenzen und die Gründung von Frauenklöstern zu verhindern. Daraufhin kam es schließlich zur Gründung von Beginen-Gemeinschaften, religiös motivierten wirtschaftlichen Zusammenschlüssen von Frauen, die für sich ein beträchtliches Maß an Autonomie erlangten;

dann aber auch mit die ersten waren, die der Häresie angeklagt und zu Beginn des 14. Jahrhunderts auf dem Scheiterhaufen verbrannt wurden."
(29, 2005, S. 55)

Um die neuen römisch-christlichen Dogmen durchzusetzen wurden sprachliche Verwechslungen von Worten initiiert: so erhielt die Gottesmutter und Jungfrau Maria den Feudaltitel *Notre Dame* oder *Unsere Frau* oder *Unsere liebe Frau*. Auf diese Weise wurde das Verwechseln und damit Überwechseln von den alten Göttinnen im Volk erleichtert: *Freyja*, bedeutet „Frau", *Frigga* bedeutet „Geliebte" und das italienische *Ma Donna* bedeutet „Meine Frau". (29, 2005, S. 52)
In sehr ähnlicher Weise wurde eine Verwechslung und damit ein Überwechseln von der einst eingeweihten jungen, zum ersten Mal blutenden Frau in die sexuell enthaltsame Jungfrau erreicht. Das heutige Wort keusch hatte auch noch im mittelhochdeutsch, also bis in die Mitte des 14. Jahrhunderts hinein[161] als *kiusche* im Volksmund die Bedeutung „mitwissend, eingeweiht, bewusst", wie auch das lateinische *conscius*. 162 Doch schlich sich bereits unsere heutige Bedeutungsversion ein: „der christlichen Lehre bewusst". Durch spielerische Verknüpfung mit der Marienlogik - u.a. auch über diverse Feste – entstand schließlich die Bedeutung: „tugendhaft, sittsam, enthaltsam und rein". Damit hatte die junge Frau ihr von allen anerkanntes bewusste Sein verloren. Kaum einer kennt heute noch den ursprünglichen Sinn dieses Wortes. (47)
Die Einweihung der jungen Frauen in ihre sexuelle Libido und in die damit verbundene Verantwortung, sowohl sozial als auch sakral, verwahrloste und verschwand schließlich ganz. Diese auf die christliche Marienlogik der unbefleckten Jungfrau bezogene Umdeutung über die Wortverwechslung gelang vortrefflich.

---

161 wurde 1050 bis 1350 gesprochen
162 siehe oben unter: ab 1000

„Aus vielen Texten wird deutlich, dass die Gestalt der Jungfrau häufig für eine eigene Frauentheologie benutzt wurde.“[163] So wurde für die Nonne und Äbtissin Hildegard von Bingen[164] die Jungfrau Maria zum Symbol „für den christlichen Glauben, der rein ist wie sie und fortlaufend empfängt und gebiert.“ (29, 2005, S. 57)

Hildegard von Bingen hatte schon als Kind christliche Visionen. Früh ging sie ins Kloster. Dort wurde sie bald schon Äbtissin. Sie schrieb mehrere Bücher über ihre Visionen sowie über die Heilkunst und das Wesen der Natur. Da sie selbst des lateinischen Schreibens unkundig war, schrieb sie ihre Bücher mit der Hilfe eines eng befreundeten Mönchs. Sie forschte intensiv in der Heilkunde, komponierte, malte und leitete das Kloster. Sie konnte es sich erlauben den Klerus in seinen Ausschweifungen zu kritisieren, weil sie als gläubige Christin hohes Ansehen von oberster Stelle genoss.

Das Fest der unbefleckten Empfängnis wurde von den einzelnen Kirchenlehrern höchst unterschiedlich bewertet: Petrus Lombardus[165] befürwortete es ausdrücklich, da Maria zwar als menschliches Wesen mit der Erbsünde empfangen habe, als Mutter Gottes aber schon vor ihrer Geburt von allen Sünden befreit worden wäre. Der ansonsten glühende Marienverehrer Bernhard von Clairvaux[166] lief Sturm gegen den sich immer weiter ausbreitenden Kult um die unbefleckte Empfängnis von Maria. In einem leidenschaftlichen Ausbruch gegen die Kanoniker[167] in Lyon donnerte er: *„Wollt ihr damit verkünden, dass der Heilige Geist an der Fleischeslust beteiligt war?“* Der Zisterziensermönch, Abt Robert von Molesme[168] bekannte, dass er *„ein*

---

[163] 29, 2005, S.57

[164] 1098 - 1179

[165] 1100 - 1160

[166] 1090 - 1153

[167] Kirchenrechtler

[168] gest. 1108

heimliches Verhältnis" mit Maria hat. (29, 2005, S. 138 f)
So sorgte Maria, die heimliche Göttin im Christentum unter den Männern nach wie vor für Verwirrung.

1118/1119: Hugo von Payens gründete den Orden der Templer, auch Tempelherren oder Tempelritter genannt, ein geistlicher Ritterorden zum Schutz der Kreuzritter in Jerusalem. Der Name leitete sich ab vom Sitz des Ordens auf dem Jerusalemer Tempelberg. Der Jerusalemer König Balduin I., eine Deutscher, überließ den Templern 1118 einen Teil seines Palastes. (8)

1128: Die Templer übernahmen die von Bernhard von Clairvaux redigierten[169] Ordensregeln.
Verschiedene Gründe, vor allem der wachsende Einfluss des Ordens auf Grund seiner führenden Rolle im Handel mit dem Orient und im Kreditgeschäft, verstärkt durch vielfältige Privilegien wie die Befreiung von Steuern und Zöllen sowie seine universalistische Religionspolitik, die auch gnostisch-mystische Traditionen des Islam mit aufnahm, führten zum wirtschaftlichen und geistigen Aufstieg des Ordens. (8)

1139: Der Orden der Templer wurde unmittelbar dem Papst unterstellt. Als Ordenstracht trugen die Templer weiße Mäntel mit einem roten achtspitzigen Kreuz. (8)

1147: Es fand der Heidenkreuzzug gegen die Wenden von Sachsen im Rahmen des 2. Kreuzzuges statt. Weil sich sächsische Fürsten verweigerten an dem 2. großen Kreuzzug teilzunehmen, da sie im eigenen Land noch so viele Heiden hatten, entschied der Zisterziensermönch Bernhard von Clairvaux, unter dessen Leitung der 2. Kreuzzug stand, diesen Kreuzzug im eigenen Land durchzuführen. Seine Parole lautete: *aut ritus ipse aut natio deleatur*, was übersetzt bedeutet „Entweder

---

[169] einen eingesandten Text bearbeiten, druckfertig machen

Kult oder Nation“, was so viel bedeutete wie „Tod oder Taufe!“ Letzteres wird von der Kirche heftig bestritten, da es den Kirchenrechten widersprach, nach denen ein Zwang zur Taufe nicht ausgeübt werden durfte. (23, S, 43)

1135: Verfolgung von Andersgläubigen in Lüttich (14)

1140: Der Inhalt des *Canon Episcopi* von 314 und 906 fand Eingang in die kirchenrechtliche Bestimmung *Corpus Iuris Canonici*, die bis 1918 gültig blieben. Das wurde veranlasst durch Burchard von Worms[170], Ivo von Chartres[171], Gratian[172] und den Kommentatoren des Canons. (19)

EINSCHUB

„Die Rezeptionsgeschichte[173] *des Canon Episcopi* lässt eine Tendenz zur Strafverschärfung erkennen. Im Frühmittelalter fielen die mit dem Kanon bekämpften Delikte in die Zuständigkeit des bischöflichen Sendgerichts und wurden mit milderen oder schwereren Bußstrafen belegt. Seit Gratian[174] wurden sie unter die Wahrsage- und Zauberkunst subsumiert[175] und wegen des damit verbundenen Götzendienstes mit der Exkommunikation bestraft.“ (19)

1141 bis 1155: Auch bekannte Persönlichkeiten wurden der Häresie wegen verfolgt, angeklagt und hingerichtet: Petrus Abaelardus wurde 1141 wegen Häresie angeklagt, Heinrich von Lausanne wurde als Häretiker bis ca. 1145 verfolgt und Arnold von Brescia wurde als Häretiker 1155 hingerichtet. (14)

---

170 gest. 1025

171 gest. 1115/1116

172 gest. 1160

173 Geschichte der Übernahme des Canons in das Rechtswesen

174 ein Kirchenrechtler, gestorben 1160

175 eingeordnet

1163: Auf der von Papst Alexander III. gegen die Katharer einberufenen Synode von Tour fiel das Wort Inquisition zum ersten Mal. (23, S. 68)

1175: Die Waldenser wurden von dem Kaufmann und Laienprediger Petrus Waldes, auch: Valdes in Lyon gegründet, eine religiöse Bewegung, deren Ziele die Verkündigung des Evangeliums und ein Leben in Armut nach dem Vorbild Jesu war. Sie lehnten jede Arbeit zum Lebensunterhalt ab. Wegen ihrer Praxis als Laienprediger wurden sie schon bald vom Bischof von Lyon verboten. (8)

1179: Auf dem dritten Laterankonzil, einberufen von Papst Alexander III.[176], wurde der erste strenge Erlass gegen Häretiker und Ketzer beschlossen. Er war konkret gegen die Katharer gerichtet. Diese sowie alle, die sie verteidigten oder aufnahmen, sollten fortan als exkommuniziert gelten. Ihre Güter sollten eingezogen und ihnen auch ein kirchliches Begräbnis vorenthalten werden. (23, S. 5)

EINSCHUB

Als Ursache für die Entstehung einer kirchlich organisierten Bekämpfung von Häretikern und Ketzern ist das Auftreten mehrerer christlicher Laienbewegungen am Ende des 12. Jahrhunderts zu sehen, die von der Kirche als Häresien betrachtet wurden: allen voran die Katharer, jedoch auch die Waldenser oder die Humiliaten. „Eine derart große Menge an Ketzern hatte es bis dahin im Abendland nicht gegeben. Die Entstehungsgeschichte der Inquisition als kirchliche Reaktion auf dieses gesellschaftliche Phänomen ist die Geschichte eines langsamen Entstehungs- und Entwicklungsprozesses, der nur ungefähr zeitlich einzugrenzen ist.“ (14)

---

176 1159 - 1181

Das Wort „Ketzer“ ist seit dem 12. Jh. bezeugt und bezeichnet Irrgläubige, jemand, die oder der sich gegen geltende Meinungen auflehnt. Das Wort stammt vom mittelhochdeutschen *ketzer, kether* und vom mlat. *cathari,* der Namen der neu-manichäischen Sekte der "Katharer". Ihr Name bedeutet „die Reinen“ nach dem griechischen *katharos* = rein. (47) Demnach war der Begriff „Ketzer“ anfangs vor allem gegen die „Katharer“ gerichtet.

1183: Petrus Waldes, Vater der vor-reformatorischen Waldenser-Bewegung wurde vertrieben. (14)

1184 bis 1231: Die „mittelalterliche bischöfliche Inquisition“ wurde eingeführt. Sie war noch keine Institution des Papstes, sondern stand unter der Hoheit des Ortsbischofs oder eines anderen kirchlichen Würdenträgers. (23, S. 68)

EINSCHUB

„Als Zeitpunkt der Einführung der „bischöflichen Inquisition“ gilt die gemeinschaftlich von Papst Lucius III.[177] und Kaiser Friedrich I. Barbarossa[178], abgehaltene Synode von Verona 1184.“ Dort soll Kaiser Barbarossa den Häretikern in dramatischer Weise seinen Kampf angesagt haben, „indem er seine Hände gegen die vier Himmelsrichtungen ausstreckte und mit drohender Miene seinen Handschuh zur Erde warf. Alsdann wurde im Dom von Verona das Dekret gegen die Häretiker verkündigt. Die von [Papst] Lucius verfasste Bulle *Ad Abolendam* machte es den Bischöfen zur Aufgabe, regelmäßig (mindestens einmal im Jahr) in den verdächtigen Gemeinden gegen Katharer und andere“ Irrgläubige zu ermitteln. „Drei

---

[177] 1100 - 1185/ 1181 - 1185 Papst

[178] 1122 - 1190 (Staufer) / 1152 - 1190 römisch-deutscher König, 1155 - 1190 Kaiser des römisch-deutschen Reiche

oder mehr Männer guten Rufes sollten über die Häretiker und ihre Zusammenkünfte Auskunft erteilen und unbußfertige Ketzer dem weltlichen Arm zur Bestrafung überlassen." Die Art der Bestrafung wurde nicht spezifiziert. (23, S. 68)

1199: Papst Innozenz III.[179] setzte in seiner *Dekretale Vergentis in senium* das Verbrechen der Häresie mit jenem der Majestätsbeleidigung gleich. (14) Auf Majestätsbeleidigung stand die Todesstrafe. (23, S. 68)

13. Jahrhundert:

Die Beginen wurden als „religiöse Frauen" bezeichnet. Zeitgleich verdammte das Laterankonzil (1215) jede Abweichung vom Glaubensbekenntnis. (12)

Maria wurde für die Begine Mechthild von Magdeburg[180] unmittelbar zur Göttin. Sie schrieb: *„Ihr Sohn ist Gott und sie ist die Göttin.*" (29, 2005, S. 57)

Es wurden Bordelle gegründet, die dem Schutz der Gemeinde unterstanden. Sie stellten eine Art öffentlichen Dienst bereit und ihre Leiter/innen wurden fast als Staatsbeamte angesehen. (27, S. 14)

Es wurde üblich, dass Hebammen sich per Eid zu einem christlichen Lebenswandel verpflichteten. (24)

Der Theologe Thomas von Aquin[181] befürwortete das Fest der unbefleckten Empfängnis (s.u.). (29, 2005, S. 138)

Für Männer sollte die wahre Liebe die Jungfrau Maria sein. Ihr sollten sich die Frauen angleichen (s.u.). (29, 2005, S. 54)

Der Hexenglaube breitete sich weiter aus (s.u.). (Anm. BW)

---

[179] 1161 - 1216 / 1198 - 1216 Papst

[180] 1210 - 1282

[181] 1225 - 1274

EINSCHUB

Thomas von Aquin befürwortete das Fest der unbefleckten Empfängnis als einen *„listigen Kompromiss"* ganz im Sinne von Petrus Lombardus. Er vertrat die Auffassung, dass Maria zwar als menschliches Wesen mit der Erbsünde empfangen habe, als Mutter Gottes aber schon vor ihrer Geburt von allen Sünden befreit worden wäre. Damit sei das Hauptproblem gelöst, das darin bestand, dass das Kreuzopfer Jesus im Falle Marias überflüssig geworden wäre.
Johannes Duns Scotus[182] war nicht der Meinung, das Opfer Jesus verlöre durch die Sündenfreiheit Marias an Bedeutung, nein „es gewänne vielmehr daran, da Vorbeugen immer besser sei als Heilen. Die Jungfrau war von dem Augenblick ihrer Empfängnis bis zur Erlösung am Kreuze von der Sünde bewahrt worden, wo sie schließlich zusammen mit der ganzen Menschheit gerettet worden sei." (29, 2005, S. 138)

Thomas von Aquin lieferte den theoretischen Unterbau für die mittelalterliche Inquisition. Für Häretiker forderte er in seiner *Summa theologica* die Exkommunikation und die Todesstrafe. Von ihm stammt der Satz: *„Accipere fidem est voluntatis, sed tenere fidem iam acceptam est necessitatis* „Die Annahme des Glaubens ist freiwillig, den angenommenen Glauben beizubehalten notwendig." (14)

Die Troubadoure, die mit ihren Liebesgesängen der Frau den Hof machten, waren der Kirche ein Dorn im Auge. Ihrem höfischen Frauenideal setzte der Benediktinerprior Cautier de Coincy[183] die Jungfrau Maria in seinen Jungfrauenlieder, *Chansons de la Vierge*, entgegen. Dort heißt es: *„Wir wollen ablassen von der törichten Ausübung der Liebe ... Lasst uns die eine lieben, die schön und gut ist, süß und still"* oder *„... dass*

---

182 ca. 1266 - 1308
183 gest. 1236

die Liebe der Frauen Spreu ist; die Jungfrau Maria ist der wahre Weizen." (29, 2005, S. 52 f[184])

Die Frauen sollten sich dem Reinheits- und Keuschheitsgebot der Jungfrau Maria angleichen. Alles andere galt als Verderbtheit. Auf diese Weise stieß die christliche Heilige Jungfrau Maria jede konkrete Frau in ihre Minderwertigkeit. Immer wurde sie mit jener gemessen und immer blieb sie hinter jener zurück. So bleibt die Frau die mit Sünden beladene Eva, das Abbild der Hure von Babylon, der Inbegriff des Sündenpfuhls und die lüsterne Hexe, die sogar mit dem Teufel buhlt, da ihre sexuellen Begierden nach Aussage der heiligen Männer unersättlich sind.

Der mittelalterlichen Hecse wurde unterstellt, dass sie den Hag, das Landgut, Feld und Flur vorsätzlich schädigen würde[185] und zwar mit übernatürlichen Mitteln. Bei dieser Deutung ist wichtig zu bedenken, dass das Volk besitzlos war. Aus dem Volk stammten die Hexen. Sie konnten also nur Besitztümer von Besetzern bzw. Besitzenden schädigen. Das waren in der Regel Kleriker und Adelige. Gegen sie richteten sich seit Jahrhunderten die zahlreichen Bauernaufstände. Welche Rolle spielten die Frauen in der Mobilmachung des Widerstands? Die Herrschaft jedenfalls versuchte den Mob gegen die Hexen zu mobilisieren, was ihnen nachweislich auch gelang.

*„Der Glaube an die Hexe i*m heutigen Sinn entstand seit der Herrschaft des Christentums, als man anfing Ketzerei, Heidentum und Zauberei in Beziehung zueinander zu setzen und den heidnischen Gottheiten die Urheberschaft alles Bösen zuzuschreiben. Da als Hauptquelle des Bösen Satan oder der Teufel galt, so mussten auch die Hexen mit ihm einen Bunde geschlossen haben. Schon Augustin glaubte, dass die

---

184 zitiert aus, Warner, Marina, MARIA – Geburt, Triumph, Niedergang – Rückkehr eines Mythos?, 1982, S. 188

185 „die den Hag, das Landgut, Feld und Flur Schädigende" (47)

Dämonen menschliche Weiber verlocken, sich mit ihnen nachts versammeln und mit Diana, Minerva und anderen Göttinnen durch die Luft reiten. Mit dieser Ausbildung, die der Teufel in der Phantasie der Menschen erhielt, wuchs auch der Glaube an Hexen, denen man vorzugsweise Einfluss auf die Witterung, die Fruchtbarkeit, die Gesundheit von Pflanzen, Tieren und Menschen zuschrieb. Schon im 8. Jh. wurden Menschen, die der Pöbel für Hexen hielt, lebendig verbrannt. Vergebens traten im 9. und 10. Jh. gelehrte Bischöfe gegen den Hexenglauben auf, den andere Kirchenhäupter dieses Ranges eifrig verteidigten.“ (18, Bd. 4, 1875)

Bei den Germanen und in der mittelalterlichen Bevölkerung gab es einen Brauch bei dem zur Wintersonnenwende *de olde hag*[186], *die olle Hesse* verbrannt wurde. Hier war die *Hesse* noch die *hag-zissa*, das Knüppelholz oder der Knüppelzaun, die Einfriedung um den Hag, vielleicht der alte, morsch gewordene oder ausgediente Zaun des Heiligen Hains, der jährlich rituell verbrannt wurde. Später, als sich der spirituelle Sinn verloren hatte wurde zur Wintersonnenwende ein Holzblock oder zusammengebundenes Knüppelholz verbrannt, auch *Julblock* genannt. Jul war die Zeit der Wintersonnenwende. Der Name „Blocksberg“ kommt möglicherweise daher. Die fremdländischen Mönche werden vermutlich diesen heidnischen Brauch zu unterbinden versucht haben. Eine Frauenverbrennung in germanischen Stammesgebieten ist höchst unwahrscheinlich. Die ausführliche Ausarbeitung auch zu den Kulten der alten Göttinnen sind in Band II zu finden.

1204 bis 1234: „Die Stedinger Bauernrepublik“ wurde ausgerufen. Freie Bauern in Bremen und Oldenburg verteidigten ihr Land. Der Aufstand begann 1204 mit der Zerstörung zweier Burgen des Grafen Oldenburg. Der Widerstand galt dem Land-

---

[186] *hag* = Knüppelholz

raub zu Gunsten des Bischofs von Bremen und des Grafen Oldenburgs und der neuen Zehnt-Pflicht.
1227: Bauern aus Friesland/Norddeutschland gründeten die Republik Dithmarschen und schlugen die Ritter des Erzbischofs von Bremen.
1230: Die Aufständischen wurden zu Ketzern erklärt.
1234: Es kam zur Niederlage der Aufständischen in der Schlacht von Altenech. (2)

1206: Papst Innozenz III. entsandte eine Gruppe von Zisterziensermönchen nach Südfrankreich (Okzitanien), darunter Pierre de Castelnau, Diego de Acebo sowie den jungen Dominikus, um die Katharer mit den Mitteln der Predigt und des Gesprächs für die Kirche zu gewinnen. (14)

1209 bis 1229: Da weder die Maßnahmen der Predigt und des Gesprächs noch die kirchlichen Verbote gegen die ketzerischen Katharer zum gewünschten Erfolg führten, nämlich die Katharer zum Schweigen zu bringen, rief Papst Innozenz III. gegen sie zum Albingenser-Kreuzzug auf. (14)

EINSCHUB

Zu den Anhängern der Katharer zählte fast der ganze Adel Okzitaniens. Als die Grafen von Toulouse und Foix Partei gegen die Römische Kirche und den König von Frankreich ergriffen, kam es im Zuge des Albingenser-Kreuzzuges 1209 zum Blutbad in Béziers. Nach der letzten bewaffneten Verteidigung der Lehre, die mit der Kapitulation der Burg Montségur endete, flüchteten viele französische Katharer vor der Inquisition in die Lombardei. (8)

1212: Papst Innozenz III. begann die *inquisitio* als neue Verfahrensform zu entwickeln. (14)

1215: Der Vierte Laterankonzil tagte unter Vorsitz Papst Innozenz III. Dort wurden nicht nur neuerlich die Ketzer pauschal exkommuniziert, sondern erstmals ein für alle Katholiken verbindliches Glaubensbekenntnis erlassen, damit in Hinkunft Klarheit über den rechten Glauben herrsche. (14) Weiter wurde die Trinitätslehre von der Wesens-Einheit von Gott-Vater, Sohn und Heiliger Geist erneut bestätigt. (52)

1224: „Die Kirche konnte über das Inquisitionsverfahren zwar Urteile über Ketzer aussprechen, hatte jedoch keine Blutgerichtsbarkeit, sondern war hierfür auf die Unterstützung des „weltlichen Arms“ [angewiesen.] Mit dem Edikt *cum ad conservandum* von Kaiser Friedrichs II.[187] statuierte[188] die höchste weltliche Gewalt es als ihre von Gott verliehene Pflicht, zum Schutz des Glaubens gegen Häretiker vorzugehen und überführte Häretiker auf dem Scheiterhaufen zu verbrennen oder auf andere Weise, wie das Herausschneiden der Zunge, zu bestrafen.“ (14)

1227: „Papst Gregor IX.[189] beschritt erstmals einen neuen Weg in der Ketzerbekämpfung: anstelle der eigentlich dafür zuständigen Bischöfe, die ihrer Aufgabe nur mangelhaft nachkamen, berief er erstmals eigene päpstliche Sonderbeauftragte als Inquisitoren.“ Sie sollten in Deutschland nach Ketzern fahnden. Unter ihnen war Konrad von Marburg.
„In weiterer Folge entband Gregor IX. die Bischöfe von der Untersuchungspflicht und beauftragte künftig überwiegend Dominikaner mit der Ketzerverfolgung, wenn auch viele spätere Inquisitoren Mitglieder anderer Orden oder des weltlichen Klerus waren.“ (14)

---

187 1194 - 1250 (Staufer) / ab 1212 römisch-deutscher König; 1220 - 1250 Kaiser des römisch-deutschen Reiches. Außerdem führte er ab 1225 den Titel „König von Jerusalem“

188 festsetzen bestimmen, aufstellen; ein Exempel statuieren = ein warnendes Beispiel geben

189 1227 - 1241

1229: Nach dem Ende des Albigenser-Kreuzzuges[190] tagte unter Papst Gregor IX. die Synode von Toulouse. Sie verschärfte neuerlich die Bestimmungen gegen die Ketzer und sah für die Kirchenprovinz Toulouse, in der die Katharer bisher stark vertreten waren, strenge Maßnahmen vor:

- Die geheimen Zufluchtsorte der Ketzer sollten aufgespürt und entdeckte Ketzer gefangen gesetzt werden, wozu auch das Mittel der heimlichen Denunziation angewandt werden sollte.
- Wer einen Ketzer verbarg, wurde mit dem Verlust des Vermögens oder gar mit dem Tod bedroht.
- Jedes Haus, in dem man einen Ketzer fände, sollte niedergerissen werden.
- Wer mit einem Ketzer verkehrte – sei es auch nur in einem Wirtshaus – oder ihm Almosen gab oder mit ihm verheiratet war, war ebenso verdächtig.
- Der auf eine Vorladung nicht Erschienene oder Flüchtige galt ohne weiteres als schuldig.
- Wer erschien, wurde eingekerkert.

Überdies wurde für das Gebiet der Kirchenprovinz ein dichtes Netz an Visitationen angeordnet, wie es später für die Inquisition charakteristisch werden sollte. (14)

1231 bis 1542: Die „mittelalterliche päpstliche Inquisition" wurde eingeführt.

EINSCHUB

Die „päpstliche Inquisition" war eine Ermittlungsbehörde, die zugleich richterliche Aufgaben wahrnahm und über die Reinheit des Glaubens zu wachen hatte. Sie wurde von Papst Gregor IX. als Zentralbehörde eingerichtet und vorwiegend von den Dominikanern geleitet. (23, S. 68)

Diese von Papst Gregor IX. beschlossenen und sogleich ein-

---

[190] 1209 - 1229

geführten Inquisitionsgerichte befassten sich u.a. auch mit Beginen und Begarden. (12) In einem neuerlichen Edikt legte Papst Gregor IX. die strafrechtlichen Bestimmungen für die Ketzerverfolgung fest. (14)

Schon im Gründungsjahr der „mittelalterlichen päpstlichen Inquisition" verfolgte in Deutschland der Inquisitor Konrad von Marburg von 1231 bis 1233 eine katharische Sekte („Luziferianer"), denen er Teufelsanbetung unterstellte. Die Opfer dieser Verfolgung (einige Hundert?) zählt man zu denen der gewöhnlichen Ketzerverfolgung, nicht zu den Opfern der Hexenverfolgung. Der Vorgang zeigt jedoch, wie die gewöhnliche Ketzerverfolgung schon damals leicht in eine Art Hexenverfolgung übergehen konnte: indem man den Ketzern Teufelsanbetung zutraute. „Die meisten Theologen, darunter als prominentester St. Thomas von Aquin, verteidigten von nun an die Todesstrafe für Häretiker als legitim, indem sie z.B. Falschlehre mit Falschmünzerei und Glaubensabfall mit Majestätsbeleidigung verglichen." (23, S. 69)

„Eine neue Verfolgungsqualität wurde mit der theologischen Konkretisierung des Häresieverständnis und der Schaffung der Ketzerinquisition ... erreicht." Darunter fielen auch die im *Canon Episcopi* bekämpften Delikte. (19)

1231 bis 1233: Papst Gregor IX. ernannte besonders viele Inquisitoren. Zu dieser Zeit ergingen etliche ähnlich lautende Schreiben des Papstes, alle mit dem Incipit *Ille humani generis*, an mehrere Dominikanerkonvente in Deutschland, Frankreich und Österreich mit dem Auftrag der Ketzerverfolgung. Bischöfe konnten ebenfalls weiterhin auf eigene Initiative hin inquisitorisch tätig werden. Der Grund für den Einsatz insbesondere der Dominikaner als Inquisitoren war, dass dieser Bettelorden bereits früh in der theologischen Bekämpfung der Ketzer aktiv geworden war und über entsprechend gute Erfahrungen verfügte. (14)

1232: In einem weiteren Edikt von Kaiser Friedrichs II. wurden Häretiker zur dauerhaften Infamie[191] unter Verlust ihres Vermögens und ihrer Rechte verurteilt, sofern sie nicht binnen eines Jahres die kirchliche Absolution[192] erhalten konnten. Es wurden die weltlichen Amtsinhaber durch Eid und unter Androhung des Verlusts ihrer Amtsgewalt dazu verpflichtet, die von der Kirche bezeichneten Häretiker „auszurotten" und die kaiserlich angeordneten rechtlichen Maßnahmen gegen sie zu vollstrecken. (14)

1233: Seit dem Ende des 12. Jh. begann man den Verdacht des Bundes mit dem Teufel ganz besonders auf das weibliche Geschlecht zu werfen und am Anfang des 13. Jh. wurde behauptet, dass die Teufel mit den Menschenkindern buhlten. Damals begann die Inquisition ihr Wüten gegen die Ketzer und die angeblichen Hexen, namentlich gestützt auf Papst Gregors IX Bulle von 1233. (18, Bd. 4, 1875)

1233: In Köln sind die ersten deutschen Beginen nachgewiesen. (12)

1238/39: Kaiser Friedrich II erließ 1238 und 1239 Gesetze zum Schutz der Inquisition. (12)

Mitte des 13. Jahrhunderts: Es entstanden an vielen Orten weitere Beginenhöfe. Die größten Beginenanwesen gab es in Belgien und Holland. Diese waren meist durch eine Mauer oder zusätzlich einen Wassergraben geschützt. Einer der größten und ältesten Beginenhöfe war der in Kortrijk in Belgien mit 136 Frauen.
In Wien gab es ebenfalls Beginenhöfe. Es waren auch hier lose religiöse Vereinigungen von Frauen. Aus ihnen entstanden dann später zwangsweise Frauenklöster unter der Obrigkeit des Klerus. (12)

---

191 Ehrlosigkeit, Verlust der kirchlichen Ehrenhaftigkeit (kath. Kirche)

192 Absolution = Freisprechung, Sündenvergebung

1252: Papst Innozenz IV.[193] genehmigte in seiner Bulle *Dekretale Ad Extirpanda* die Folter zur Wahrheitsfindung bei Inquisitionsprozessen mit der formalen Einschränkung, dass den Betroffenen keine bleibenden körperlichen Schäden zugefügt werden durften. (14)
Diese Verfahren stammt aus dem römischen Recht. Dort wurde es „nur“ gegen Sklaven verwendet. Die Grundlagen bzw. Voraussetzungen für die späteren Hexenverfolgungen waren nun geschaffen: Verfahren ohne Anklage, Denunziation, Folter und Tod auf dem Scheiterhaufen. Verfolgt wurden zu dieser Zeit vor allem Katharer und Waldenser. (12)

1254 bis 1261: Papst Alexander IV.[194] legt fest, dass sich die Inquisitoren vor allem mit der Hellseherei, Wahrsagerei und mit Frauen, die besondere Kenntnisse in der Heil- und Kräuterkunde hatten, befassen sollten. (12)

EINSCHUB

Hexen- und Ketzerprozesse unterlagen der gemischten Jurisdiktion, d.h. sie wurden sowohl von weltlichen als auch von kirchlichen Richtern[195] geführt. Bis Anfang des 14. Jh. unterbanden Päpste mehr als einmal die Versuche der Inquisitoren Fälle, die mit Hexen in Verbindung standen, vor die Gerichtsbarkeit zu ziehen, da sie zweitrangigen Charakters seien und die Inquisition zusätzlich belasten und daran hindern würden ihre unmittelbare Funktion, die Bekämpfung der Häresie, auszuführen. ([196])

---

193 1195 - 1254 / 1243 - 1254 Papst

194 1199 - 1261 / 1254 - 1261 Papst

195 Durch die Einführung der „mittelalterlichen päpstlichen Inquisition“ (1231) wurde es möglich, dass die Kirche Richter einsetzen und Prozesse führen konnte.

196 Grigulevic, Josif R., Kerker-Hexen-Inquisitoren, S. 186

In diesem Sinne entschied auch Papst Alexander IV.. Er verfügte, dass Hexenprozesse an untergeordneter Stelle stünden. Die kirchliche Inquisition sollte erstrangig Prozesse gegen die Häresie führen und zwar vorrangig gegen Katharer und Waldenser sowie gegen Wahrsagerei und Zauberei, sofern sie durch offensichtliche Häresie hervorgerufen wurde. In allen anderen Fällen sollte die Kirche die Prozessführung bei den von alters her dafür eingesetzten weltlichen Richtern belassen. ([197])

1259: Die Beginen Bewegung verbreitete sich rasch. Dementsprechend ließ die Duldung des Beginenwesens durch den Papstes rasch nach. Schon 1259 wurde das "*auffällige und halsstarrige Wesen der Beginen*"[198] kritisiert und besonders ihr Auftreten als Predigerinnen scharf verurteilt.

Der englische Geschichtsschreiber Mattäus Paris wunderte sich im 13. Jahrhundert darüber, dass sich "*die Anzahl gewisser Frauen, die das Volk ´Beginen´ nennt ... zu Tausenden und Abertausenden in unglaublicher Weise mehrte*." (12)

1262: Im Bistum Regensburg wurden seit 1262 durch Dominikaner-Inquisitoren Waldenser verfolgt. (14)

ab ca. 1270: Der Lektor, Kanonist und Geschichtsschreiber Johannes von Erfurt[199] bezog sich erneut auf Bestandteile des *Canon Episcopi*.

EINSCHUB

Erfurt lehnte den Glauben an zauberische Fähigkeiten von Frauen ab, die allgemein mit Hexen bezeichnet wurden. Er

---

197 de.wikipedia.org/wiki/Alexander_IV._(Papst) (Aug. 2015)

198 Anke Wolf-Graaf

199 1250 - nach 1320

verurteilte besonders solche Frauen, die von sich behaupteten im Gefolge von Göttinnen zu fliegen. In seiner Schrift zählte er erstmals außer Diana noch andere Göttinnen mit Namen auf: Perchte, Holle und Minerva, die Göttin der Künste und der Wissenschaft. Nach und nach kamen „weitere volkssprachliche Bezeichnungen für die Göttin hinzu: *Satia, Domina Abundia, Habonde, Pharaildis, Herodiana, Beffana, Bizazia, Bezezia* oder *Bensozia*. In Frankreich und Italien kann eine Vermischung mit dem Glauben an die *bona sozia* oder die *bonnes dames* festgestellt werden, die unter Führung einer Königin die Wohnungen der Menschen in wohlwollender Absicht aufsuchen würden.“ (19)

All diese Bezüge zu den unterschiedlichsten Göttinnen sprechen für eine Interpretation, die über ein tradiertes Magieverbot weit hinausweist. Sie bilden einen deutlichen Wirklichkeitsbezug zur mittelalterlichen [sowie zur vorchristlichen] Lebenswelt, wie z.B. zu dem in weiten Teilen Europas verbreiteten, ursprünglich keltischen Totenkult, zum Kult der Epona. Es lässt sich eine Übereinstimmung erblicken zwischen dem ekstatischen Flug im Gefolge der Mond- und Heilgöttin Diana und dem volkstümlichen Strigen-, Perchten- und Feenglauben. Der Flug lässt sich als ein Symbol der weiblichen Kraft im Zusammenhang mit magischen Ritualen interpretieren. (19[200]) Die mögliche Sprachverwechslung von Diana und Dana ist den Autoren offensichtlich unbekannt.

Der Begriff „Hexenglaube“ beinhaltet die Überzeugung, dass Frauen ganz real magische Fähigkeiten haben, wodurch sie zaubern, fliegen und sich bzw. andere in Tiere verwandeln können. Der *Canon Episcopi* bestritt diese Fähigkeiten und sagte, dass Frauen das zwar behaupten, es allerdings real nicht vermögen. Sie behaupten es dennoch, weil sie schwach

---

[200] Ginzburg 1993, S. 103-215; Tschacher 1999, S. 240 und Anm. 47; Martha Rampton 2002, S. 24

sind und vom Teufel dazu verführt werden, das zu behaupten. Der *Canon* sagte weiter, dass allein diese Behauptungen bereits Blasphemie und Häresie seien. Deshalb, weil die Frauen es nur behaupten, jedoch keine diesbezüglichen Fähigkeiten haben, seien sie keine Hexen. Aus diesem Grund lehnte der *Canon Episcopi* den Hexenglauben ab, nicht aber die Verfolgung der Frauen, die so etwas von sich behaupteten – und wenn es auch unter Folter geschah.

1275: Als erste namentlich bekannte hingerichteten Hexe wird oft Angèle de la Barthe genannt, die 1275 in Toulouse verbrannt worden sein soll. Angeblich soll sich Angèle mit dem Teufel eingelassen und ein Ungeheuer geboren haben, halb Schlange, halb Wolf, das sich ausschließlich von Babys ernährte. (23, S. 73)

1291: Der Fall *Akkos*: Nachdem 1187 Jerusalem durch Saladin erobert wurde, hatten die Templer ihren Sitz nach Akko verlegt, wo sie eine Festung errichteten, die enorm stark gewesen sein soll. Auf die Spitze von zwei Türmen wurden goldene Löwen in der Größe eines Stieres angebracht. Mit der Eroberung dieser Festung von Akko durch die ägyptischen Mamluken waren die Kreuzzüge endgültig gescheitert. Ein gotisches Kirchenportal aus Akko wurde als Trophäe nach Kairo gebracht. ([201])

EINSCHUB

Der Fall Akkos schwächte den Einfluss des Templerorden. Wahrscheinlich um sich das Vermögen des Templerordens anzueignen, begann der französische König Philipp IV.[202] ge-

---

201 diverse Internetquellen (4.8.15)

202 1268 - 1314, genannt Philipp der Schöne, entwickelte frühabsolutistisches Staatswesen mit einer bisher nicht gekannten Macht-

gen den Templerorden vorzugehen und die Auflösung des Ordens zu betreiben. Er wurde, wie die anderen Ritterorden auch, seit Mitte des 13. Jh. wegen seiner Machtstellung und seines Reichtums zunehmend kritisiert. Unter Berufung auf die Denunziation eines ehemaligen Templers wurde bei der Inquisition ein Verfahren wegen Häresie, Blasphemie und Unzucht eingeleitet. Papst Clemens V.[203], ursprünglich von der Unschuld der Templer überzeugt, gab dem Druck des französischen Königs schließlich (1312) nach. (8)

1292: Marco Polo[204] brachte vermutlich von einer seiner zahlreichen Reisen[205] die Idee des Papiergeldes von China[206] mit nach Europa, wo diese Vorgangsweise zunächst auf Erstaunen und Ungläubigkeit stieß. (22, S. 46 f)

EINSCHUB

Die Vorgangsweise war folgende: statt wie bisher Gold oder Ware wurde ein Papier als Schuld- oder Depotschein für die hinterlegten Werte zur Bezahlung genutzt. Die realen Werte, z.B. Gold, waren beim Goldschmied real hinterlegt. Die Bedeutung des Papiergeldes war das zukünftige Zahlungsversprechen des Goldschmiedes, das von ihm verwahrte Gold auch tatsächlich wieder herauszugeben. Jede Kauffrau, jeder Kaufmann, die oder der nunmehr einen solchen Depotschein und damit das Zahlungsversprechen eines Goldschmiedes akzeptierte, trat dadurch in einen (Schuld-) Vertrag mit dem

---

entfaltung; sorgte für die Überführung des Papsttum nach Avignon, zerschlug den Templerorden

203 1226 - 1314, Papst: 1305 - 1314, verlegte den Sitz der Kurie 1309 nach Avignon

204 1254 - 1324, venezianischer Händler

205 Marco Polo tätigte seine zahlreichen Reisen zwischen 1275 und 1292

206 in China wurde Papiergeld seit 800 v. Chr. bereits verwendet

Goldschmied ein. Der Goldschmied hatte ihm auf Anforderung und Vorlegen dieses Papiers den realen Wert, den Goldbarren z.B., herauszugeben. Die Depotscheine waren somit *Schuldscheine* und daran hat sich bis heute nichts geändert. Diese inhaltliche Verschiebung von der Weitergabe eines Goldstückes zur Weitergabe eines Versprechens auf zukünftige Goldstücke erfolgte anfangs vermutlich ohne jede Hinterlist, sondern aus rein praktischen Überlegungen. Bis heute hat diese Entscheidung weitreichende Folgen. „Auf den Holzbänken, auf welchen die oberitalienischen Goldschmiede ihre Verleihgeschäfte tätigten, entstand also ca. im 13. Jahrhundert sowohl das Papiergeld als auch das moderne Bankgeschäft.[207] ... *Papiergeld* war und ist die *Verbriefung der Schuld* einer Vertragspartei." Es ist das Versprechen auf die dahinter stehenden realen Werte, wie z.B. auf die dahinter stehenden Goldstücke. Die Vertragspartei im Geldverleihgeschäft muss einen guten Ruf besitzen, also „Kreditwürdigkeit" und über sogenannte „Mindestreserven" an realen Werten verfügen.

Die Entstehung dieses Systems der sogenannten Mindestreserven zeigt, warum die Geschäfte der Banken von Anfang an auf einer betrügerischen Idee fußten. Im Mittelalter kamen - vermutlich oberitalienische - Goldschmiede im Zuge ihrer nunmehrigen Tätigkeit als „Banker" auf die für sie sehr lukrative Idee, mehr Depotscheine auszugeben, als sie überhaupt an Goldmünzen in ihren Tresoren aufbewahrten. Sie hatten nämlich festgestellt, dass nur ungefähr zehn Prozent ihrer Kunden sich die Goldmünzen wieder abholten, alle anderen waren mit den Depotscheinen (Papiergeld) zufrieden und verwendeten diese, um ihre Geschäfte zu tätigen. Im Kern steckt hinter dieser Idee Betrugsmodell." (22, S. 46 f)

---

[207] ital. *banco* = „Bank", "Holzbank"

1299: In Köln existierten 88 Beginenkonvente, einige Jahrzehnte später sogar 169. Die Konvente hatten oft die Größe dörflicher Ansiedlungen und beherbergten bis zu 60 Beginen. Das lässt Rückschlüsse darauf zu, welchen Einfluss diese Frauenvereinigungen auf das Kultur-, Gesellschafts- und Wirtschaftsleben einer Stadt hatten. Köln hatte im späten Mittelalter über 30.000 Einwohner und war damit nach Paris, Gent und Brügge die viertgrößte Stadt Europas. (12)

14. Jahrhundert:

Die Katharer erlebten einen letzten Aufschwung in Südfrankreich. Gründe für den Rückgang der Katharer war sowohl die Inquisition als auch die Ausbreitung anderer Bettelorden, v.a. der Franziskaner. (8)

Da der *Canon Episcopi* die Vorstellung vom nächtlichen Hexenflug auf eine Täuschung der Frauen durch den Teufel zurückführte und in einem älteren Verständnis als Häresie bzw. Apostasie[208] qualifizierte, wurde das Delikt ab dem 14. Jh. als ein vom Teufel erfundenes Verbrechen von der Inquisition verfolgt. Es konnte bei Rückfälligkeit mit dem Tode bestraft werden. Damit hatte die Ketzerbekämpfung erneut eine Verschärfung erlangt. (19)

Den Beginen wurde Verbreitung von Irrlehren vorgeworfen und wurden als eine Ketzerinnen-Bewegung eingestuft.

EINSCHUB

Die Beginen lebten nach ihren eigenen Regeln und lehnten jede von der Kirche sanktionierte Ordensregel ab. Insbesondere lehnten sie es ab, auf irgendeine Regel verpflichtet zu

---

208 Abfall vom Christlichen Glauben, Austritt einer Ordensperson aus einem Kloster unter Bruch des Gelübdes.

werden. Angeblich stellten sie sogar das Ansuchen an den Papst, sich gegenseitig die Beichte abnehmen zu dürfen, was selbstverständlich abgelehnt wurde.
Sie erhoben nachweislich den Anspruch, in theologischen Fragen mitzureden, was für den Papst und die Mehrheit der Bischöfe (einige wenige galten als ihre Förderer) eine unglaubliche Anmaßung und Respektlosigkeit war. Die Beginen verfassten die meisten ihrer religiösen und theologischen Schriften in der Volkssprache. Auch das war ein Stein des Anstoßes für die Kirche, denn so erreichten sie vor allem die vielen Menschen, die die offizielle Kirchensprache Latein nicht beherrschten. Da die Beginen keiner religiösen Obrigkeit unterstanden, konnten sie, im Gegensatz zu Nonnen, lehren und unterlagen keiner Gehorsamspflicht.
Sie galten als sexuell zügellos. Ihnen wurden Orgien nachgesagt. Sicherlich war das Propaganda. Allerdings muss damals noch von etlichen Frauen ein freierer Lebensstil gepflegt worden sein als von der Kirche geduldet und später auch durchgesetzt.
Über mehrere Jahrhunderte hinweg klagten Priester in Visitationsberichten über haarsträubende Zustände in Nonnenklöstern, über Liebschaften der Nonnen untereinander und/oder mit dem Beichtvater und über Kinder der Nonnen, die im Kloster aufwuchsen. Teilweise hieß es, die Frauen würden ein Bordell führen. (12) Sicher ist, dass bei Ausgrabungen in zahlreichen ehemaligen Nonnenklöstern viel Kindergräber gefunden wurden.

1304 bis 1307: Aufstand des Rebellen Dolcino in Italien: sein Vorgänger Segarelli war in Parma verbrannt worden, weil er die Gütergemeinschaft gepredigt hatte und die Armen aufrief sich den Herren zu widersetzen. Dolcino organisierte den militärischen Kampf und versuchte mit Tausenden Bauern im Sesiatal eine freie Bauerngemeinde zu gründen. Der Papst rief zum Kreuzzug gegen die Aufständischen auf.

1307 wurden die Bauern geschlagen. Mehr als 1.000 Bauern wurden getötet. Dolcino und seine Frau Margherita wurden nach bestialischen Folterungen verbrannt. (2)

1307: Der französische König Philipp IV. ließ die führenden Persönlichkeiten des Templerordens verhaften und ihr Vermögen beschlagnahmen. (8)

EINSCHUB

Philipp IV. war der größte Schuldner des Templerordens, der durch die Kreuzzüge reich geworden war und sich anschließend in Frankreich niedergelassen hatte. Die Templer unterstanden nicht seinem Jurisdiktionsbereich, was ihn enorm ärgerte. Deshalb beschädigte er systematisch ihren Ruf und behauptete, sie seien Anhänger einer häretischen Sonderlehre und trieben Unzucht. ([209])

1307 bis 1314: Angeklagt wurden die Templer wegen Sodomie und Anbetung des *Baphome*t (arabisch: „Vater des Erkennens"), das Bild eines gehörnten, androgynen Wesens, ein Mischwesen aus Frau und Mann, Heiliger und Teufel. Sie scheinen sich auf Traditionen der Gnosis und der Sufis, die islamischen Erben einer Strömung der Gnosis, bezogen zu haben. (8)

Den Templern wurde Teufelsanbetung unterstellt. (23, S. 73)

Die Tempelritter wurden in ihrem Prozess der Hexerei beschuldigt. (18, Bd. 4, 1875)

1309 bis 1377: Das Papsttum verlegte seinen Sitz von Rom nach Avignon (*avignonesisches Exil*). Sieben von der gesamten Kirche anerkannte Päpste hatten dort ihren Sitz.[210] Grund war

---

209 de.wikipedia.org/wiki/Avignonesisches_Papsttum (31.10.15)

210 Clemens V. (1305 - 1314; seit März 1309 in Avignon); Johannes XXII. (1316 -1334); Benedikt XII. (1334 - 1342); Clemens VI. (1342 - 1352);

der Machtkampf um die Vorherrschaft zwischen dem französischen Staat und der Kirche. ([211])

EINSCHUB

Es gab bereits in der Mehrheit französische Kardinäle. Mit Clemens V. wurde erstmals ein Franzose Papst. Er ging nach seiner Wahl gar nicht erst nach Rom, sondern ließ sich in Lyon zum Papst krönen. Der französische König Philip IV. gewann großen Einfluss auf die Kurie. So geriet die geistliche Macht zum Spielball französischer Machtinteressen. Der Aufenthalt der Kurie in Avignon hatte eine systematische Ausbeutung des Volkes zur Folge und führte zur Ausweitung und Zentralisierung des päpstlichen Fiskalismus[212]. Die Kurie führte ein verschwenderisches Leben und ließ sich Prunkbauten errichten. Zugleich kam es zum Armutsstreit unter den Glaubensbrüdern, vor allem mit den Franziskanern. ([213])

1310: Die Begine und theologische Schriftstellerin und Denkerin Marguerite Poréte[214] wurde öffentlich auf dem Scheiterhaufen hingerichtet. (12)

EINSCHUB

Marguerite de Poréte schrieb den religiösen Text *Miroir des simples âmes*, der meist übersetzt wird mit „Spiegel der armen Seelen“ oder „Spiegel der einfachen Seelen“. Beide

---

Innozenz VI. (1352 - 1362); Urban V. (1362 - 1370); Gregor XI. (1370 - 1378) er kehrte 1377 nach Rom zurück; ///Nikolaus V. (1328 - 1330; Gegenpapst) - Gegenpäpste wurden gewählt auf Grund der Uneinigkeit im Kardinalskollegium und aus anderen machtpolitischen Gründen. aus: de.wikipedia.org/wiki/Avignonesisches_Papsttum (31.10.15)

211 de.wikipedia.org/wiki/Avignonesisches_Papsttum (31.10.15)

212 Besteuerungssystem

213 de.wikipedia.org/wiki/Avignonesisches_Papsttum (31.10.15)

214 geboren um 1250/1260 im Hennegau, verbrannt 1.6.1310 in Paris

Übersetzungen sind unzureichend, denn im Original heißt es: Spiegel der *simple = eins, ganz* Seelen". Sie verwendete die im Mittelalter beliebte literarische Form eines erdichteten Streitgesprächs. Das Buch ist ein auf Sprechrollen verteiltes Lehrbuch der Liebesmystik, das den Weg der Seele über sieben Stufen zur Vollkommenheit beschreibt. Das Buch wurde über 700 Jahre praktisch durchgehend publiziert, auch schon 200 Jahre vor Erfindung des Buchdrucks, und in über 20 Sprachen übersetzt. Es beeinflusste auch verschiedene Mystiker und Mystikerinnen wie Meister Eckhart, Therese von Avila, Johannes vom Kreuz.

Um 1300 erließ der Papst eine Bannbulle gegen den „Spiegel". Es kam zum ersten Inquisitionsprozess. Öffentliche Verbrennung und Verbot des Buches folgten. Marguerites Werke wurden aus den Klöstern gerissen und als Werk des Teufels verbrannt.

1304 gab es einen Streit der Bischöfe, ob sie eine Ketzerin sei und aus der Kirche eine Frauenkirche machen will, was sie jedoch im Gegensatz zu anderen spirituellen Frauen (wie z.B. Wilhelmina von Böhmen[215]) nie geschrieben hat. Es war vor allem die Vorstellung einer ganz von Liebe durchdrungenen Freiheit, die von den kirchlichen Behörden als Unmoral (miss)verstanden wurde.

1306 kam es zu einem erneuten Inquisitionsprozess. Sie wurde exkommuniziert und saß in Kerkerhaft in Paris.

1309 wurden 15 Artikel des „Spiegel" durch eine 21-köpfige Pariser Theologenkommission verurteilt.

1310 wurde Marguerite verurteilt und als Ketzerin verbrannt. Ausschlaggebend für die Verurteilung war vermutlich die Hartnäckigkeit, mit der sie ihre Ansichten vertrat und ihre

215 Wilhelmina von Böhmen (oder Mailand) strebte eine Frauenkirche mit weiblicher Hierarchie an. Jahrelang wurde sie von den Zisterziensern als Heilige verehrt. Sie starb 1279 oder 1281. Im Jahr 1300 wurde sie von der Inquisition exhumiert und verbrannt.

Weigerung in der Befragung Rede und Antwort zu stehen sowie die rasche Verbreitung des „Spiegel“ im Volk. Angeblich soll sie auf dem Weg zum Scheiterhaufen widerrufen haben, doch nun war es zu spät. Sie wurde bis heute nicht rehabilitiert.
Dies geschah einer Frau, die vor siebenhundert Jahren Folgendes sagte: „... *dass jedes vernünftige Wesen in sich von Natur aus glücklich ist* [und] *dass der Mensch in diesem Leben zu einer endgültigen Glückseligkeit finden kann*“. (12)

1310: Hebammen wurde von der Kirche zur Taufe verpflichtet. Mit dem gleichen Eid verzichteten sie auf magische und auch auf die Vergabe abtreibender Mittel. Dafür durften sie sowohl Tauf- als auch Sterbesakramente spenden. Gerade zu Beginn der Neuzeit standen Hebammen mehr als andere Personen im Risiko Opfer der Hexenverfolgung zu werden. (24)

1311/2: Der Konzil von Vienne unter Leitung von Papst Clemens V. fasste folgende Beschlüsse:
- Die Aufhebung des Templerordens wurde verfügt: „Das Konzil entschied, den Templern sei zwar die ihnen 1307 im Templerprozess vorgeworfene Häresie und Blasphemie nicht nachgewiesen worden, dennoch sei, allein schon durch den nunmehr schlechten Ruf des Ordens, dieser aufzulösen, um weiteren Schaden von der Kirche abzuwenden. Der Papst übertrug in weiteren Bullen, unter anderem *Ad providam*, den Besitz der Templer auf den Johanniterorden.“ ([216])
- Den Beginen wurde die Anerkennung des laienreligiösen Standes entzogen. (12) Damit wurde ihnen das Predigtrecht entzogen sowie das Beichthörrecht. Die Frauenseelsorge wurde ihnen verboten. Auf Antrag des rheinischen Prälaten wurde das fahrende Beginentum [die Handel treibenden Beginen]

---

[216] de.wikipedia.org/wiki/Konzil_von_Vienne (31.10.15)

generell verboten und ihr Ordenshabit[217] unter Androhung der Exkommunikation verbannt (Bulle *Cum de quibusdam*) (s.u.)

- Die Lehren der *Brüder und Schwestern des Freien Geistes* wurden als Häresie verurteilt. Angeblich stammten sie (teilweise) aus dem Buch „Spiegel der einfachen Seelen" der 1310 verbrannten Begine Marguerite Porété. Die Verurteilungen der Begine und ihr Buch bildeten die Basis für die Verfolgung der *Brüder und Schwestern des Freien Geistes* (s.u.).

Die Dekrete des Konzils v. Vienne wurden erst 1317 veröffentlicht, da Papst Clemens V. kurz nach dem Konzil starb. ([218])

EINSCHUB

Dreh- und Angelpunkt der Spiritualität der Brüder und Schwestern des Freien Geistes war der Gedanke, dass die menschliche Seele in besonderen Fällen eine Vereinigung mit Gott schon im Diesseits, die sogenannte *Unio Mystica*, erleben könne. Dieser Gedanke war durchaus verbreitet in der christlichen Mystik. Der Konflikt mit der katholischen Kirche bestand darin, dass aus diesem Gedanken heraus weiter reichende Konsequenzen gezogen wurden als sonst üblich: die unmittelbar mit Gott vereinte Seele braucht keine Kirche und keine Heilsvermittlung durch Priester und Sakramente. Außerdem kann es für diese Seele keine Sünde mehr geben. Damit galten die Gesetze und Moralvorschriften für die *Brüder und Schwestern des Freien Geistes* nicht mehr.

„Diese letztgenannte Überzeugung setzte sie dem Verdacht schrankenloser Amoralität aus" und der Geringschätzung von Gesetz und Moral. „In Marguerites Werk „Spiegel der einfachen Seelen" wird deutlich, dass die mit Gott vereinte Seele – verkürzt gesagt – deswegen keine Vorschriften mehr beachten

[217] Ordenstracht

[218] de.wikipedia.org/wiki/Konzil_von_Vienne (31.10.15)

muss, weil der in ihr wirkende (gute) Wille Gottes dafür sorgt, dass sie automatisch das Gute tut. Keineswegs bedeutet es, dass eine böse Tat, wenn sie nur von einem mit dem Geist der Freiheit gesegneten Menschen verübt würde, nicht mehr als böse zu gelten habe, wie die kirchlichen Verfolger unterstellten.“ Neben der Begine Marguerite Porété wurde auch der berühmte Mystiker Meister Eckhart verdächtigt zu dieser Gruppe zu gehören.

Es ist nicht gesichert, ob es eine Gruppe unter dieser Bezeichnung überhaupt gegeben hat, da Beschreibungen ausschließlich von ihren Gegnern bekannt sind. Eine Niederschrift des Kirchengelehrten und Bischofs Albertus Magnus[219] aus dem Jahr 1270 ist die älteste Überlieferung zu einer Gruppe mit dieser Bezeichnung aus dem schwäbischen Ries. Er stellte sie unter den Verdacht der Ketzerei. ([220])

Die Amtskirche versuchte nun zunehmend Kontrolle über die Beginen zu bekommen, weshalb sie die Beginen auch unter den Verdacht stellte, ketzerisches Gedankengut zu verbreiten.

Die zunehmende religiöse Selbstständigkeit der Beginen war dem erstarkenden Christentum und den Stadtherren ein Dorn im Auge. Da die Beginen auf eigene Rechnung, d.h. zunftunabhängig produzierten, und somit eine ernsthafte wirtschaftliche Konkurrenz für die Zünfte darstellten, begann sich auch bei den Zünften Unmut zu regen. Die religiöse Begeisterung der Beginen und ihre Unabhängigkeit von männlicher Bevormundung hatte das Misstrauen der kirchlichen Obrigkeit und des Rates und der Zünfte erregt.

Da Nonnen keine theologischen Inhalte lehren oder diskutieren durften und Frauen generell zu dieser Zeit der Zutritt an

---

219 Albertus Magnus, ca. 1200 - 1280, Gelehrter, Bischof, Kirchenlehrer, wurde 1931 von Papst Pius XI. heilig gesprochen.

220 de.wikipedia.org/wiki/Brüder_und_Schwestern_des_freien_Geistes (31.10.15)

Universitäten untersagt war, lieferte das Lehrverbot den Vorwand, diesen „Orden“ (der ja keiner war) zu verbieten und ihr Vermögen zu beschlagnahmen.
Der Konzil von Vienne verwies die lehrenden Beginen ihres Landes und beraubte sie ihrer Häuser: *„Es ist uns berichtet worden, dass bestimmte Frauen, gemeinhin Beginen genannt, von einer Art Wahnsinn befallen, die Heilige Trinität disputieren und das göttliche Wesen, und Meinungen über Dinge des Glaubens und die Sakramente vertreten. ... Da diese Frauen niemanden irgendeinen Gehorsam versprechen und nicht auf ihren Besitz verzichten oder sich zu einer genehmigten (Ordens-)Regel verpflichten, ... haben wir beschlossen und mit der Zustimmung des Konzils erklärt, dass ihre Art zu leben für immer verboten ist, und dass sie alle zusammen aus der Kirche Gottes ausgeschlossen sind.“*
Die Zahl der Beginen und ihrer Konvente ging erheblich zurück. Die noch vorhandenen Beginenkonvente blieben jedoch nach wie vor ein bedeutender wirtschaftlicher Faktor in den Städten. Nachdem die Inquisition ihr Lehrverbot durchgesetzt hatte, meldeten sich die Zünfte und arbeiteten ebenfalls gegen die Beginen. Die Zünfte sahen für sich eine wirtschaftliche Chance darin, eine Konkurrenz zu beseitigen. Die Beginen wurden überall zurückgedrängt. Es kam zu ersten ernsthaften Krisen. Dennoch erfuhren sie auch Unterstützung von den Frauen ihrer jeweiligen Stadt. So gibt es die Geschichte, dass eine Schule der Beginen vom Stadtrat geschlossen wurde, die Frauen ihre Kinder aber nicht in die Klosterschule schicken wollten, weil die sie dort häufig geschlagen wurden. Sie gaben also ihre Kinder offiziell als Dienstboten zu den Beginen, die sie in Wahrheit weiter unterrichteten. (12)

1314: Als Folge der Beschlüsse des Konzil von Vienne (1311/2) wurden die Templer verschärft verfolgt und schließlich ausgerottet. Viele wurden verbrannt, darunter auch der letzte Großmeister Jaques de Molay. (8)

EINSCHUB

Jaques de Molay soll auf dem Scheiterhaufen Papst und König verflucht haben, weshalb Clemens V. den Beinamen „verfluchter" Papst erhielt. Heute gilt das Vorgehen gegen die Templer als „ungeheuerster Justizmord." Das Vorgehen gegen Ketzer, Häretiker und vor allem gegen die Frauen als Hexen wird bis heute weit weniger scharf verurteilt.

1316 bis 1334: Papst Johannes XXII.[221] war der erste Papst, der ausschließlich in Avignion residierte. Er war reichster Herrscher Europas und bekannt für seine Käuflichkeit und seinen Jähzorn. Mit seinem ausgeklügelten Steuersystem knechtete er die Bevölkerung. Die Gelder trieb die päpstliche Kämmerei mit großer Härte auf teilweise erpresserische Weise ein. Er lehnte die Armut Christi vehement ab. ([222])

EINSCHUB

„Persönlich lebte Papst Johannes XXII. jedoch einfach und genügsam. Er führte überdies einen beträchtlichen Teil der päpstlichen Einnahmen als Spenden an die Armen ab; speziell zu diesem Zweck schuf er in Avignon das Almosenamt. Dessen Geschäftsbücher belegen, dass täglich Mahlzeiten für die Armen gekocht und im Laufe einer gewöhnlichen Woche bis zu 67.500 Laibe Brot verteilt wurden. Zudem versorgte man die Bedürftigen mit Kleidung und Medikamenten.
Sein Finanzgebaren sowie der Nepotismus[223], der starke französische Einfluss an der Kurie[224] sowie seine Politik gegenüber Ludwig IV. sorgten in Deutschland und Italien für eine starke

---

221 1249 - 1334, Papst 1316 - 1334

222 de.wikipedia.org/wiki/Johannes_XXII. (31.10.15)

223 Vetternwirtschaft, besonders bei Päpsten

224 Sitz der päpstlichen Zentralbehörden, päpstlicher Hof

anti-päpstliche Stimmung. Dante[225], der am 14. September 1321 starb, sah in Papst Johannes XXII. einen Verderber der Kirche." ([226])

Papst Johannes XXII. wird nachgesagt, dass er eine ängstliche Veranlagung und eine ausgeprägte Magie-Gläubigkeit gehabt habe dahingehend, dass er stets von der Angst gepeinigt worden sei, der Pest des Aberglaubens, *pestem superstitionum,* zu verfallen. ([227])

1317: Die Dekrete des Konzil von Vienne (1311/2) wurden veröffentlicht und umgesetzt. ([228])

1317 bis 1374: In Straßburg wurden Inquisitionen gegen Beginen abgehalten und zwar in den Jahren 1317–1319, 1368/69 und 1374. (14)

1317: Unter Papst Johannes XXII. kam es im „Armutsstreit" zu Hinrichtungen von Franziskanern und anderer Spirituale[229]. Letztere sind verschiedene Gruppierungen im mittelalterlichen Franziskanerorden. ([230])

1323: Papst Johannes XXII. verurteilte die franziskanischen Lehren zur Armut von Jesus Christus als Häresie und erklärte das Gemeinschaftseigentum der Franziskaner, eine Güterrege-

---

225 1265 - 1321; Dante Alighieri war Dichter und Philosoph in Florenz. Sein bekanntestes Werk ist: *Die göttliche Komödie.* Sie beschreibt eine Reise durch das Inferno der Hölle, zum Läuterungsberg Purgatorio bis ins Paradies. Er schrieb als erster Dichter nicht in Latein, sondern in italienisch. Er gilt als der bedeutendste italienische Dichter.

226 de.wikipedia.org/wiki/Johannes_XXII. (31.10.15)

227 http://u01151612502.user.hosting-agency.de/malexwiki/index.php/Johannes_XXII._(Papst) (30.10.15)

228 de.wikipedia.org/wiki/Konzil_von_Vienne (31.10.15)

229 Oberbegriff für verschiedene Gruppierungen im mittelalterlichen Franziskanerorden. Ihnen gemeinsam ist das Armutsgelübde

230 de.wikipedia.org/wiki/Johannes_XXII. (31.10.15)

lung, die ihr Armutsideal unterstützte, für häretisch - unter Berufung auf Thomas von Aquin. ([231])

1324: Die rasche Ausweitung des Häresiebegriffs im 14. Jahrhundert brachte immer mehr Delikte des *crimen magiae,* „des Verbrechens der Zauberei" in ihren Zuständigkeitsbereich, darunter auch die im *Canon Episcopi* erwähnte Nachtfahrt im Gefolge der Feenkönigin. (19)

Das „Handbuch der Inquisition", *Practica officii Inquisitionis heretice pravitatis,* des südfranzösischen Inquisitors Bernard Gui[232] wurde veröffentlicht. Das Buch sollte den Inquisitoren das nötige Wissen an die Hand geben - über die Lehren, Rituale, Organisationsformen und typischen Verhaltensweisen von Katharern, Waldensern, Pseudo-Apostolikern, Beginen und franziskanischen Spiritualen, Juden sowie Zauberern, Wahrsagern und Geisterbeschwörern - um sie identifizieren und im Verhör überführen zu können. Das Werk bietet außerdem eine Sammlung von Eidesformeln für das Abschwören sowie Formeln für die Vereidigung von Prozessbeteiligten. ([233])

In Irland kommt es zu einem der ersten [offiziell anerkannten] kirchlichen Hexenprozesse, der mit Hinrichtung endete. Er wurde anfangs von einem Bischof gegen Alice Kyteler geführte. Diese wurde angeklagt, ihren Mann durch Gift und Hexerei ermordet zu haben. Doch sie selbst entkam. Statt ihrer wurde ihre Magd Petronilla de Meath der Komplizenschaft beschuldigt und als Hexe hingerichtet.
(23, S. 74)

1326: Papst Johannes XXII. erließ die Bulle *super illius specula,* in der Schadenszauber nach den Strafbedingungen für Ketzerei verfolgt werden sollten. Er legte den Grundstein für den Verdacht der Existenz einer Zauberer- und Hexensekte. Seine

---

[231] de.wikipedia.org/wiki/Johannes_XXII. (31.10.15)

[232] 1261/2 - 1331, südfranzösischer Dominikaner und Inquisitor

[233] de.wikipedia.org/wiki/Bernard_Gui (31-10.15)

Befürchtung war, dass viele Menschen nur dem Namen nach Christen seien, in Wirklichkeit aber hätten sie einen Pakt mit der Hölle geschlossen und würden mittels Zauberei die Existenz der ganzen Christenheit bedrohen. Er setzte eine Verfolgungsflut in ganz Südfrankreich in Gang. ([234])
Durch diese Bulle wurde die Zauberei der Häresie gleichgesetzt, wodurch die Inquisition für Hexenprozesse rechtmäßig zuständig wurde. (23, S. 74)

1327: Papst Johannes XXII. bestätigte den Teufels- und Hexenwahn erneut in einer weiteren Bulle. (18, Bd. 4, 1875)

1332 bis 1418: In Nürnberg wurden im 14. Jahrhundert mehrmals Inquisitionsgerichte abgehalten, nämlich 1332 bis 1333, 1354, 1378, 1379, 1399 und 1418, wobei unter anderem Waldenser aufgespürt wurden. (14)

1336: 14 Männer und Frauen wurden als Anhänger der *Luziferianer* verbrannt. Sie vertraten die ketzerische Ansichten, dass Luzifer *„der Bruder Gottes ist, der fälschlicherweise aus dem Himmel verstoßen wurde.“* (31, S. 646 f; [235])

1336 bis 1339: Bauernerhebung in Südwest-Deutschland, beginnend in Franken, mit Ausbreitung auf das Rheinland und den Elsass: Hauptziel war die Rückgabe des verpfändeten Besitzes an die Bauern und die Beseitigung der Wucherzinsen. (2)

1337 bis 1453: Der 100-jähriger Krieg tobte zwischen England und Frankreich. Die englischen Könige versuchten ihre Ansprüche auf den französischen Thron mit Waffengewalt durchzusetzen. In dieser Zeit mussten die Frauen alle Arbeiten in Landwirtschaft, Textilproduktion und Handwerk mit übernehmen, während ihre Männer in den Krieg eingezogen wurden und dort auch vielfach ums Leben kamen. (12)

---

[234] http://u01151612502.user.hosting-agency.de/malexwiki/index.php/Johannes_XXII._(Papst) (30.10.15)

[235] mehr zu den gnostischen Lehren und zu Luzifer in Band II

1345: Bauernrebellion im Elsass. (2)

1347 bis 1352: Die Pestepidemie, der schwarze Tod genannt, breitete sich in ganz Europa bis nach Island aus und forderte ca. 25 Mio. Todesfälle, rund 1/3 der damals lebenden Bevölkerung. Dadurch kam es zur Entvölkerung ganzer Ortschaften und Landstriche. Diese Ereignisse hatten tiefgreifende Folgen auf das Wirtschaftsleben und die Weltanschauung dieser Zeit. Hungersnöte und Endzeitstimmung machten sich breit.
Wiederholte Epidemien traten bis zum 17. und 18. Jh. in verschiedener Heftigkeit auf, so z.B. 1665 bis 1666 in London und 1720 bis 1722 in Marseille und der Provence. (8)

Seit 1350: Geständnisse von Frauen tauchen auf, die Hexen genannt werden oder sich selbst so nennen und die aussagen, mit dem Teufel Buhlschaft getrieben zu haben. Diese Geständnisse dürften [auch] durch die Folter erpresst worden sein. (18, Bd. 4, 1875)

1358: „Jacquerie" oder „Aufstand des Jacques Bonhomme" in Frankreich: Bauern und Kaufleute erhoben sich gemeinsam gegen den Adel in Paris, Lyon, Soissons, in der Champagne, in Brie und der Gegend um Amiens. Ihre Forderungen waren: stabile Währung, Aufhebung der Steuerbefreiung des Adels, Adelige sollen keine Steuern erheben dürfen, Widerstand gegen die zu hohen Steuerforderungen an die Bauern. Schlösser gingen in Flammen auf, Adelige wurden getötet. Die Niederschlagung erfolgte grausam und blutig. Die Gegend nordöstlich von Paris bliebt auf lange Jahrzehnte verwüstet. (2)

1367: Papst Urban V. entsandte zwei Dominikanermönche als Inquisitoren nach Deutschland, von denen Walter Kerlinger, der vor allem Prozesse gegen Beginen und Begarden führte, sich als besonders grausam hervortat. (14)

1376: Das *Directorium Inquisitorum* des Nikolaus Eymerich bestätigte erneut die im *Canon Episcopi* erwähnte Nachtfahrt im Gefolge der Feenkönigin als einen häretischen Delikt der Zauberei und Magie. (19)

1377: Papst Gregor XI. kehrte zum Ende seiner Amtszeit nach Rom zurück. Er vollzog diesen Schritt schließlich auch auf Druck der später heiliggesprochenen Frauen Katharina von Siena und Birgitta von Schweden. ([236])

EINSCHUB

Katharina von Siena[237]: Als Beraterin zweier Päpste wagte sie auf manche kirchlichen Missstände hinzuweisen. Schon als Kind hatte sie christliche Visionen und drängte darauf in den Orden der Dominikaner aufgenommen zu werden. Katharina äußerte sich außer zu kirchlichen Fragen auch in politischen und gesellschaftlichen Belangen, was für eine Frau in dieser Zeit äußerst ungewöhnlich und Aufsehen erregend war. 1374 wurde sie deswegen vor das Generalkapitel[238] des Dominikanerordens berufen. Dokumente zu dieser Befragung existieren nicht. Vermutlich wurde ihr der Vorwurf des Ketzertums gemacht. Sie muss für rechtgläubig erklärt und vom Vorwurf der Ketzerei freigesprochen worden sein. Von diesem Zeitpunkt an wurden ihr der einflussreiche Dominikaner Raimund von Capua als Beichtvater zugeteilt. „Er sollte sie ihr Leben lang als Berater und Dolmetscher begleiten. Nach ihrem Tod verfasste er Katharinas Biografie *Legenda maior*." ([239])

---

[236] de.wikipedia.org/wiki/Avignonesisches_Papsttum (31.10.15)

[237] 1347 - 1380, Italienerin, Mystikerin, geweihte Jungfrau und Kirchenlehrerin

[238] höchstes beschlussfassende Instanz eines Ordens

[239] de.wikipedia.org/wiki/Katharina_von_Siena (31.10.15)

Brigitta von Schweden[240] war die Ehefrau des Edlen Ulf Gudmarsson, Hofmeisterin am Hofe ihres Vetters König Magnus Eriksson, Erzieherin seiner Frau Blanca von Namur, Mystikerin und Gründerin des Erlöserordens. Sie entstammte einer der mächtigsten Familien Schwedens. Als Beraterin von Adeligen und zweier Päpste konnte sie auch für eine Friedenspolitik wirken, etwa beim Hundertjährigen Krieg zwischen England und Frankreich und bei der ab 1375 drohenden Kirchenspaltung. Sie hatte bereits als Kind christliche Visionen erlebt, war 20 Jahre verheiratet und hatte acht Kinder geboren. Auf der Heimreise einer Pilgerreise mit ihrem Mann nach Santiago de Compostela in Spanien starb ihr Mann. In einer Vision fühlte sie sich als *Braut Christi* berufen, blieb noch am Königshof, gründete den Erlöserorden, heute *Brigitten* genannt und ging 1349 nach Rom. Dort erbat sie die päpstliche Genehmigung ihrer Ordensregeln, die sie 1370 erhielt. So wie schon am schwedischen Königshof nahm sie auch in Rom weiter Stellung und Einfluss auf die schwedische und die internationale Politik und kritisierte ohne Scheu den Lebensstil der geistlichen und adeligen Würdenträger scharf. Ihre Visionen teilte sie ihrem Beichtvater mit und hielt sie auch selbst schriftlich fest. Ihre Tochter Katharina, die ebenfalls heilig-gesprochen wurde, schrieb nach ihrem Tod ihre Visionen auf. Ihre Visionen nahmen großen Einfluss auf die Frömmigkeit und die Darstellungsweisen der biblischen Szenen in der Bildenden Kunst. Sie gilt in der römisch-katholischen Kirche als Heilige und in der evangelischen Kirche als wichtige Glaubenszeugin. ([241])

1376: Das Handbuch für die Inquisition, das *Directorium Inquisitorum,* des Nikolaus Eymerich erschien. (19)

---

[240] 1303 (Schweden) - 1373 (Rom), auch: Brigitta Birgersdotter,

[241] de.wikipedia.org/wiki/Birgitta_von_Schweden (31.10.15)

1377 bis 1417: Das abendländische Schisma[242] wurde ausgelöst. Es kam zum Streit innerhalb der Kirche zwischen Italien und Frankreich. Durch eine umstrittene Wahl wurde der Italiener Papst Urban VI. gewählt, der das 16-köpfige *französisch* dominierte Kardinalskollegium umwandelte und 29 neue *italienische* Kardinäle ernannte, die wiederum von seinen Gegnern abgelehnt wurden. Diese erklärten Urban für unfähig und wählten den Franzosen Clemens VII. zum Gegenpapst. Bis 1417 residierte ein Papst in Avignon, einer in Rom. ([243])

1390: In Mailand wurde der Glaube zweier Frauen an die nächtliche Reise im Gefolge der Herrin *Horiente* als auf einem Teufelspakt gründende Häresie von der Inquisition mit der Todesstrafe sanktioniert. (19)

1391: Bauernerhebung in Mitteldeutschland (Gotha und Umgebung.) (2)

1391 bis 1399: Der Inquisitor Martin von Prag verfolgte die Waldenser: 1380 in Bayern, 1391 in Würzburg und Erfurt und 1399 in Nürnberg. (14)

1391 bis 1403: In diesen Jahren wurden unter dem Inquisitor Petrus Zwicker in Österreich, Pommern und der Mark Brandenburg zahlreiche Waldenser hingerichtet. (14)

1393: Augsburg wurde von der Inquisition heimgesucht.

15. Jahrhundert:

Die Prostitution nahm stark zu. In den folgenden Jahrhunderten wurde sie mal erlaubt, mal verboten, je nachdem wie stark gerade Geschlechtskrankheiten grassierten. (28)

---

242 Kirchenspaltung aus kirchenrechtlichen und nicht aus dogmatischen Gründen

243 de.wikipedia.org/wiki/Abendländisches_Schisma (31.10.15)

Ein emanzipatorisch-weibliches Lebensgefühl zeigte sich in einer Madonnenskulptur, der Vierge Ouvrante. Der Leib dieser Madonna, der geöffnet werden konnte, barg in sich die göttliche Dreifaltigkeit. Hier wurde die Jungfrau zu einer alle göttlichen Kräfte vereinigenden Größe. (29, 2005, S. 57)

Die Beginenkonvente existierten in alter Weise noch über vier Jahrhunderte weiter trotz Aberkennung ihres laienreligiösen Standes durch das Konzil von Vienne, 1312. Allerdings wurden überall [überwiegend] Dominikaner als Inquisitoren eingesetzt weshalb davon auszugehen ist, dass auch viele Beginen als Hexen verbrannt wurden. Quellen dazu gibt es keine. (s.u.). (12)

Der als kirchenrechtliches Traditionsgut geltende Canon Episcopi wurde von hexengläubigen Dämonologen bekämpft, da sie das neue Postulat vertraten, der Hexenflug sei real (s.u.). (19)

Zwischen 1231 und 1430 wurden von der „päpstlichen Inquisition“ vor allem Ketzer und Häretiker, also Andersdenkende verfolgt und damit Menschen beiderlei Geschlechts, die sich gegen die Lehren der römisch-katholischen Kirche stellten (s.u.). (23, S. 73 f; 9; 7).

Von 1430 bis 1760 kam es zur systematischen Verfolgung von Frauen (s.u.). (23, S. 73)

Der soziale Widerstand nahm deutlich zu. (Anm. BW)

EINSCHUB

Ein Problem der Beginen war die sexuelle Gewalt. Immer wieder mussten sich die Beginen, vor allem diejenigen, die nicht in gemeinsamen Häusern lebten, sondern frei herumzogen, gegen sexuelle Belästigungen durch sowohl weltliche als auch geistliche Männer schützen. Sie wurden vielerorts von Geistlichen und Laien zur „Unzucht“ angehalten und vielfach belästigt. Das Lied der Begine Anna von Köln berichtet darüber. So mancher Papst versuchte durch sogenannte „Schutzbriefe“ die Beginen davor zu schützen. Wie wenig wirksam solche Schutzbriefe waren, zeigen die zahlreichen kurzfristigen Erneuerungen der päpstlichen Schutzbriefe. (12)

„Die im Canon Episcopi vertretene kirchenrechtliche Position, dass magische Rituale auf dämonischer Täuschung beruhten [Illusionstheorie], kollidierte im 15. Jahrhundert mit einem gegensätzlichen theologischen Konzept, nämlich das einer physischen Interaktion zwischen Zauberer und Dämon. Dies hatte zur Folge, dass die Elemente des neuen Hexereidelikts [wie] Teufelspakt, Schadenszauber, Flug zum Sabbat, Teufelsbuhlschaft und Tierverwandlung als reale Vorgänge betrachtet wurden. Die wesentliche Voraussetzung dafür war die abendländische Rezeption der aristotelischen Physik im 13. und 14. Jahrhundert und deren Wirkung auf die scholastische Theologie. Den Dämonen wurden fortan in bestimmten Fällen mechanische Kräfte zur Bewegung von Gegenständen und Körpern zugeschrieben.“ (19[244])
„Während die meisten Universitätstheologen in der ersten Hälfte des 15. Jahrhunderts wie Johannes von Frankfurt, Nikolaus von Jauer oder Johannes Nider noch an der überkommenen Illusionstheorie auf der Basis des *Canon Episcopi* festhielten, zeichnete sich in den von weltlichen Richtern und Inquisitoren geführten ersten Hexenprozessen sowie in einzelnen dämonologischen Traktaten die Tendenz zur Annahme eines realen Fluges der Hexer und Hexen ab.“ (19)

*Die kirchliche Inquisition w*ar zeitweise eine separate Instanz, die nur beratend und ideologisch tätig wurde. Die gerichtlichen Verfahren wurden, wenn überhaupt, nur sehr verkürzt und pro forma über die staatlichen Gerichte abgewickelt. So konnte die Kirche nach außen Milde zeigen. (12)

---

[244] Walter Stephens, Demon Lovers: Witchcraft, Sex, and the Crisis of Belief, London-Chicago 2002, S. 125f., 133f.

Die als Andersdenkende (Häretiker und Ketzer) Verfolgten waren im Schwerpunkt Heiden, gnostische Christen oder religiöse Einzelpersonen, die sich den Regeln und Gesetzen der römisch-katholischen Kirche nicht unterwarfen. Mitglieder von Gruppierungen, Gemeinden oder Orden wurden als Sekten oder Verschwörungen verfemt[245]: Beginen und Begarden, Katharer, Waldenser, Templer sowie Aufständische. Nur vereinzelt wurden in dieser Zeitspanne bereits Frauen als Hexen aufgegriffen und umgebracht.

Nachdem die Häretiker-Sekten ausgerottet und die Heiden bekehrt worden waren, verlegten die päpstliche und die weltliche Inquisition ihren Schwerpunkt auf die Verfolgung von Delikten der Hexerei, Teufelsbuhlschaft, Tierverwandlung u.ä. insbesondere auf und bei Frauen-als-Hexen. Das Delikt der Hexerei bezog sich eindeutig auf das weibliche Geschlecht. In dem Wahn, dass sich Frauen zu einer Hexensekte verschworen hätten und dem Satan dienten, Schadenszauber betrieben u.ä., wurden sie meist ohne Anklage, sondern auf Anzeige und nach durch Folter erpresster Denunziation aufgegriffen und ohne jeden Gerichtsbeschluss gefoltert und verbrannt. Die Dunkelziffer der so ermordeten Frauen ist enorm hoch, da es keine Prozessakten mehr gibt. Es sollen ca. 500.000 Frauen oder auch viel mehr gewesen sein. (7; 23, S. 22 f; 9; 12)

Die intensivste Phase der systematische Frauenverfolgung wurde in diesem Jahrhundert eingeleitet. Sie ging in ihrer Intensität erst ab ca. 1630 langsam zurück. Sie wurde ideologisch und medial gründlich untermauert durch zahlreiche Predigten, Erlasse und Veröffentlichungen vom Papst, der Kurie, den Bischöfen und Priestern und von kirchlichen und weltlichen (Rechts-) Gelehrten.

Zeit- und ortgleich zur Hexen- und Ketzerverfolgung fanden zahlreiche Bauernaufstände statt, schwerpunktmäßig in die-

---

245 ein mhd. Ausdruck für „ächten, friedlos machen“

sem und im folgenden Jahrhundert in den Ländern Deutschland, Österreich, Schweiz und den angrenzenden Ländern. Ein Zusammenhang zwischen der Verfolgung, Folterung und Ermordung der Frauen (80%) und Männer (20%) und den laufend drohenden Aufständen gegen die sie bedrückenden Obrigkeit (Klerus und Staat, Adel) ist offensichtlich, wenn auch wenig erforscht. Bereits 1862 wies der Historiker Jules Michelet in seinem Buch „Die Hexe" auf einen Zusammenhang hin zwischen den Bauernaufständen und der Inquisition gegen die Frauen als vermeintliche Hexen. (16)
Frauen besaßen in den durch Großfamilien geprägten Dörfern nach wie vor großen Einfluss, trotz der massiv frauenentwürdigenden Einflussnahme durch den Klerus und in Folge durch den Staat seit nunmehr 400 bis 1000 Jahren, je nach Region.

1401 bis 1408: Aufruhr gegen den Abt von St. Gallen im Appenzeller Land, Schweiz. (2)

1405: Bauernrevolte und Burgenbruch gegen die Habsburger Herrschaft in der Schweiz und Österreich. Walgauburgen wurden zerstört. (2)

1411: Bauernunruhen gegen die städtischen Herren in Zürich, Luzern, Bern und Interlaken (Schweiz). (2)

1417: Auf dem Konzil von Konstanz wurde das Abendländische Schisma abgeschafft durch Vermittlung von König Sigismund[246]. Papst Martin V. war der erste von allen anerkannte Papst. ([247])

---

[246] 1368 - 1437, Luxemburg, Kurfürst von Brandenburg 1378 - 1388, König von Ungarn und Kroatien seit 1387, römisch-deutscher König seit 1411, König von Böhmen seit 1419, römisch-deutscher Kaiser ab 1433

[247] de.wikipedia.org/wiki/Abendländisches_Schisma (30.10.15)

1419 bis 1437: Die Hussitische revolutionäre Bewegung in Böhmen begann 1419.
1420 gründeten Bauern und Plebejer[248] die Stadt Tabor. Sie war ein historisch bedeutender Versuch zur Verwirklichung einer utopischen, religiös inspirierten, kommunistischen Gemeinde. 1434: Die revolutionären Taboriten wurden geschlagen. Antifeudale Traditionen konnten sich noch lange in „Böhmischen Brüdergemeinden" erhalten. (2)

1430 bis 1760: Hexenverfolgungen nahmen deutlich zu. „Grob kann man sagen, dass es von ca. 1230 bis 1430 eine Übergangsphase gab, in der vereinzelt bereits Hexen und Hexenmeister verfolgt wurden, dass dann 1430 bis 1760 die eigentliche Zeit der systematischen Verfolgungen war (mit einer Anlaufphase von 1430 bis 1580, dem Höhepunkt von 1580 bis 1630, und einer Phase, in der die Prozesshäufigkeit stetig abnahm, von 1630 bis 1760); und dass sich an diese Zeit wieder eine Übergangsphase anschloss, in der es vereinzelt noch Prozesse in Europa gab, von 1760 bis ca. 1950."
(23, S. 73)

1431: „Einer der ersten Aufsehen erregenden Hexenprozesse ist derjenige, an dessen Ende 1431 Johanna, die hl. Jungfrau von Orleans (Jeanne d'Arc) in Frankreich als Hexe hingerichtet wurde." (23, S. 73;) Auf Betreiben ihrer Mutter wurde Johanna 25 Jahre später vollständig rehabilitiert. Das Urteil wurde als Justizirrtum anerkannt und Johanna wurde 1920 sogar heiliggesprochen. ([249])

EINSCHUB

Die junge Frau Johanna von Orleans hatte eine Vision, nach der es ihr gelingen würde, das im Rahmen des noch

---

[248] lat.: Volk, gewöhnlicher Mensch, (ungehobelter) Pöbel
[249] de.wikipedia.org/wiki/Jeanne_d'Arc (Juli 2016)

immer andauernden 100-jährigen Krieges von den Engländern belagerte Orleans zu befreien. Sie gewann den Dauphin, den späteren Karl VI. für ihre Mission und erhielt von ihm ein Heer zur Unterstützung, mit dem ihr die Befreiung gelang. Der König verbat ihr weitere militärische Aktionen. Johanna zog eigenständig los, wurde von ihrem König verraten, von den Burgundern gefangen genommen und an England verkauft. Dort wurde sie wegen Ketzerei verurteilt und auf dem Scheiterhaufen verbrannt.

Die Pariser Sorbonne[250], welche noch 1398 den Hexenglauben verworfen hatte, gab sich dazu her, Jeanne d'Arc, die Befreierin ihres Vaterlandes, als Hexe zu erklären, auf welches Urteil hin sie verbrannt wurde. (18, Bd. 4, 1875)

1431 bis 1449: Hexentheoretiker aus ganz Europa trafen sich auf dem Konzil von Basel. Dort tauschten sie ihre Erfahrungen und Ideen aus. Das Konzil war nur teilweise vom Papst anerkannt und galt am Ende selbst als häretisch. (23, S. 74)

EINSCHUB

„Möglicherweise war der Hexenflug bereits informelles Thema von Debatten der auf dem Basler Konzil anwesenden Theologen. Im Literaturwerk *Champion des Dames*[251] des Martin Le Franc[252], Sekretär des Konzilpapstes Felix V., debat-

[250] Universität, Gelehrte

[251] „Der Kämpfer für die Frauen"

[252] Martin Le Franc, 1410 - 1461, französischer Autor und Kleriker

tieren die beiden Rollenfiguren Champion und Adversaire[253] jedenfalls vehement über die Realität des Hexenfluges." (19)

1434 bis 1559: In Rüsdorp op de Heyde in Friesland entstand die Bauernrepublik Dithmarschen. Ihr Widerstand richtete sich gegen Landraub durch den norddeutschen Adel. Beträchtliche Getreideüberschüsse gestatteten ihnen einen einträglichen Handel mit den Hansestädten, die allerdings die Bauernrepublik nicht in die Hanse aufnahmen.
1500 wurde ein königliches Söldnerheer von den Bauern bei Hemmingstedt geschlagen. 26 Jahre hatte die Bauernrepublik bestanden! Erst 1559 wurde sie nach einer letzten Fehde von den Adeligen zurückerobert. Das Land wurde nun unter den Siegern aufgeteilt. Der jahrzehntelange tapfere und hartnäckige Widerstand der freien Bauern bildet Stoff für viele Legenden im Norddeutschen Raum. (2)

1435: Die anonyme, eventuell aus Lausanne stammende Schrift *Errores Gazariorum* berichtet von einem Flug zum Sabbat auf Besen und Stäben sowie mit Hilfe einer Salbe. Erstmals berichtet sie von sexuellen Orgien während geheimer Zusammenkünfte unter der Leitung des Teufels. (19;[254])

---

[253] *Le Champion des Dames* ist Martin Le Francs wichtigste Werk. Es entstand 1441/2, umfasst 24.384 Verse und ist Herzog Philipp dem Guten von Burgund gewidmet. Es erzählt von den edlen Taten zahlreicher Frauen der Geschichte einschließlich Jeanne d'Arcs. Außerdem wendet sich Le Franc darin leidenschaftlich gegen Korruption und die Verschwendungssucht der Aristokratie. Allerdings ist dort auch die im Grunde frauenfeindliche Beschreibung eines Hexensabbats zu finden. Das Werk enthält die erste belegte Darstellung einer fliegenden Hexe. de.wikipedia.org/wiki/Martin_Le_Franc (30.10.15)

[254] de.wikipedia.org/wiki/Hexensabbat#Rolle_des_Hexensabbats_in_den_Hexenverfolgungen (31.10.15)

1436: Der hexengläubige französische Autor Claude Tholosan, Oberrichter im Dauphiné, verwies in seinem Traktat über die „Irrtümer der Zauberer und Hexer" auf den *Canon Episcopi*, und bezeichnete den Flug der Hexen zum Sabbat als dämonische Täuschung. Gleichwohl befürwortete er deren unnachsichtige Verfolgung nach biblischem Gebot[255] und/oder Römischem Recht. Dieser Argumentation folgten andere. (19)

1438: Der Vorwurf des Fluges wurde „im Prozess gegen Pierre Vallin in La Tour du Pin in der Diözese Vienne erhoben und erschien nun regelmäßig in den folgenden Hexenprozessen im Dauphiné, in Savoyen, in der Westschweiz sowie in Nordfrankreich." (19)

um 1440: „Die ersten systematischen Attacken hexengläubiger Theologen und Inquisitoren auf die Anwendbarkeit des *Canon Episcopi* auf das neue Delikt [begannen]." (19)

EINSCHUB

Zeugnis für die Rechtfertigung eines real existierenden Hexenwesens gegenüber dem Canon Episcopi „geben die Schriften eines Alonso Tostado, Juan de Torquemada, Jean Vineti, Girolamo Visconti, Giordano da Bergamo, Nikolaus Jaquier oder Bernhard von Como. Die Autoren verwendeten dabei verschiedene Argumentationsstrategien:

1.) Die Behauptung, die ‚modernen' Hexen seien verschieden von den im Kanon erwähnten Frauen. [Letztere galten noch als vom Teufel Verführte, die ‚Neuen' seien aus ihrem inneren Wesen heraus teuflisch.]

2.) Dämonen hätten wie gute Engel durchaus die Kraft, Menschen durch die Luft zu tragen.

3.) Der *Canon Episcopi* bestreite nicht den Flug an sich, sondern verbiete lediglich die Behauptung der Frauen, dass Diana eine Göttin sei und andere heidnische Irrtümer.

255 Exod. 22,18 u.a.

4.) Die Realität des Hexenfluges entspreche der katholischen Lehre und werde durch die Bibel[256], kirchliche Autoritäten[257] sowie durch Aussagen verlässlicher Zeugen und Geständnisse der Täter bestätigt, die den Inquisitoren vorlägen (*experientia*).
5.) Das Konzil von Ankyra[258], auf dem der *Canon Episcopi* mit seinem konfusen Wortlaut beschlossen worden sei, wäre kein allgemeines Konzil, sondern lediglich eine Partikularsynode gewesen, weshalb der Kanon keine kirchenrechtliche Autorität beanspruchen dürfe." (19)

1445: Bauernrevolte in der Schweiz: im Berner Oberland und an anderen Orten erhob sich der von herrschaftlicher Seite so genannte „Böse Bund". Der Kampf richtete sich gegen die von Bern geforderten Kriegsdienste und gegen die hohen Steuern. Er war die wichtigste Bauernrevolte im 15. Jahrhundert im Berner Oberland und wurde auch bekannt als „Aufstand der Interlakener Klosterleute". (2)

1446 bis 1451: „Brienzer Verschwörung" in der Schweiz gegen Kriegsdienst und Steuern. (2)

bis 1447: Papst Eugen IV.[259] stellte die „rechtgläubigen" Beginen währende seiner Amtszeit wieder unter den Schutz der katholischen Kirche. Doch die Anerkennung der Beginen als laienreligiöser Stand blieb umstritten. Das Recht auf ökonomische und religiöse Unabhängigkeit mussten sie sich immer wieder erstreiten. (12)

1452: In Regensburg kam die erste Hebammen-Ordnung auf. Weitere folgten. Sie regelten sowohl die Pflichten einer

---

256 Flug des Habakuk, Dan. 14,32-38; Transport Christi durch einen Dämon, Lk. 4,5, Mt. 4,5

257 wie Petrus Damiani und Vincenz von Beauvais

258 siehe 314

259 1383 -1447; Papst: 1431 - 1447

Hebamme, als auch ihre Entlohnung. Zum selben Zeitpunkt wurden die ersten Hebammen durch die städtischen Räte angestellt. (24)

1453: Ende des 100-jährigen Krieges. (Anm. BW)

1453: Der Theologieprofessor Guillaume Adeline war ein entschlossener Gegner der neuen „Hexendämonologie". Er wurde 1453 in Evreux der Ketzerei angeklagt. Er leugnete entschieden die Realität des Hexenfluges. (19)

1458 und 1462: Bauernunruhen gegen immer neue Steuererhebungen (hier die Vieh-Steuer) in den Dörfern um Salzburg, Pinzgau, Brixen und im Salzachtal in Österreich. Bürger schlossen sich den Unruhen an wegen einer zusätzlich erhobenen Weihsteuer. (2)

1458: Die Inquisition wirkte in der Neumark und in Angermünde, wobei die den Taboriten nahestehenden Waldenser verfolgt wurden. (14)

1459/60: Der Hexenflug von Hexen und Hexern als Folge eines bewusst abgeschlossenen Teufelpakts wurde nunmehr als real angesehen, offen ausgesprochen und weithin bekannt gegeben. Er diene allein dem Angeklagten dazu, Götzendienst und Schadenszauber zur eigenen Vorteilsnahme vorzunehmen. Diese Aussage löste den großen Hexenprozess von Arras in Nordfrankreich aus. (19)

1462: Aufruhr im Salzburger Land. Die Bauern erhoben sich gegen den Erzbischof Burkhard von Weißpriach. Der Aufstand erfasste bald den gesamten Pongau und Pinzgau, Österreich.
In Kärnten wollten Bauern, Handwerker und Bergknappen einen „Bundesrat" bilden. Sie wurden bei Tavis geschlagen.
Aufstand der Leute „im Gebirge" im Gebiet Salzburg. (2)

1462 bis 1472: Bauernaufstände in Katalonien (Spanien). Ursachen sind die schärfste Form der Leibeigenschaft und Hö-

rigkeit. Das Argument der Aufständischen lautete: *„Adam ist gestorben ohne ein Testament zu hinterlassen, folglich muss der Boden zu gleichen Anteilen aufgeteilt werden! An alle Menschen, denn alle sind Adams Kinder! Es ist ungerecht, wenn einige viel Land besitzen und andere gar nichts!“*
Der Bauernaufstand begann unter Führung des niedrigen Adeligen Verntallat, erfasste große Teile Kataloniens und griff auch auf die Grenzregionen Südfrankreichs über. Die gut organisierte Bewegung konnte sogar Städte belagern. Der König musste nachgeben und die „üblen Gebräuche“ der Leibeigenschaft reduzieren. (2)

1471 bis 1484: Papst Sixtus IV. richtete selbst ein Bordell in Rom ein, dass ihm satte Einnahmen in Höhe von 20.000 Dukaten einbrachte. (27)

1474: Die von den katalanischen Bauern 1472 errungenen verbesserten Bedingungen der Leibeigenschaft wurden auf Drängen der kirchlichen Feudalherren wieder aufgehoben. (2)

1476: Bauernunruhe in Franken. Hans von Böheim, auch Hans Böhm, genannt „Pfeifer von Niklashausen“ oder „Pfeiferhänslein“ hielt aufregende, anti-feudale Predigten und organisiert Wallfahrten von 40.000 Bauern nach Niklashausen. Ihre Forderungen lauteten, dass alle Abgaben und Dienstleistungen, die einzeln aufgezählt wurden, abgeschafft werden und Wälder, Wasser, Brunnen und Weiden überall frei sein sollten. Hans Böhm wurde in Würzburg wegen Ketzerei verbrannt. (2)

1478 bis 1834: Die „neuzeitliche spanische Inquisition“ wurde unter Papst Sixtus IV.[260] eingerichtet. Sie wurde 1478 bis 1498 von dem berüchtigten Großinquisitor Thomás de Torquemada geleitet. (23, S. 69)

---

260 Er ließ die sixtinische Kapelle im Vatikan erbauen: 1475 - 1483

EINSCHUB

Eine spezielle Bulle vom 1. November 1478 erlaubte dem spanischen Herrscherpaar Ferdinand V. von Aragón und Isabella von Kastilien die Einführung der „neuen" Inquisition. Das Herrscherpaar wurde bevollmächtigt, alle Ketzer seines Reiches zu verhaften, zu richten und ihr Eigentum zugunsten des Papstes, der spanischen Krone und natürlich des heiligen Tribunals zu konfiszieren.

Man ging jetzt mit massenhaften Exekutionen gegen die Opfer vor, verbrannte sie entweder lebendig oder nachdem man sie zuvor erwürgt, d.h. „garrottiert[261]" hatte. Die Methode des Garrottierens stammte von den Straßenräubern: diese garrottierten die Auszuraubenden durch eine übergeworfene Schlinge bis zur Bewusstlosigkeit, brachten sie allerdings nicht um. Anders die Garrotteure der Inquisition: sie brachten die (ebenfalls auszuraubenden) Ketzer um, was jedoch als Zeichen besonderer Barmherzigkeit dargestellt wurde, als Gnadenerweis dem Sünder gegenüber durch ihren geistlichen Henker. Deren Fanatismus und ihre Habgier waren enorm: nachdem die Pest viele Eingekerkerte hinweg gerafft hatte, gruben die Geistlichen die Leichen der Verurteilten wieder aus, um deren Überbleibsel zu richten. Danach konnten sie das Eigentum der so Gerichteten von deren Verwandten rechtmäßig kassieren.

Spitzelwesen und Denunziantentum grassierten und wurden von der Kirche in Predigt und Beichte als Gott wohl gefällig gefördert. „Damit geht die schrecklichste und schändlichste Ausgeburt menschlichen Geistes, päpstlich autorisiert, königlich kontrolliert, grausamer und gründlicher als irgendwo ihrem Höhepunkt entgegen, ein nahezu perfektes Massenmord-

---

261 Luftröhre zupressen, erdrosseln. Die Garrotte ist ein Folter- und Hinrichtungsinstrument, zu deutsch Halseisen, Würgeisen oder Würgschraube, mit der dem Verurteilten, an einen Holzpfahl gefesselt, die Luftröhre zusammen gepresst wird, bis er erstickt ist.

instrument, ein systematisch ausgeklügelter Terror, der, beispielhaft für analoge Einrichtungen in der Welt, noch mehr als drei Jahrhunderte dauert, bis 1834." ([262])

1483: Die Verdammung des Glaubens an die unbefleckte Empfängnis wurde von Papst Sixtus IV. untersagt. (29, 2005, S. 139)
Papst Sixtus IV. war zeit seines Lebens ein entschiedener Verfechter der Lehre von der unbefleckten Empfängnis Mariens. Er setzte alles in seiner Macht stehende daran, dieser Lehre zur allgemeinen Anerkennung zu verhelfen. So publizierte er am 4. September 1483 die päpstliche Bulle *Grave nimis.* Die Bulle erklärte die Freiheit Mariens von der Erbsünde im Augenblick ihrer Empfängnis. ([263])

1484: Papst Innozenz VIII. erließ die „Hexenbulle", *Summis Desiderantes Affectibus*, „welche den Inquisitoren Kramer und Sprenger in Deutschland die Vollmacht erteilt, gegen Personen einzuschreiten, die Schadenszauber betreiben. Die Bulle enthält aber keine dogmatische Aussage darüber, ob solche Zauberei tatsächlich wirksam ist, sagt also nicht, dass es wirkliche Hexen gibt und fordert für die angeblichen Hexen und Hexer auch nicht die Todesstrafe." (23, S. 74)

EINSCHUB

In dieser sogenannten „Hexenbulle", welche der eifrige Inquisitor Heinrich Kramer entworfen hatte, bezeichnete Papst Innozenz VIII. feierlich das Hexenwesen als etwas Reales. (14)

---

[262] *Karlheinz Deschner: Kriminalgeschichte des Christentums, Achter Band, Das 15. und 16. Jh. aus www.webergarn.de/rufer/?page_id=10305 (31.10.15)*

[263] de.wikipedia.org/wiki/Sixtus_IV. (31.10.15)

Die „Hexenbulle" richtete sich nicht speziell gegen Frauen, sondern sprach von *„Personen beyderley Geschlechts..."*. Der päpstliche Freibrief für die beiden deutschen Inquisitoren Kramer und Sprengler lautete *„sie dürfen durch keinerley Gewalt beeinträchtigt oder sonst auf irgendeine Weise gehindert werden"*. Er sollte jeden Widerstand und Zweifel an der Rechtmäßigkeit der Prozesse und Hinrichtungen im Keim ersticken. (12)

Die völlige Ausbildung erhielt der Hexenwahn durch die Bulle Papst Innocenz VIII., worin er drei deutsche Dominikaner, Krämer, Sprenger und Gemper beauftragte, das Laster der Zauberei auszurotten. Kaiser Maximilian I. bestätigte dieses Vorgehen und nahm die Hexenrichter in seinen Schutz. (18, Bd. 4, 1875)

Die Peinlichkeit dieser Bulle für Kirche und Staat zeigt sich bei heute. Die Quellenlage bezüglich der Rollen von Klerus und Staat ist uneindeutig und z.T. widersprüchlich.

1484 bis 1486: Erneuter Bauernaufstand in Katalonien. Der Aufstand weitete sich in einen Volkskrieg aus bis der Adel zu Kompromissen gezwungen werden konnte. Erklärtes Ziel der Aufständischen war die dauerhafte Abschaffung der Leibeigenschaft. (2)

1485: Im Oktober 1485 begann Heinrich Kramer in Tirol mit den Verfolgungen. Doch die neuen Ideen des Hexenwesens stießen nicht nur bei der Bevölkerung auf Widerstand. Ein Sturm der Entrüstung ging durchs Land und der Bischof forderte den Inquisitor auf, das Land zu verlassen. (14)
Trotz päpstlicher Unterstützung erlitt der dominikanische deutsche Inquisitor Heinrich Kramer, Verfasser des späteren „Hexenhammers", in einem Innsbrucker Prozess eine schwere Niederlage. (12)

1486: Der *malleus maleficarum*, „Hexenhammer" wurde veröffentlicht. Das Buch wurde zum Standardwerk in der Prozessführung, durch die Frauen als Hexen überführt werden sollten. Der Hexenhammer war zur damaligen Zeit eines der meist beachteten und gelesenen Werke. (Anm. BW)

EINSCHUB

Über die Autorenschaft und die Unterstützung von Staat und Vatikan zu diesem Werk gibt es unterschiedliche Anschauungen. Im Konversationslexikon von 1875 steht: „Die drei von Papst Innocenz III. und Kaiser Maximilian I. unterstützten deutschen Dominikaner Krämer, Sprengler und Gemper schrieben 1489 ein Buch, den berüchtigten Hexenhammer, in welchem sie den Hexenwahn in ein förmliches System brachten" (18, Bd. 4, 1875).

Zur Zeit der Entstehung dieses Lexikon waren kaum 100 Jahre vergangen seit dem Schrecken der Frauenverbrennungen. Hundert Jahre später benennt das dtv-Lexikon von 1972 die Inquisitoren Heinrich Kramer und Jakob Sprenger als gemeinsame Autoren des Hexenhammers, die „ein ganzes Lehrgebäude des Hexenwahns und der Hexenbekämpfung [beschrieben haben]. Unter dem Einfluss des Hexenhammer setzte eine Hochflut von Hexenprozessen ein." (55)
Gemper ist entfallen, ebenso die Mitverantwortung von Papst und Kaiser.

Etwa weitere 40 Jahre später (2012) klingt es so: Papst Innozenz VIII. hielt dem Druck des fanatischen „(möglicherweise unter Wahnvorstellungen leidenden) dominikanischen „Hexentheoretikers" und Inquisitors Heinrich Kramer nicht stand, weshalb er die Hexenbulle veröffentlichte." ... „Der fanatische Hexenverfolger Heinrich Kramer mit dem Beinamen „Institoris" verfasst den „Hexenhammer", eine Privatarbeit über Hexen und Hexenprozesse, den später viele Gerichte (aber nicht die Inquisition!) als Handbuch für die Verfolgung von Hexen verwendeten." (23, S. 20 und 74)
Hier wird der Papst zum Opfer eines wahnsinnigen Inquisitors, den er selbst eingesetzt hatte!

Laut heutiger Kirchenmeinung war dieses Werk niemals ein offizielles Dokument der Kirche, sondern eine Privatarbeit ausschließlich von Kramer, „in welcher dieser allerdings den Eindruck zu erwecken suchte, es sei mit Unterstützung des Papstes, des Kaisers und der theologischen Fakultät Köln herausgegeben und es sei außerdem von dem hoch angesehenen Dominikaner Jakob Sprenger mit verfasst worden, der jedoch damit nichts zu tun hatte, wie man erst heute weiß." (23, S. 20) Auch in Wikipedia gibt es ähnliche Veröffentlichungen.

Die Erinnerungen an die Schrecken der damaligen Zeit sind heute verblasst. Die Beteiligten wollen und sollen möglicherweise schleichend entlastet und schließlich ganz reingewaschen werden. Wirklich aufgearbeitet wurde dieses Verbrechen bis heute nie.
Es ist also umstritten, wie das Buch entstand. Sicher aber ist, dass der Zeitgeist es ermöglichte.

Im Hexenhammer machten die Autoren detaillierte Angaben über Hexerei sowie Vorschläge für die Verfolgung und Bestrafung der Hexen durch den Feuertod. Diese wurden in der Folgezeit von katholischen, protestantischen und weltlichen Institutionen befolgt: in ihren Predigten, Anklagen und Gerichtsurteilen. Dieses frauenfeindliche Werk propagiert rücksichtslose Verfolgung.

Im Hexenhammer wird u.v.a. von den Autoren behauptet, dass Frauen von Natur aus einen geringeren Glauben haben und ihr Verstand mangelhaft sei. Als Indiz für die Minderwertigkeit der Frauen nannten die Autoren das Wort *femin,* die lateinische Übersetzung für das Wort „Frau". Dort heißt es sinngemäß: Femina komme von *fe* und *minus*: *fe* deuteten die Autoren als das lateinische *fides*, zu deutsch: „Glaube". Minus heißt zu deutsch „weniger". Femina bedeute folglich: „die weniger Glauben hat". *„Also sei das Weib von Natur schlecht, da es schneller am Glauben zweifelt und auch schneller den Glauben ableugnet"*.

Ein weiteres Vergehen ist die Buhlschaft mit dem Teufel, wobei hier unter Buhlschaft immer der sexuelle Verkehr bis hin zu einer Orgie verstanden wird.
Der Hexenhammer und die darin beschriebenen Vergehen sagen genau genommen nichts über die angeklagten Frauen aus, sondern sind offensichtlich den kranken sexuellen Phantasien und Obsessionen der im Zölibat lebenden Kleriker entsprungen. (12)

In seiner Zeit wurde der Hexenhammer als Kommentar zur päpstlichen Hexenbulle aufgefasst. Mit rund 30 Auflagen bis zum Jahr 1669 gehörte es zu den meist gedruckten Werken der Frühzeit des Buchdrucks und stand am Anfang einer breiten literarischen Tradition von Hexen-Büchern, die erst im 18. Jh. mit dem Rückgang der Hexenverfolgung abflaute.
„Die Autoren folgen in der Apologia[264] des „Hexenhammer" der Ansicht ihres Ordensbruders Jacquier, der das Entstehen und Anwachsen einer neuen „Hexensekte" als Ausdruck der Verschlechterung der Welt ansah, wobei Kramer und Sprenger die Hexerei eindeutig auf das weibliche Geschlecht projizierten, da Frauen, wie in der Bibel nachzulesen sei, eine größere Neigung zur Hexerei und Teufelskult hätten, die sie mit maßloser Verderbtheit und Triebhaftigkeit verbanden. Vor allem ihre Fähigkeit zur Zauberei wurde als eine Bedrohung der natürlichen und gesellschaftlichen Ordnung aufgewertet. Damit war die Hexe nicht mehr nur eine Feindin der Kirche (der Vorwurf der Häresie spielte im Hexenhammer nur noch eine geringe Rolle), sondern eine Feindin der Weltordnung [wodurch ihre Existenz politisiert wurde]. Als irdische Stadthalterinnen des Teufels fiel den Hexen die Verantwortung für all jene Krisen und Katastrophen zu, die nicht mehr ohne weiteres, wie im Mittelalter, aus der Perspektive eines göttlichen Heilsplans gedeutet werden konnten. Wis-

---

264 Verteidigungsrede, Rechtfertigung

senschaftlich-rational konnten die Krisen und Katastrophen noch nicht erklärt werden." (8)

Die Missstände, die Unruhen, die Aufstände, die Dürreperioden, die Pest, die Verarmung, die Kriege, all das hatte massiv zugenommen. Die Durchsetzung der Privilegien und Forderungen des Klerus und des Staates hatten zu immer brutaleren Einschnitten in das Leben der Bevölkerung geführt. Das alles war über keine Heilslehre mehr aufzufangen. Hier konnte nur noch die Unterstellung eines Teufelspaktes helfen.

„Auf die Illusionstheorie des Canon Episcopi und die darauf aufbauende Lehrmeinung ungenannt bleibender Gegner bezog sich der *Malleus maleficarum* des Heinrich Kramer, der gleich in seiner Eingangsfrage (I,1), ob es gut katholisch sei, dass es Hexen gebe, behauptet, der Kanon beziehe sich nicht auf die neuen Hexen, sondern auf Wahrsagerinnen (*phitonen*).
In Kapitel II,3 bezeichnet Kramer es als häretisch, die Realität des Hexenfluges mit Verweis auf den *Canon Episcopi* zu leugnen, weil damit gegen die göttliche Zulassung der Macht des Teufels und gegen den Sinn der Heiligen Schrift verstoßen werde. Die Verbrechen der Hexen würden dadurch zum Schaden der Kirche ungestraft bleiben, womit der dominikanische Inquisitor offenbar seine negativen Erfahrungen im Innsbrucker Hexenprozess von 1485 verarbeitete." (19)

Seit der Veröffentlichung des Hexenhammers nahmen die Hexenprozesse ungeheuer zu an Ausdehnung und Furchtbarkeit. „Eine Möglichkeit der Rechtfertigung gab es nicht, sondern nur sogenannte Hexenproben. Diese mochten aber ausfallen, wie sie wollten, die einmal Angeklagte blieb Hexe. Die Hexen sollten z.B. ein „Hexenmal" am Leibe haben. Um dieses zu finden schor man ihnen alles Haar vom Leibe. Fand man das Mal, so war die Sache richtig, fand man es nicht, so hatten sie es durch Hexerei beseitigt und waren schuldig! An diesem traurigen Wahn hing nicht nur das gemeine Volk, sondern auch die Geistlichen, Gelehrten, Richter und Fürsten mit wenigen Ausnahmen. In Deutschland wollte man von mehreren Versammlungsorten der Hexen mit den Teufeln wissen, unter welchen der Brocken (Blocksberg) der Bekannteste ist. Dahin sollten die Hexen in der Walburgisnacht (1. Mai) auf Besenstielen, Mänteln oder Böcken zum Kamin hinaus und durch die Luft reiten." (18, Bd. 4, 1875)

1489: Der hexengläubige deutsche Jurist Ulrich Molitor aus Konstanz verwies in seiner Stellungnahme für den Erzherzog Sigismund von Österreich auf den *Canon Episcopi*, indem er den Flug der Hexen zum Sabbat zwar als dämonische Täuschung bezeichnete, „gleichwohl aber deren unnachsichtige Verfolgung nach biblischem Gebot[265] und/oder Römischem Recht befürwortete." (19)
Er knüpft damit an das Traktat des französischen Oberrichters Claude Tholosan von 1436 (s.o.) an. (Anm. BW)

1489: Bauern- und Bürgeraufstand in der Schweiz (Appenzell, Rheintal, St. Gallen). Es ging um die hohen Aufwendungen für den Umbau der Klöster während des Übergangs von der Architektur der Romantik in die Spätgotik. Beim „Rorschacher Klosterbruch" wurden die Mönchszellen, eine Kapelle und ein Kreuzgang verwüstet. (2)

1490 bis 1492: Bauernaufstand in Südpolen. (2)

1491: In Ulm erhielt eine Hebammenordnung. (24)

1491/2: Bauernunruhen in der Abtei Kempten in Oberschwaben. Bauern griffen Klöster an. (2)

1492: Bauernerhebung im Allgäu. (2)

1492: Kolumbus entdeckte Amerika. Nach und nach wurde der ganze Kontinent von den Europäern in Besitz genommen. Damals lebten dort ca. 60 Mio. Indianer, heute, 520 Jahre später, ca. 800.000. (Anm. BW)

---

265 Exod. 22,18 u.a.

EINSCHUB

Die Indianer lebten damals in einer freien und sozial sowie sakral intakten Kultur. Die Invasoren nahmen ihr Land und zwangen sie sich dem Christentum zu unterwerfen. So zerstörten sie ihre Sozial- und Sakralkultur. Hier wiederholte sich dasselbe Muster wie 1000 Jahre früher in Germanien, als die Römer mit Hilfe der Römischen Christen dort zum zweiten Mal einfielen. Hier wie dort und überall sonst wurden und werden intakte sakrale und soziale Kulturen barbarisiert, dämonisiert, erniedrigt, entrechtet, versklavt bzw. in Krieg, Abhängigkeit und Armut gebracht und schließlich restlos zerstört.

1493 bis 1514: Die „Bundschuhbewegung“ war eine große Anzahl von lokalen Verschwörungen und geplanten Aufständen in Süddeutschland. Als Feldzeichen wurde der *Bundschuh* mitgeführt - ein für den Bauern typischer Schnürschuh aus Leder. Er stand im Kontrast zu den sporenklirrenden Ritterstiefeln. Alle Bauernverschwörungen wurden verraten und niedergeschlagen. Ein maßgeblicher Vorläufer der Bundschuhbewegung war Hans Böhm, der als Ketzer 1476 verbrannt worden war. Ihm war es gelungen 40.000 Bauern um sich zu scharen allein durch die von ihm in seinen Predigten geäußerten Forderungen. (s.o.)

1493: In Schlettstadt im Elsass trafen sich 110 Verschwörer um das Aufbegehren gegen das ungerechte und undurchsichtige Rechtssystem, hohe Steuern und die dadurch entstandene Verschuldung zu planen.

Ziele waren die Plünderung und Vertreibung von Juden, Einführung eines Jubeljahres, mit dem alle Schulden verjähren sollten, Aufhebung des Zolls, Ungelds[266] und anderer Lasten, Abschaffung des geistlichen und rottweilschen (Reichs-)Gerichts, Steu-

[266] auch *Umgeld, Ohmgeld*), eine seit dem 13. Jh. von den Reichsstädten erhobene Verbrauchssteuer auf Güter des täglichen Bedarfs, vergleichbar mit der heutigen Umsatzsteuer

erbewilligungsrecht, Beschränkung der Pfarrer auf je eine Pfründe von 50-60 Gulden, Abschaffung der Ohrenbeichte und eigene, selbst gewählte Gerichte für jede Gemeinde. Der Plan der Verschwörer war, sobald man stark genug sei, das feste Schlettstadt zu überrumpeln, die Klöster- und Stadtkassen zu konfiszieren und von hier aus den Aufstand ins ganze Elsass weiter zu tragen.
Der Aufstand wurde rasch niedergeschlagen. 40 der Verschwörer wurden hart bestraft, darunter auch die Anführer. Johann Ullmann wurde in Basel gevierteilt und Nicolaus Ziegler in Schlettstadt hingerichtet. (3)

1496: Bauernerhebung gegen den Burggrafen von Ploscovice in Böhmen. Seit der Niederschlagung der Taboriten (1419 bis 1437, s.o.) hatte sich die Lage der Bauern erheblich verschlechtert. Die Bauern verweigerten neue Frondienstforderungen und eroberten die Burg. Anschließend traten sie freiwillig unter den Schutz des Ritters Dalibor von Kozojedy. (2)

1498: Der Ritter Dalibor von Kozojedy, der die aufständischen böhmischen Bauern in seinen Schutz genommen hatte, wurde dafür vom Gericht Prag verurteilt, enteignet und hingerichtet. (2)

1498 bis 1502: Bauern aus Ochsenhausen in Oberschwaben griffen Klöster an. (2)

2.3. Die Sozialkultur zum Beginn der Neuzeit

EINSCHUB

Seit drei Jahrhunderten bereits mehren sich Bauernunruhen, Aufstände und Verschwörungen im gesamten europäischen Herrschaftsgebiet der römisch-katholischen Kirche über zahlreiche politische Landesgrenzen hinweg. Männer wie Frauen standen immer wieder auf um für die Verbesserung ihrer Lebensbedingungen zu kämpfen und die fremde Herrschaft abzuschütteln. Die Ursache für all diese Erhebungen war die zunehmende Verschlechterung der Lebensumstände vor allem der ländlichen Bevölkerung, denn die Bauern hatten die Hauptlast der Aufrechterhaltung der Feudalgesellschaft zu tragen.

Die Adeligen und der Klerus lebten bis auf wenige Ausnahmen von der Arbeitsleistung der Bauern. Es waren ein Großzehnt und ein Kleinzehnt abzuliefern. Auf die danach übrig gebliebenen Einkünfte wurden diverse Steuern und Abgaben erhoben. Zusätzlich mussten Spanndienste und Handdienste beim Grundherren geleistet werden. Wenn dieser gerade ein Schloss oder eine Festung baute, waren diese Dienste besonders häufig und auch zu ausgesprochen ungünstigen Zeiten, wie z. B. zu Erntezeiten zu leisten.

Der Hochadel war an einer Änderung der Lebensumstände der Bauern nicht interessiert, weil dadurch zwangsläufig eigene Privilegien und Vorteile eingeschränkt worden wären.
Der niedere Adel ging dem Niedergang entgegen und hatte mit einem dramatischen Bedeutungsverlust zu kämpfen, was zu eigenen Aufständen führte (Pfälzischer Ritteraufstand). Der Versuch vieler niederer Adliger, sich durch Raubrittertum über Wasser zu halten, ging größtenteils wiederum zu Lasten der Bauern.

Der Klerus war genauso gegen jede Veränderung. Der Katholizismus in der damals bestehenden Form stellte die Kernsäule des Feudalismus dar. Die kirchlichen Einrichtungen waren in der Regel selbst feudal organisiert. Kaum ein Kloster existierte ohne zugehörige Dörfer. Die Kirche bezog ihre Einnahmen vorwiegend aus Spenden und aus dem Zehnten. Dieser war auch für den Adel eine wichtige Finanzquelle. Vor allem aber war der schwunghafte Ablasshandel eine interessante Einnahmequelle geworden. *Ablass* heißt wörtlich übersetzt: „römische Gnade". Durch die Bezahlung mit Geld oder frommen Werken konnten zeitliche Sündenstrafen, wie z.B. das Fegefeuer durch einen Gnadenakt der Römischen Kirche erlassen werden. Nicht erlassen werden konnten ewige Sündenstrafen, wie das ewige Schmoren in der Hölle oder die ewige Verdammnis. Auch konnten keine Sünden vergeben werden, wie Jesus es tat. So trat die Kirche weder in Konkurrenz mit Gott noch mit Jesus, sondern ergänzte die Lehre geschickt.

Die einzigen Reformbestrebungen, die auf die Abschaffung der Feudalstrukturen zielten, gingen vom erstarkenden Bürgertum der Städte aus. Da auch sie von Klerus und Adel abhängig waren, blieben ihre Reformbestrebungen jedoch nur schwach ausgeprägt.

Die Sprache des Volkes bestand aus sehr unterschiedlichen Dialekten. Die Sprachen am Hofe waren italienisch und französisch. Wissenschaft und Klerus sprachen, schrieben und lasen (auch die Messen) in Latein. Dem Volk blieben nach wie vor sowohl der Klerus als auch der Adel – beides Stände, die sich ihnen seit 600 Jahren nun schon vorgesetzt hatten - sprachlich und kulturell fremd. Die Rechtsprechung, alle Wissenschaft und jede spirituelle Lehre blieb vor ihnen verschlossen.

Bis heute ist Latein (die ausgestorbene Sprache der Römer und ehemaligen Besetzer Germaniens) die Sprache des Klerus und der Gelehrten geblieben sowie aller Philosophie und Naturwissenschaften. Die Franken hatten zwar die Vorherrschaft politisch von den Römern übernommen und nach ihnen diverse Königshöfe, doch über die Römische Christenkirche war Rom indirekt an der Macht geblieben. Das Herrschaftsgebiet der römisch-katholischen Kirche ging über alle politischen Grenzen weit hinaus.

Der neue Medicus, der studierte Arzt, verdrängte und bekämpfte mehr und mehr die Heilerinnen und versuchte auch die Hebamme zu verdrängen. Dummerweise verfügte er kaum über echtes Heilwissen. Vor allem im Bereich der Frauenheilkunde fehlte ihm jeglicher Zugang. Das alte Wissen um Verhütung und Abtreibung sowie die alte Frauenheilkunde begannen sich zu verlieren. Kindersterblichkeit und tödliche Schwierigkeiten während der Geburten stiegen noch bis ins 19. Jahrhundert hinein stark an.

Ökonomisch entstand eine weitere Eigendynamik. Aufgrund der Erbrechte, nach denen das Erbe von Adelshäusern zu gleichen Teilen auf alle Nachkommen aufgeteilt werden musste, entstanden immer kleiner werdende Güter, die versorgt werden wollten. Das führte zu einer weiteren Verschärfung der wirtschaftlichen Lage: um ihren Lebensstandard halten und ihre Ländereien bewirtschaften zu können, erhoben die Adeligen immer neue Steuern und erhöhten den Frondienst. Adelige sorgten in der Regel nicht selbst für ihren Lebensunterhalt, sondern ließen für sich arbeiten und das noch dazu unentgeltlich. Basierend auf der Durchsetzung des verzinslichen Kapitals und der damit verbundenen Schuldzinsen stieg die Verschuldung in allen Ständen enorm. Die Eintreibung der Schulden wurde immer brutaler. Diese Geld- und Zinswirtschaft stand dem alten und freien bäuerlichen Leben diametral entgegen. Woher sollten die Menschen das Geld auch nehmen? Es ist anzunehmen, dass vor allem Frauen sehr gegen die Geldwirtschaft eingestellt waren, denn eine lebenswürdige Anpassung an die Geldwirtschaft war weit schwieriger als an die neue Religion.

Der Widerstand der Frauen blieb unberechenbar. Da sie von Natur aus mit dem Schutz für die Kinder verbunden sind, neigen Frauen eher zum Konservatismus[267]. War das Alte bewährt, gab es keinen Grund es zu verändern. Warum hätten sie das Zahlungsmittel Geld akzeptieren sollen, wenn sie bisher die Natur und die Landwirtschaft ernährt hatte? Durch das Geld und die Kriege begannen sie grausam zu verarmen und konnten ihre Kinder nicht mehr ernähren.
Ähnlich verhielt es sich mit der Religion. Warum hätten sie ihre Religion wechseln sollen, wenn die alten Gottheiten sie bestens beschützten? Wie schon so oft in der Vergangenheit mussten die Menschen die Namen ihrer Gottheiten zwar wechseln, die Funktionen und Rituale jedoch behielten sie bei. Alte Gottheiten erhielten neue Namen und wurden in ihre Feste und Zeremonien fest integriert. Das aber wollte der neue Gott nicht zulassen.

Die Frauen werden ihre alten, ihnen so wichtigen Jahreskreisfeste beibehalten haben. Möglicherweise haben sie für eine bessere Zukunft für ihre Nachkommen – also für uns – viel riskiert und heidnische Heilungszeremonien abgehalten. Das war äußerst gefährlich. In Bausch und Bogen wurden alle Frauentreffen „Hexensabbat" genannt, vor allem die nächtlichen bei Vollmond abgehaltenen Feste. Sabbat heißt „Ruhetag" und ist ein jüdischer Feiertag. Aus der Judenfeindlichkeit im mittelalterlichen und frühen neuzeitlichen Christentum gepaart mit der Angst vor einer Frauen- bzw. Hexensekte entstand der Begriff „Hexensabbat". Er sollte eine Diskriminierung in zweifacher Hinsicht sein.
Der Hexensabbat war demnach ein Frauentreffen an einem arbeitsfreien Tag, vermutlich an einem Sonntag bzw. in der Nacht von Samstag auf Sonntag. An diesen Festen wechselten die Frauen und Männer die Namen ihrer Gottheiten (noch) nicht.

---

267 von lat. *conservare* „erhalten, bewahren" oder auch „etwas in seinem Zusammenhang erhalten"

Die Polarisierung in Gut und Böse und die Installierung von Hölle, Fegefeuer und Jüngstes Gericht hatte im Volk große Angst erzeugt. Der Teufel, einst ein unter verschiedenen Namen angebetetes gehörntes Naturwesen, wie wir ihn aus Griechenland als Pan noch kennen, war zum listigen Verführer und lüsternen Anti-Gott verkommen.

Die Große Göttin wurde nun als Mutter Gottes oder Jungfrau Maria verehrt. Es waren die Frauen, die dafür Sorge trugen, dass die Göttin nie wirklich starb. Als Fürbitterin beim strengen Gott wurde sie oft angerufen. Als Großmutter des Teufels konnte sie den Teufel zähmen. Doch an oberster Statt stand nun der neue Christengott mit seinem Sohn, der keine anderen Götter oder gar Göttinnen neben sich duldete. Das war bei Odin und Wotan noch ganz anders gewesen. Diese Intoleranz des einen Gottes, der sich Gott, der HERR nannte, der HERRscher, der HERRliche usw., wirkte sich brutal im alltäglichen Leben aus, denn schließlich gab es ausreichend irdische HERRen, die ihn nachahmend allein das Sagen hatten in ihren jeweiligen Refugien: sei es Land, Gebiet oder Familie.

Die Zerschlagung der dörflichen und groß-familiären Strukturen ertrugen die Menschen nur schwer. In den bäuerlichen Großfamilien hatten alle, Junge und Alte, Frauen und Männer eine unübersehbar wichtige und unentbehrliche Funktion inne gehabt. Die systematische Zerschlagung der sozialen Strukturen geschah zum einen durch die Demontage ihrer uralten Sakralkultur einschließlich der Thing-Versammlungen, dann durch die zahllosen Kriege, in die die Männer zwangsweise eingezogen wurden und schließlich durch die ständige Bedrohung und schlussendliche Verhaftung und Ermordung zahlreicher Frauen aller Altersgruppen: junge tatkräftige, wehrhafte und engagierte Frauen, Hebammen und Heilerinnen, Mütter und Großmütter. Es kam nicht nur zur Verarmung der Bauern, sondern vor allem auch zu Verwahrlosungen: Misstrauen und Denunziation breitete sich zunehmend aus; Gewalt wurde gegeneinander angewendet; es gab immer weniger interne Kommunikationsstrukturen; Alte und Kranke durften von Heilerinnen nicht länger versorgt werden, vater- und vor allem mutterlos gewordenen Kinder, deren Mütter eingesperrt und verbrannt worden waren, wurden geächtet, trieben sich herum oder wurden in grauenhafte Waisenhäuser eingesperrt. Wehrten sich die bäuerlichen Familien dagegen und zeigten damit noch einen existierenden Zusammenhalt, so wurden ihre Aufstände mit brutalen, grausamen und ungerechten Gewaltexzessen der Mächtigeren beantwortet. Die Verwahrlosung und Verarmung nahm noch mehr zu. Hinzu kam viel Wut und Trauer sowie tief sitzender, unaufgearbeiteter Schmerz. Die soziale Bande und das Vertrauen wurden Stück für Stück zerschlagen. Angst peinigte sie schließlich alle.

Der Widerstand der Frauen und insbesondere der Mütter und Großmütter dürfte im Hintergrund eine unberechenbare Kraft für Klerus und Adel geblieben sein. Frauen waren und sind immer die ersten Bezugspersonen aller Kinder. Sie waren über alle Zeiten hinweg immer die Trösterinnen, Ratgeberinnen, Heilerinnen und Unterweiserinnen für ihre Kinder, Enkel und Urenkel und sind dies bis heute geblieben. Sie erzählten ihnen die Märchen, Sagen, Fabeln und Mythen und jetzt auch die biblischen Geschichten auf ihre höchst individuelle Weise. Sie bauten darin Lehren ein. So vermitteln die Frauen den Kindern immer ihr Weltbild - und das Weltbild der Mütter ist prägend.

Gingen die zahlreichen Bauernaufstände auf die Einflussnahmen der Frauen zurück? Wurden sie deshalb als Sünderinnen so schwer verfolgt? Legten sie den Keim des Widerstandes in die immer wieder neu heranreifenden Generationen von Arbeitskräften, Untertanen, Leibeigenen, Bauern, Soldaten usw.?

Frauen konnte man verbrennen, ausrotten unter dem Vorwand einer Hexensekte, dem Einfluss der nachwachsenden Mutterschaft aber musste anders begegnet werden.

Um diesem Problem zu begegnen entwickelte die junge Wissenschaft, allen voran der Medicus und der Klerus eine Theorie mit der Behauptung, dass in der schwangeren Frau keine Frucht heranreife, sondern ein *Homunculus*[268] eingesperrt sei. Die sündige Frau hielte den bereits ausgewachsenen kleinen Mensch in der Hölle ihres Bauchraumes gefangen. Neun Monate müsse er dort ungerechter Weise ausharren, bis er endlich unter für die Mutter strafenden Schmerzen in die rettenden Arme des Medicus, des Priesters und des väterlich gütigen Patriarchen fiel. Durch die von der Frau hervorgerufene Erbsünde war das Seelchen mit Sünde schwer belastet. Nun wird es auf Erden im Schoss der Mutter Kirche und unter der strengen Obhut des Vaterlandes zu seinem Seelenheil geführt.

Damit sich besonders die Söhne, also die jungen Männer nicht zu sehr an die Mutter binden und demzufolge weich und anfällig für unnötige Fragen würden, werden sie bis in unsere Tage durch Stigmatisierungen von der Mutterliebe gelöst, indem sie als Feiglinge[269], Waschlappen, Milchreisbubi und Mamasöhnchen verhöhnt werden, sobald sie sich zu eng an das Mutterhaus binden. Als Vorbild wird ihnen der Gottessohn am Kreuz gezeigt, der heldenhaft für seinen Vater starb und damit uns alle von den Sünden erlöste, wie es heißt. Der Vater wird mit dem Landesvater, dem Patron und dem Heiligen Vater, dem Papst, gleichgesetzt. Seinem Ruf gilt es zu folgen und für ihn gehorsam in den Krieg zu ziehen, sofern er danach ruft.

---

268 Homunculus = Menschlein, ein bereits ausgewachsener kleiner Mensch

269 die Feige ist ein uraltes Symbol der Vulva

Die Töchter, die Mädchen galten per se als nichts wert. Sie wurden und werden bis heute durch gewaltsame körperliche, insbesondere durch sexuelle Übergriffe geschwächt. Ein Angriff auf ihre körperliche Unversehrtheit führt zu tiefen Narben. Vor sich sehen sie die unbefleckte Jungfrau Maria als Vorbild. Selbst sind sie sündig, beschmutzt, befleckt und fühlen sich dementsprechend immer unvollkommen und schuldig.

Für die sexuellen Übergriffe auf Jungfrauen gab es ein Recht der Grafen und Herzöge, das *ius primae noctis*, „das Recht auf die erste Nacht" der noch jungfräulichen, leibeigenen Frauen. *„Die Ehre gehört ihnen nicht ... „Leibeigene!", dieses grausame Wort wurde ihnen stets zugerufen. ... Man wird es in Zukunft nicht leicht glauben, dass bei den christlichen Völkern das Gesetz erlaubte, was es in der alten Sklaverei niemals erlaubt hatte, dass es ausdrücklich als Recht den blutigsten Schimpf zuließ, der das Herz des Menschen verwunden kann. ... Die arme Frau war also der Willkür preisgegeben. ... Alle Lehnsverordnungen, selbst ohne davon Erwähnung zu tun, schreiben der Braut vor, in das Schloss zu gehen und dahin „die Hochzeitsspeise" zu tragen. Eine gehässige Sache, sich so der Willkür dessen zu überlassen, was jene Bande von scham- und zügellosen Zölibatären aus der armen Kreatur machen will."* (16[270]) Die hohen Herren konnten sich jede junge Frau, die sie begehrten, zum Geschlechtsverkehr holen, ohne Ächtung zu erfahren wegen sexueller Untreue u.ä.. Jungfrauen waren hoch begehrt, nicht nur weil sie jung, unschuldig und schön waren und der Entjungferung ein perverser

---

270 Jules Michelet (1798 - 1874), französischer Historiker, u.a. Prof. für Philosophie und Geschichte an der Universität, Paris, verweigerte 1853 den Eid auf Napoleon III und wurde aus dem Dienst entfernt. Er schrieb sein Buch „Die Hexe" 1862, in einer Zeit, in der die letzte Hexenverbrennung gerade 100 Jahre vorbei war und die rechtlichen Grundlagen noch existierten.

Zauber innewohnte, sondern vor allem waren die Herren, die eine junge Frau entjungferten, sicher geschützt vor den zahlreich grassierenden Geschlechtskrankheiten! Das Recht auf die erste Nacht, *ius primae noctis,* forderte knallhart von dem ihm leibeigenen oder untertanen jungen Paar: entweder Entjungferung oder Abgabenzahlung für die Hochzeit! Nicht nur Mozart schrieb in Figaros Hochzeit gegen dieses Recht.

Die Mädchen wurden zutiefst entwürdigt und beschämt. Das galt für die jungen Männer, die ihre Ehemänner werden wollten oder ihre Brüder waren, nicht minder, denn sie fühlten sich in ihrer Ehre auch gekränkt. Entstanden aus diesem herrischen, gräflichen Verkehr Nachkommen, so war es für die jungen Mütter, für ihre Familien und für ihre (bäuerlichen) Geliebten und Stiefväter äußerst schwierig bis ganz unmöglich liebevoll mit diesem Bastard umzugehen. So manche junge Frau brachte sich um, wie Sagen uns erzählen.

Der Widerstand der Frauen brach. Eine der schwerwiegendsten Folgen des sozialen Niedergangs der dörflichen Sozialkultur war, dass Frauen nicht mehr zusammenhielten, sondern sich gegeneinander ab- und auszugrenzen begannen. Einige Ursachen dürften die schwierige wirtschaftliche Lage gewesen sein, die große Sorge ihre zahlreichen Kinder durchzubringen (Abtreibung war ja bereits seit dem 13. Jahrhundert strengstens verboten) sowie die soeben erwähnte äußert schwierige emotionale Lage, sich permanent schmutzig und schuldig zu fühlen. Dazu kamen die körperlichen Schwächen nach so vielen Geburten, Vergewaltigungen und Schlägen.

Eine andere, viel wichtigere und weit tiefer greifende Ursache war die Konkurrenz und die damit verbundene Denunziation und Intrige, um das eigene Los zu verbessern. Frauen begannen mehr und mehr danach zu streben sich einen Reichen oder Adeligen zu angeln, was zu weiteren Zerwürfnissen zwischen den Frauen führte, besonders zwischen Müttern und den Töchtern. Vor dem gefürchteten oder begehrten Mann musste jede Frau als die Bessere dastehen, entweder um sich vor Schlägen und/oder sexuellen Übergriffen oder Beleidigungen zu schützen oder um für sich selbst die größten Vorteile zu ergattern. Auch mussten die Frauen, um Erfolg in einer höheren Klasse zu haben, schöne Kleider tragen und an einer guten Adresse wohnen, was sehr viel Geld kostete. Das stürzte Mutter und Töchter oft in tiefe Schulden. Mit Lügen, Betrügen und Berechnungen schlugen sich die versklavten Frauen durch und waren überzeugt, gegen ihre Liebe zur Aufrichtigkeit handeln zu müssen, wollten sie jemals frei werden. Diesem Irrtum sitzen viele Frauen bis heute noch auf.

Die in dieser Zeit bereits existierende verzweifelte Entzweiung der einstmals sehr gut gefestigten Frauenbeziehungen machten sich die weltlichen und geistlichen Machthaber zunutze. Die geistliche und weltliche Inquisition baute in abscheulichster Weise den gegenseitigen Verrat systematisch mittels grausamster Marter aus. Durch die nun einsetzende fanatische Frauenverfolgung, deren Erfolg auf die vielen unter Folter erpressten Denunziationen basierte, grub sich das gegenseitige Misstrauen tief ins kollektive Unbewusste von allen Frauen und den verlassenen Kindern ein. Und so gelang es die Frauen durch Angst noch mehr auseinander zu dividieren, war da doch der Wunsch ihr erbärmliches Los und das der ihnen am nächsten Stehenden zu verbessern. Teile und herrsche - diese Methode versklavte die Frau zutiefst und ließ sie sich ducken und sich gegenseitig in die Gesichter spucken. Solche gebrochenen Frauen haben es sehr schwer ins Vertrauen und in die Liebe zu gehen, was aber für jede Mutterschaft immens wichtig ist. Das erklärt, warum wir Frauen uns bis heute noch immer allzu oft und meist völlig unbewusst „wie freigelassene Sklavinnen verhalten“.[271]

---

271 siehe in Simone de Beauvoir, Das andere Geschlecht, Sitte und Sexus der Frau, 1987, S. 462

Der Zusammenhalt unter den Frauen im 16. Jahrhundert muss allerdings noch relativ stark gewesen sein, denn woher sonst rührte die Paranoia vor der Hexensekte.

2.4. Die Hoch-Zeit der Frauenverbrennungen im 16. und 17. Jahrhundert

16. Jahrhundert:

Durch den neu erfundenen Buchdruck konnten zahlreiche Schriften als Bücher und Flugzettel erstmalig vielen Menschen öffentlich zugängig gemacht werden. (Anm. BW)

EINSCHUB

Reformation, Humanismus, Renaissance, Hexenverfolgung und Bauernaufstände vor allem in den Ländern Deutschland, Österreich und Schweiz sind bezeichnend für die innere Zerrissenheit dieses Jahrhunderts. Es ist gekennzeichnet durch den Niedergang der Macht von Papst und römisch-katholischer Kirche. Freidenkende philosophische und religiöse Denkansätze gewinnen ebenso an Einfluss wie reiche, bürgerliche Familien. Durch das Mäzenatentum von Adel, Klerus und Bürgertum blühte die Kunst enorm auf. Zahlreiche sogenannte Verschwörungen und der Deutsche Bauernkrieg wüteten in denselben Ländern wie die grausame kirchliche und staatliche Inquisition gegen die Frauen. (Anm. BW) In diesem und im nächsten Jahrhundert gab es den ersten einschneidenden Wandel hin zur Reglementierung der Hebammenkunst von außen. (24)

1502: Bundschuh-Verschwörung: Nach dem Hunger- und Pestjahr 1501 kam es unter der Führung von Joß Fritz zu einer Bundschuh-Verschwörung in Bruchsal und Untergrombach im Bistum Speyer. Sie forderten die Abschaffung der Leibeigenschaft, die Verteilung der Kirchengüter an das Volk und keinen Herrn außer dem Kaiser und dem Papst. 7000 Männer und 400 Frauen gehörten zur Verschwörung. Im Bistum Speyer wurde die Bundschuh-Verschwörung aufgedeckt. 110 Mitglieder wur-

den gefasst und empfindlich bestraft. Zehn Bauern wurden als Abschreckung geköpft, gevierteilt und an den Landstraßen aufgehängt. Joß Fritz muss untertauchen.
Die Bundschuh-Verschwörungen waren eine der Wurzeln der deutschen Bauernkriege und galten als lokale Verschwörungen. (3; 2)

1511: Unruhen in Ferette im Elsass. (2)

1513: Bundschuh-Verschwörung: Nach drei Jahren Missernten und Inflation initiierte Joß Fritz wieder eine Verschwörung, diesmal im Elsass. Sie wurde im Breisgau durch Verrat vorzeitig aufgedeckt und in Lehen von den Freiburger Herren niedergeschlagen. Joß Fritz musste erneut fliehen. Die Stadt Freiburg im Breisgau jagte die Bundschuher noch jahrelang. (3; 2)

1514: Aufstand des „Armen Konrad" in Württemberg, eine Bewegung gegen die bürgerliche Oligarchie[272] und Protest gegen zu hohe Steuern. (2)

1514: Bauernkrieg von György Dosza in Ungarn: 70.000 Bauern belagerten die Temeschburger Festung. Anlass bildete die besonders unwürdige Unterdrückung der Angehörigen jener Bauern, die freiwillig in einen Kreuzzug gegen die Türken zogen. Darauf wendeten die Bauern ihre Waffen gegen die eigenen Adeligen mit der Losung: *„Wir werden euch an den Giebeln eurer Häuser aufhängen!"* Der Widerstand wurde mit blutiger Vergeltung und Hörigkeit der Fronbauern brutal niedergeschlagen. Vor seiner grausamen Hinrichtung proklamierte Dosza eine Republik ohne Adel, in der vor Gott alle gleich sind. (2)

1515: Großer Bauernaufstand in Inneröstereich: Unterkrain, Untersteiermark, Kärnten, Oberkrain. Anlass war die Anwendung „neuer Rechtsgrundsätze". (2)

1517: Bundschuh-Verschwörung im Schwarzwald. (2)

---

272 „Herrschaft von Wenigen"

1517: Die Reformation begann am 31. Okt. mit Martin Luthers[273] Thesenanschlag zu Wittenberg. (2) Luther hatte den Nerv der Zeit getroffen. Aus der Reformationsbewegung entwickelte sich (u.a.) die evangelische Kirche. (Anm. BW)

EINSCHUB

Der zu den Augustiner-Eremiten gehörende Mönch Martin Luther schlug 95 lateinisch geschriebene Thesen an die Tür der Schlosskirche zu Wittenberg, „veranlasst durch die anstößigen Ablasspredigten des Dominikaners Johann Tetzel[274]. Inhalt der schnell verbreiteten Thesen: berechtigte Kritik an kirchlichen Missständen; einige der Kirche widersprechende Lehren; Widerspruch gegen die oberste Lehrgewalt des Papstes."
(49, S. 129)

Vor allem wandte Luther sich gegen den von der Kirche betriebenen schwunghaften Ablasshandel. Durch den Erwerb eines Ablasszettels konnten zeitliche Sündenstrafen, wie z.B. das Fegefeuer durch einen Gnadenakt der Kirche erlassen werden. Dagegen schrieb Luther in den Thesen 5 und 6: *„Der Papst kann nur Strafen erlassen, die er selbst auferlegt hat."*([275]) und in den Thesen 26 bis 29: *„Der Papst erreicht die Vergebung im Fegefeuer durch Fürbitte, aber die Ablassprediger irren, wenn sie Vergebung gegen Geld versprechen. So steigern die Einnahmen der Kirche, aber die Fürbitte ist allein von Gottes Willen abhängig."* ([276])

Erstmals wurden im Zuge der Reformationsbewegung Kritiken an den bis dahin nahezu unbestrittenen Lehren des Augustinus von Hippo aus dem 4. Jahrhundert laut. Er prägte

---

[273] 1483 - 1546

[274] 1465 - 1519, Dominikanermönch und Ablassprediger

[275] de.wikipedia.org/wiki/95_Thesen; Thesen 5-6

[276] de.wikipedia.org/wiki/95_Thesen; Thesen 26-29

folgende Vorstellungen: die Existenz der Erbsünde; die ewige Verdammnis in der Hölle; die doppelte Prädestinationslehre[277], die göttliche Vorherbestimmung als ewig verdammte oder ewig lebende Seele; das Fegefeuer als ein Strafgericht Gottes, dem keiner entrinnen kann, der dafür vorherbestimmt ist; die göttliche Vorherbestimmung des ewigen Lebens für den Priesterstand und die guten Menschen - hier ist der Adel meist inbegriffen. Die Kritiker des Augustinus warfen ihm nun erstmalig vor, er habe die Lehre des Urchristentums bis zur Unkenntlichkeit deformiert. ([278])

Die Reformation strich u.a. den Marienkult sowie den Kult um alle Heiligen aus ihrer Lehre. Den nachkommenden Generationen kam die Möglichkeit einer weiblichen Gottheit gar nicht mehr in den Sinn.

Die Reformation führte zur Auflösung zahlreicher Nonnenklöster. Die Protestanten lehnten Klöster generell ab und forderten die Ordensleute beiderlei Geschlechts zum Verlassen der Klöster auf. Mönchsklöster konnten sich weitestgehend halten, Nonnenklöster seltener.
Die Ansichten Martin Luthers[279], dass Frauen ausschließlich zu Hausfrauen und Müttern geschaffen seien, griffen immer weiter um sich. Alleinstehende Frauen und solche, die mit anderen in Gemeinschaften lebten, sanken immer mehr im öffentlichen Ansehen. (12)

Es heißt: „Mit der Reformation verschwand die Ketzerinquisition größtenteils aus Deutschland. (14) Diese im August 2015 gemachte Aussage im Internet ist schlicht falsch. Eine ähnliche Angabe findet sich in der Ausgabe des DTV-Lexikon von 1972 (55). Diese Angaben verschleiern nachweislich die

---

[277] Prädestinationslehre (siehe 4. Jh.), auf ihr basiert der Missionserfolg des Christentums maßgeblich, siehe Glossar

[278] de.wikipedia.org/wiki/Augustus_von_Hippo (Okt. 2015)

[279] 1483 - 1546, Mönch, Begründer der Reformation

hohe Beteiligung der Reformatoren und damit der evangelischen Kirche an der Ketzer- und Frauenverfolgung. Kurz nach dem Beginn der Reformation „beteiligten sich auch die Lutheraner und Reformierten eifrig an der Hexenverfolgung.“ (23, S. 74) Lutheraner, Reformierte und Katholiken befürworten eifrig die Ketzertötungen, insbesondere die tödliche Inquisition gegen die *Täufer*.
(23, S. 68).

1517: Das Predigtenbuch des Johannes von Verden erschien. Darin beschrieb er das Schicksal derer, die Maria verleumdeten. Bernhard von Clairvaux wurde, weil er sich gegen das Fest der unbefleckten Empfängnis gestellt hatte, als ein unruhiger Geist 'mit einem Fleck' auf seiner makellosen Seele dargestellt. Das Buch wurde noch mindestens 30 mal aufgelegt. (29, 2005, S. 139)

1518: Gegen Martin Luther wurde Anklage wegen notorischer Häresie in Rom erhoben. (39)

1520: Papst Leo X. erließ gegen Luthers Schriften die Bannbulle *Exsurge Domine*, in der 41 seiner Sätze ohne Begründung und Widerlegung verdammt wurden. (39)

EINSCHUB

Der Papst forderte binnen 60 Tage Luthers Unterwerfung und drohte ihm mit dem Kirchenbann. Luther wehrte sich mit seiner Schrift „Von der Freiheit eines Christenmenschen“ und forderte ein erneutes Konzil. Im Dezember desselben Jahres vollzog er den endgültigen Bruch mit Rom, indem er auf die Verbrennung seiner Bücher mit der Verbrennung der Bulle sowie einiger Schriften der Scholastiker und des kanonischen Rechtes antwortete. (39)

„Papst Leo X. verteidigte ... die Ketzerverbrennung gegenüber Martin Luther, der diese anfangs ablehnte; später jedoch forderte Luther ebenso wie die Reformatoren *Zwingli*[280] und *Calvin*[281] auch selbst die Todesstrafe für Ketzer.“ (23, S. 7)

1520: Die gelehrte Hexerei-Debatte flammte erneut auf. Im Mittelpunkt der Debatte stand die Gültigkeit des *Canon Episcopi*. Dieser Disput wurde geführt zwischen Giovanni Francesco Ponzinibio und Bartolomeo de Spina. In Italien stellten der Mailänder Franziskaner Samuel de Cassinis und der Jurist Andrea Alciati den Hexenflug, den Sabbat und damit die Wirklichkeit des ganzen Hexereidelikts in Frage. Sie bezogen sich dabei auf den *Canon Episcopi*. (19)

1521: Luther wurde durch die Bannbulle *Decet Romanum Pontifecea* exkommuniziert. (39)

EINSCHUB

Luther wurde im ganzen Reich bekannt. Seine Schriften wurden vielfach gedruckt. Kurfürst Friedrich der Weise erreichte, dass Luther seine Position erneut vor dem Reichstag erläutern und verteidigen durfte. Dies zeigt den Niedergang der mittelalterlichen Macht von Papst und Kirche.
Kaiser Karl V. erließ das Wormser Edikt, durch das er dem ganzen Reich verbot, Luther zu unterstützen oder zu beherbergen. Luther galt ab sofort als vogelfrei, genoss also keinerlei rechtlichen Schutz mehr und durfte von jedem getötet werden. Friedrich der Weise versteckte Luther auf der Wartburg bis 1522. (39)

---

[280] 484 - 1531, Huldrych Zwingli war der erste Zürcher Reformator. Seine Theologie wurde in der zweiten Generation von Heinrich Bullinger und Johannes Calvin weitergetragen

[281] 1509 - 1564, Johannes Calvin, Franzose

1522: Luther übersetzte erstmalig die Bibel ins Deutsche. Auf Grund ihrer vielen Fehler verwandte er nicht die *Vulgata* als Grundlage seiner Übersetzung, sondern die griechische Vorlage seines Zeitgenossen, des Humanisten Erasmus von Rotterdam[282]. (39)

1524 bis 1526: Der Deutscher Bauernkrieg brach aus.; er wurde auch „die Revolution des gemeinen Mannes" genannt:
1524: Die lokalen Bauernaufstände breiteten sich in weiten Teilen des süddeutschen Sprachraumes (Süddeutschland, Thüringen, Österreich und der Schweiz) aus.
Die Bauern formulierten zum erst Mal schriftlich ihre Forderungen in den zwölf Artikeln von Memmingen[283] sowie in der Tiroler Landordnung. Sie waren die einzigen der vielen Programme des Bauernkrieges, die als Flugblätter gedruckt und weiträumig verteilt wurden.
1525 wurden die Aufstände in Schwaben, Franken, dem Elsass und in Thüringen niedergeschlagen. Auch Thomas Müntzer[284] wurde gefangen und hingerichtet (s.u.).
1526 wurden die Aufstände im Kurfürstentum Sachsen und Tirol niedergeschlagen. (1)

EINSCHUB

Die zwölf Artikel von Memmingen gehörten zu den Forderungen, die die Bauern gegenüber dem Schwäbischen Bund erhoben. Sie gelten als die erste Niederschrift von Menschen- und Freiheitsrechten in Europa. Die zu den zwölf Artikeln führenden Versammlungen gelten als erste verfassunggebende Versammlung auf deutschem Boden. Die zwölf Artikel wurden innerhalb von zwei Monaten mit einer für die

---

282 1466 - 1536

283 siehe Anhang

284 1489 - 1525, Theologe, Reformator und Revolutionär

damalige Zeit ungeheuren Auflage von insgesamt 25.000 Exemplaren gedruckt und verbreiteten sich in ganz Deutschland. (5)
Es ist gut möglich, dass die Forderungen von Joß Fritz, die er während der Bundschuh-Verschwörungen erhoben hatte, in die zwölf Artikel mit einflossen, zumindest ähneln sie sich inhaltlich sehr.

Thomas Müntzer gilt als der berühmteste Anführer des Aufstands. Er war ein früherer Anhänger Luthers. Im Gegensatz zu diesem unterstützte er die gewaltsame Befreiung der Bauern. Er betätigte sich in Mühlhausen, wo er Pfarrer in der Marienkirche war, als Agitator und Förderer der Aufstände. Dort versuchte er seine Vorstellungen einer gerechten Gesellschaftsordnung umzusetzen: Privilegien wurden aufgehoben, Klöster aufgelöst, Räume für Obdachlose geschaffen, eine Armenspeisung eingerichtet. Er forderte *omnia sunt communia*, „alles ist allen gemeinsam". Damit forderte er die *„Gemeinschaft aller Güter, die gleiche Verpflichtung aller zur Arbeit und die Abschaffung aller Obrigkeit"* ein. Seine Bestrebungen, verschiedene Thüringer Bauernhaufen zu vereinigen, gelangen jedoch nicht. Im Mai 1525 wurde er gefangen genommen, gefoltert und schließlich 1525 hingerichtet. (1; 4)

1525: Dem evangelischen Reformator Philipp Melanchthon[285] schrieb Kurfürst Ludwig V. von der Pfalz am 18. Mai 1525 einen Brief nach Wittenberg mit der Bitte u.a. das Verhalten der Bauern zu beurteilen. Melanchthon schrieb in seinem Antwortbrief: „[...] *dass dies ein wildes ungezogenes Bauernvolk sei und die Obrigkeit recht tue. Außerdem ist der Zehnte rechtens, die Leibeigenschaft und Zinsen seien nicht frevelhaft. Die Obrigkeit kann die Strafe setzen ... und die Bau-*

[285] 1497 - 1560, Philologe, Philosoph, Humanist, Theologe, Lehrbuchautor und neulateinischer Dichter

ern haben nicht das Recht der Herrschaft ein Gesetz zu diktieren." Hier bezieht er sich ganz offensichtlich auf die zwölf Artikel von Memmingen und die Tiroler Landordnung. Weiter schrieb er: *„Für solch ein ungezogenes, mutwilliges und blutgieriges Volk nennt Gott das Schwert."* Diese Antwort entband den Kurfürsten von allen zuvor getroffenen Abmachungen (Vertrag von Udenheim und Hilsbach). Er rüstete eine Streitmacht aus und zog am 22. Mai 1525 mit 4500 Landsknechten[286], 1800 Reitern und mehreren Geschützen von Heidelberg bis nach Bruchsal, wo er am 23. Mai 1525 siegreich einzog. (1)

1525: Pfälzischer Bauernkrieg und Schladinger Bauern- und Knappenaufstand (6)

1525: Luther befürwortete die Tötung der aufständischen christlichen Bauern in seiner Schrift *„Wider die räuberischen und mörderischen Rotten der Bauern"*. (23, S. 68)

1525: Bauernaufstand im Samland, Polen u.a. gegen den Gesindezwang für Kinder. (2)

EINSCHUB

Der Gesindezwang verpflichtete alle als Untertanen abhängige Bauern ihre Kinder mit dem 14. Lebensjahr zuerst dem Guts- oder Grundherrn als Gesinde anzubieten. Erst nach dem Ableisten dieses Dienstes konnten sie auch andernorts Arbeiten annehmen. Die Jugendlichen hatten sich jährlich jeweils zu zwei Terminen auf dem Gutshof bereit zu stellen. Mit dem Zwangsdienst war die Gefahr von Missbrauch verbunden, insbesondere durch das Züchtigungsrecht. Auf dem Land wirkte sich der Gesindezwangsdienst für die Familienstruktur desorganisierend aus. ([287])

---

286 zu Fuß kämpfende, meist deutsche Söldner des späten 15. und 16. Jh., deren primäre Waffe die Pike war

287 de.wikipedia.org/wiki/Gesindezwangsdienst (1.12.15)

1526: In den Aufständen der Bauernkriege verloren vermutlich 130.000 Bauern ihr Leben. (2)

EINSCHUB

Die überlebenden Aufständischen fielen automatisch in Reichsacht und verloren damit alle ihre staatsbürgerlichen, privaten und Lehnsrechte[288]. Sie waren somit vogelfrei. Die Anführer wurden mit dem Tod bestraft. Teilnehmer und Unterstützer der Aufstände mussten die Strafgerichte der Landesherren fürchten, die erst jetzt begannen und zum Teil sehr grausam waren. Viele Berichte sprechen von Enthauptungen, Augen ausstechen, abschlagen von Fingern und weiteren Misshandlungen. Wer mit einem Bußgeld davon kam hatte wohl Glück gehabt, auch wenn viele Bauern die Strafgelder wegen der hohen Abgaben nicht bezahlen konnten.
Ganzen Gemeinden wurden Rechte aberkannt, weil sie die Bauern unterstützt hatten. Teilweise ging die Gerichtsbarkeit verloren, Feste wurden verboten und Stadtbefestigungen geschleift. Alle Waffen mussten abgeliefert werden und abends durften keine Dorfschenken mehr besucht werden. Trotzdem hatte der Bauernkrieg in manchen Regionen positive Auswirkungen, auch wenn es wenige waren. In einigen Gebieten wurden Missstände durch Verträge beseitigt, vorausgesetzt die Aufständischen hatten aufgrund besonders schlimmer Umstände rebelliert. (1)

1526 bis 1541: Der Schweizer Arzt Paracelsus[289] begann nach seinen Wanderjahren zu praktizieren und zu lehren. Da er die Schulmedizin heftig bekämpfte, kam er mit den medizi-

---

288 *alle rechtlichen Vorschriften, die das Lehnswesen regelten*

289 ca. 1493 - 1541, Philippus Theophrastus Aureolus Bombastus von Hohenheim, genannt Paracelsus, war Arzt, Alchemist, Astrologe, Mystiker, Laientheologe und Philosoph.

nischen Fakultäten der Universitäten in Freiburg im Breisgau und in Straßburg, später auch in Basel, in Konflikt. Die Veröffentlichungen seiner Bücher wurden immer wieder behindert. Er hielt seine Vorlesungen in deutsch und schrieb in deutscher Sprache. Bis heute gilt er als umstritten. ([290])

EINSCHUB

Paracelsus machte sich durch seine Unterstützung der Aufständischen im Deutschen Bauernkrieg (1524/25) beim Erzbischof von Salzburg (Matthäus Lang von Wellenburg) unbeliebt und verließ Salzburg daraufhin fluchtartig. In Basel lehrte er ebenfalls an der Universität und pflegte regelmäßigen Umgang und Gedankenaustausch mit Humanisten wie Erasmus von Rotterdam, Wolfgang Lachner[291] und Johannes Oekolampad[292].

Seine heftigen Kritiken an der Ärzte- und Apothekerschaft führten zu Schmähschriften gegen Paracelsus bis hin zu offen vorgebrachten Bedrohungen gegen Leib und Leben. Um zu zeigen, wie sehr Paracelsus gegen die rein theoretische Mediziner-Ausbildung der damaligen Zeit eingestellt war, verbrannte er in Basel öffentlich die Bücher von Galenos und Avicenna. Vor einem drohenden aussichtslosen Gerichtsverfahren floh er im Februar 1528 in das Elsass. Paracelsus soll gesagt haben, dass er sein Wissen nicht den Theorien der Mediziner-Ausbildung, sondern den weisen, heilkundigen Frauen zu verdanken habe. ([293])

Paracelsus hatte nicht den geringsten Zweifel an der Realität des Teufels, weshalb er im Aberglaube eine große Gefahr

---

290 de.wikipedia.org/wiki/Paracelsus (18.12.2014)

291 1465 - 1518 (Basel), Deutscher, Buchhändler und Verleger

292 1482 - 1531 (Basel), Schweizer, Lutherischer Theologe, Humanist und Reformator von Basel.

293 de.wikipedia.org/wiki/Paracelsus (18.12.2014)

sah. Seine Schriften zeigen seine tiefe „geistige Verankerung in der volkstümlichen, kirchlich kultivierten Dämonologie. Seine Ausführungen in dem einschlägigen Text *De sagis et earum operibus, fragmentum*sen sich buchstäblich wie Kommentare zum „Hexenhammer"."[294] Darin heißt es: sofern der Geist aus dem Hexenvater und der Hexenmutter nicht ausgetrieben wurde, wächst die Hexe im Ungeborenen und neugeborenen Kind, bis es entsprechend unterrichtet wurde. Unter ehrbarer Erziehung des Kindes versteht Paracelsus *„die stetige Austreibung dieser bösen Geister, analog dem Reinigungsprozess der alchemistischen Scheidekunst."* Er definierte den Teufel als Krankheitskeim und stellt die Frage: *„Wie kommt der Teufel in den Körper? Er komme hinein wie andere leibliche Dinge, nur ohne Verletzung der Haut. Nicht nur die Besessenheit, sondern auch der Aussatz gilt als geistliches, das heißt teuflisches Leiden, wogegen nur die „Arznei von Christus" helfe."* Paracelsus empfiehlt die drei Methoden der Teufelsaustreibung, die auch der Hexenhammer empfiehlt: Exorzismus, Beten und Fasten.

„Bis weit ins 18. Jahrhundert hinein blieben Hexerei und Schadenszauber ein verbreiteter Diskussionsgegenstand. So wurde im frühen 18. Jahrhundert noch die paracelsische Lehre von den „Elementargeistern" weiter tradiert, etwa die Vorstellung von den „Bergmännlein": Sie seien *„böse Engel, welche in angenommenen Leibern und sonderlich Bergmannsgestalt durch göttliche Zulassung in den Schächten der Leuter zu äffen erscheinen* [...] *man nenne sie Berg-Gespenster, Erd-Männergen, Zwerglein, Erd-Kobolt, die Kriechenden nennen sie Erd-Teuffel, die sich unter der Erde aufhalten, die Teutschen aber, die Wichtelein, Bergmännlein, Schrötlein* [...]." Man diskutierte etwa, ob die Viehpest durch „zauberische Künste" hervorgerufen werden könne. ([295])

---

[294] Zit. und alle folgende aus: Heinz Schott, Rainer Tölle, Geschichte der Psychiatrie: Krankheitslehren, Irrwege, Behandlungsformen, 05, S. 26 f

[295] alles aus: ebda., S. 26 f

1526: Luther erklärte in seiner Hexenpredigt am 6. Mai: *„Es ist ein überaus gerechtes Gesetz, dass die Zauberinnen getötet werden, denn sie richten viel Schaden an. ... Die Zauberinnen sollen getötet werden, ... nicht allein weil sie schaden, sondern auch, weil sie Umgang mit dem Satan haben."* (8; 23, S. 76)

1527: Der Reformator Zwingli trug „das vom Züricher Stadtrat verhängte Todesurteil gegen den Täufer Felix Man(t)z[296] mit, der 1527 in der Limmat[297] ertränkt wurde." (23)

EINSCHUB

Die Bewegung der Täufer entstand im 16. Jahrhundert in vielen Teilen Europas. Sie waren eine radikale reformatorisch-christliche Bewegung, die sich selbst oft als den linken Flügel der Reformation bezeichneten. Ihre Anfänge waren in Zürich und Süd- und Mitteldeutschland. Sie verbanden sich zeitweise mit den Bauernaufständen und weigerten sich Eide abzulegen, so auch die Lehens- und Gehorsamseide gegenüber der Obrigkeit. Sie forderten Gewaltverzicht als ein christliches Gebot ein und verlangten, dass der wahre Christ weder als Richter, Soldat noch als Scharfrichter tätig sein und auch kein anderes öffentliches Amt bei Polizei oder Gericht bekleiden dürfe, da es mit Androhung oder Vollzug von Gewalt in Zusammenhang stehe. Die katholische und reformierte Obrigkeit verdächtigten die Täufer den Umsturz der bestehenden Verhältnisse anzustreben.

---

296 1498 – 1527; Felix Manz war ein Mitbegründer der Zürcher Täuferbewegung und deren erster Märtyrer

297 Fluss in der Schweiz, ab Zürich Limmat genannt

1530: Karl V.[298] wurde als letzter Kaiser vom Papst gekrönt. Er selbst hatte sich bereits vorher schon „erwählter“ Kaiser genannt. Der Niedergang der Macht von Papst und Kirche war eingeleitet. (39)
Karl V. erließ ein Gesetz gegen die Sklaverei bezogen auf Indianer und Schwarze. (23, S. 50 f)

1530: Luther erklärte in seiner Predigt über Psalm 82, „die Obrigkeit habe die Pflicht gegen Häretiker („Ketzer“) vorzugehen, deren Lehre gegen einen *„öffentlichen Artikel des Glaubens“* verstößt, *„der klärlich in der Schrift gegründet und in aller Welt geglaubt ist von der ganzen Christenheit“* (Luther meint natürlich: geglaubt von der ganzen Christenheit, abgesehen eben von jenen Ketzern). Diese Ketzer (Luther nennt als Beispiel „Wiedertäufer“) seien „Lästerer“ und die Obrigkeit sei verpflichtet, *„die öffentlichen Lästerer zu strafen“*. Dann fährt er fort: *„Moses in seinem Gesetz gebietet auch, solche Lästerer, ja alle falschen Lehrer zu steinigen. Also soll man hier auch nicht viel Disputierens machen, sondern unverhört und unverantwortet verdammen solch öffentliche Lästerung“*. Damit gab er den protestantischen Landesherren die Erlaubnis, ja sogar den Auftrag zur Ketzertötung und so ist es kein Wunder, dass sich Lutheraner ebenso eifrig wie Reformierte und Katholiken z.B. an der Tötung von Täufern beteiligten. Auch die Reformatoren Zwingli und Calvin befürworteten die Ketzertötung durch die Obrigkeit.“
(23, S. 68)

1531: Der erste, der gegen den Hexenwahn vorging war Heinrich **Cornelius Agrippa von Nettesheim299**, Generaladvokat zu Metz. Er beschäftigte sich selbst mit Schriften zur Magie. Nach seinen Studien kam er zum Entschluss, dass Magie ent-

---

298 1500 - 1558, Habsburger, 1519 wurde er zum römisch-deutschen König, nannte sich selbst 1530 wurde er offiziell zum letzten römischen Herrscher von Papst Clemens VII. gekrönt.

299 1486 - 1535, Köln und Frankreich

weder auf Betrug beruhe oder auf einem außergewöhnlichen Wissen um die Natur. Er verfasste eine satirische Schrift über die seiner Zeit entsprechenden Kenntnisse der Wissenschaft: *„de incertitudine et vanitate scientiarum"*. Seine weitere Schrift *„de occulta philosophia"*[300] richtet sich gegen Aberglauben und Hexenglauben. Agrippa schaffte es eine Bäuerin erfolgreich gegen den Inquisitor Savin zu verteidigen. Dieser Erfolg und seine Schriften führten allerdings dazu, dass er selbst der Hexerei angeklagt und ein Jahr lang gefangen gehalten wurde. Nach seinem Tod wurde voller Hass berichtet, dass ein Dämon in Gestalt eines schwarzen Hundes aus seinem Nacken gezogen wurde. (10)

1532 bis 1908 bis heute: Die „neuzeitliche römische Inquisition" wurde eingerichtet. Sie wurde auch als „römische und universale Inquisition" bezeichnet und war der direkte Nachfolger der „mittelalterlichen päpstlichen Inquisition". (23, S. 69)
Sie blieb immer ganz in der Hand der Päpste und „wurde 1798 von Napoleon aufgelöst; nach ihrer Wiedergründung 1814 besaß sie noch die Macht des Wortes, hatte also einen völlig anderen Charakter als zuvor. 1908 wurde die „neuzeitliche römische Inquisition" in das „Sanctum Offizium" umbenannt, welches schließlich 1964 in die „Kongregation für die Glaubenslehre" überging, welche bis heute besteht." (23, S. 69)

1532: „Die Peinliche Gerichtsordnung" Kaiser Karl V., kurz *Carolina* genannt, schaffte die entscheidende gesetzliche Grundlage für die massenhafte Durchführung von Hexenprozessen in Deutschland. Die Verfolgung von Zauberei durch Privatanzeige wurde deutlich vereinfacht durch die Einführung des Systems der behördlichen Ermittlung und der Offizialklage[301]. (12)

---

300 Paris, 1531, dt. Universalgelehrter, Theologe, Jurist, Arzt und Philosoph

301 *Offizialdelikte* sind Straftaten, die von Amts wegen zu verfolgen sind, daraus folgen Offizialklagen, das sind Klagen, die von Amts wegen erhoben werden. Sie brauchen keinen anderen Ankläger.

EINSCHUB

Grundlegende Änderungen des Prozessverfahrens des geistlichen Inquisitionstribunals (zuletzt: 1532) hatten die Durchführung der Hexenprozesse in Deutschland enorm erleichtert. Das Delikt der Hexerei betraf ausschließlich Frauen. Die Einführung der Denunziation statt der Anklage sowie die Anwendung der Hexenprobe und der Folter im Beweisverfahren und die Ausweitung der geistlichen Kompetenz auch auf die weltlichen Gerichte trugen zu dieser schauderhaften Entwicklung bei. Bis dahin waren die Mehrzahl der Juristen und die Inquisition den im Hexenhammer kodifizierten Vorstellungen eher zurückhaltend begegnet, weshalb die weltlichen Gerichtsbarkeit zunächst relativ milde blieb. Doch als folgenschwer erwies sich, dass auch die paracelsische Medizin (s.o.) und die Reformation das Erbe des Hexenhammers übernahmen. Zunehmend waren auch weltliche Gelehrte dazu übergegangen den Hexenglauben wissenschaftlich zu untermauern wie Jean Bodin[302], der eine Anleitung zur Hexenverfolgung schrieb und Benedikt Carpzov[303].

Zahlreiche Gesetzesänderungen zur Rechtsprechung, die in den vorangegangenen und in diesem Jahrhundert vorgenommen wurden, hatten schleichend zu enormen Verfahrenserleichterungen gegen Hexerei und Zauberei geführt. Durch die Änderung des Beweisverfahrens waren die Angeklagten ganz und gar der Willkür des Richters und der Zeugen ausgeliefert. „Inquisitionsverfahren“ bezeichnet im römischen Recht ein Verfahren, in dem der Richter nicht erst aufgrund einer Anklage (*Akkusationsverfahren*) tätig wird, sondern selbst ermittelt (*inquirere, Indizienprozess*). Da Hexerei als

302 1529 - 1596, Frankreich, Jurist, wohnte Hexenprozessen bei, Staatstheoretiker, Autor einer Dämonenlehre für Richter, in dem er die „schuldhaften Irrtümer“ des Johann Weyer widerlegte.

303 1595 - 1666, deutscher Strafrechtler und Hexentheoretiker, Begründer der deutschen Rechtswissenschaft

Ausnahmeverbrechen eingestuft wurde, durfte jetzt auch anonymen Hinweisen nachgegangen werden, was der Willkür Tor und Tür öffnete. (23, S. 8)

*Fast alle Hexenprozesse wurden v*or weltlichen Gerichten geführt. Allerdings hatten katholische Theologen die dämonologische Hexenlehre (z.B. Schadenszauber) entwickelt. Die Kirche hatte den Nährboden für den Hexenwahn gelegt, die Prozesse selbst allerdings recht schnell an die weltlichen Gerichte abgegeben. So wurden die Hexenprozesse zu Strafverfahren gemischter Zuständigkeit kirchlicher und weltlicher Gewalten. Die örtlichen Gerichtsbarkeiten waren das weltliche Vollzugsorgan, während die kirchlich beeinflussten juristischen Fakultäten die jeweiligen Rechtsgutachten erstellten.

*Dennoch blieb die Realität des Hexenfluges a*uch kirchenrechtlich weiterhin umstritten. „In Südeuropa, wo Hexenprozesse noch von der Inquisition geführt wurden, blieb die kirchenrechtliche Diskussion lebendiger als nördlich der Alpen, wo vornehmlich weltliche Gerichte die der Hexerei Beschuldigten nach Römischem Recht aburteilten." (19)

1534: Widerruf des Gesetzes gegen die Sklaverei von 1530 durch Karl V. (23, S. 50)

1536 bis 1821: Die „neuzeitliche portugiesische Inquisition" wurde eingerichtet, „eine zwar vom Papst genehmigte, aber ansonsten rein staatliche Behörde der spanischen bzw. portugiesischen Krone, gegen deren Vorgehen gelegentlich auch Päpste protestieren konnten."
(23, S. 69)

1538: „In Luthers Tischrede am 25.08.1538 heißt es: *„Mit Hexen muss man kein Mitleid haben; ich wollte sie selber verbrennen.""* (18, Bd. 8, 1880; zit. 23, S. 76)

1542: Karl V. erklärte die Indianer zu „freien Untertanen".

Sie galten zum ersten Mal offiziell als freie Menschen. Ebenso schwankend wir Karl V. waren auch Papst Paul III. sowie nachfolgende Päpste und weltliche Regenten. Letztlich währte dieses hin und her bis tief ins 17. Jahrhundert hinein. (23)

1543: Luther befürwortet in seiner Schrift *„Von den Juden und ihren Lügen"* das Verbrennen von Hexen, das Anzünden der Synagogen und Häuser der Juden (23, S. 68)

1546: Die *Vulgata* wurde im Konzil von Trient als authentisch erklärt und die Verbreitung einer möglichst fehlerfreien Ausgabe wurde veranlasst. Nur hebräische und griechische Texte wurden als höhere Autorität eingestuft. ([304])

1547: Württembergischer Bauernaufstand (6)

1553: Der Reformator „Calvin forderte (und verteidigte hinterher) die Hinrichtung des anti-trinitarischen Theologen Michael Servetus, der 1553 auf dem Genfer Marktplatz verbrannt wurde." (23, S. 68)

1560/80 bis 1630: In diese 50 bis 70 Jahre fällt die Hochphase der Frauen-als-Hexen-Verfolgung mit ihren grausamen Hexenprozessen und Hexenverbrennungen.
Die Prozesshäufigkeit verlief in Wellen mit unterschiedlicher Intensität und Konzentration auf einzelne Regionen und Länder verteilt. (23, S. 74; 7; 9)

EINSCHUB

Zwischen 1560/1580 und 1630 fiel die Hexenverfolgung fast vollständig in die Hand der weltlichen Gerichtsbarkeit. In den Rechtssatzungen wurde Feuertod für Schadenzauber verankert. Magie-Delikte wurden zu einem Ausnahmeverbrechen, für das die normalen Prozessbedingungen nicht galten. Im Extremfall sollte bloßer Verdacht zu Verfolgung führen und als Legitimation zur Folteranwendung dienen.

---

[304] de.wikipedia.org/wiki/vulgata (Okt. 2015)

Die Hexenverfolgung entwickelte nun eine beträchtliche Eigendynamik, in deren Folge Konflikte mit ausgetragen wurden, die aus den tief greifenden sozialen Umwälzungen und strukturellen Veränderungen des 16. und 17. Jahrhunderts erwuchsen: Hegemonialkriege[305], Glaubenskämpfe, Agrarkrisen, Teuerungsperioden, soziale Polarisierung, Durchsetzung neuer wirtschaftlicher und staatlicher Ordnungsprinzipien, Mentalitätswandel. Kerngruppen der Verfolgung waren Frauen, besonders heilkundige Frauen und Hebammen sowie Frauen, die als sozial unangepasst galten.

Weil alle Mitglieder der gemutmaßten „Hexensekte" dingfest gemacht werden sollten, war das Herausfoltern von Namen der angeblichen Komplizinnen eines der wichtigsten Anliegen der Hexenprozesse, eine Praxis, die dazu führte, dass die Zahl der Angeklagten in dem Maße stieg, wie Hexenprozesse durchgeführt wurden.

Die Kernzonen der neuzeitlichen Hexenverfolgung lagen in Zentraleuropa, in Frankreich, der Schweiz und in Deutschland (Südwestdeutschland, Rheinland, Saarland, Franken, Teile Hessens, sächsische Herzogtümer, Herzogtum Westfalen, kleinere nordwestdeutsche Territorien) sowie in den Niederlanden, in Luxemburg, . Reformation und Gegenreformation brachten den Hexenglauben auch in solche Länder, die weder den Hexenwahn noch eine spezifische Gesetzgebung für Hexen kannten. Mit den Lutheranern gelangte der Hexenwahn nach Dänemark, mit den Calvinisten nach Schottland und England, mit den Jesuiten nach Polen. Aus Russland, Irland und den Ländern Südost-Europas sowie aus Griechenland sind keine Hexenprozesse bekannt geworden. (7)

Alter und Sozialstruktur der Opfer variierten sowohl regional als auch zeitlich beträchtlich. Der Anteil der Frauen wird auf 80% geschätzt. Unklarheit herrscht bis heute über die

---

305 Kriege um die Vormachtstellung

Zahl der hingerichteten Opfer, da von den Prozessen oft keine Protokolle überliefert sind. Die Schätzungen schwanken zwischen 40.000 (kath. Kirche), 100.000 (B. P. Lewack), 200.000 (Robins) und 500.000 (G. Heinsohn, O. Steiger, Schormann). Früher wurden jedoch auch sehr viel höhere Zahlen angesetzt, 9 bis 10 oder gar 13 Millionen. (23; 7; 8)

Angeklagt wurden Frauen, die eine ablehnende Haltung gegenüber der Herrschaft von Klerus und Adel hatten, Frauen, die sich nicht in ihr vorgezeichnetes Schicksal fügen wollten, die ihr Leben selbst bestimmten und die sich nicht an die von den Männern der Herrschaft festgelegten gesellschaftlichen Normen hielten. Es waren also aufmüpfige, widerspenstige Frauen. Weiter wurden Frauen angeklagt, die in enger Verbindung mit der Natur standen, über Kräuterwissen und Heilkünste verfügten und ein besonderes Gespür für die seelischen und körperlichen Leiden anderer Menschen hatten. Genau dafür wurden sie der Hexerei bezichtigt. (12)

Hebammen und Heilerinnen waren besonders gefährdet. Die Geburtshilfe lag seit Jahrhunderten bzw. seit Jahrtausenden in der Hand von heilkundigen Frauen, den Hebammen und Wehemüttern. Das änderte sich jetzt radikal.
Alle Hebammen unterlagen seit Mitte des 15. Jahrhundert bereits den Hebammen-Ordnungen. Mehr und mehr Hebammen arbeiteten nicht mehr frei, sondern wurden von den städtischen Räten angestellt. Immer mehr Ärzte hatten ihr Handwerk studiert und diese fühlten sich nun berufen, Hebammen vor ihrer Anstellung auf ihr Wissen zu prüfen. Vielerorts bildeten sich städtische Ärztekollegien, die diese Prüfungen übernahmen. (24)
Hebammen und (bevorzugt) Heilerinnen, die sich auf das alte Heilwissen beriefen und dieses nutzten wurden auf Grund des immer größer werdenden Einflusses des Ärztestandes als Hexen denunziert, gefangen genommen, gefoltert und schließlich getötet.

In der Zeit der heftigsten Hexenverfolgung wetteiferten Katholiken und Protestanten miteinander. „Die massenhaftesten Hexenverbrennungen fanden aber in den weltlichen Gebieten deutscher Erzbischöfe und Bischöfe statt. Ein Bischof von Würzburg ließ 600 Hexen verbrennen, der Fürstabt von Fulda in 19 Jahren 700, der Erzbischof von Trier in unbestimmter Zeit 6000. Auch unter Calvins geistlicher Herrschaft in Genf wurden sehr viele Hexen verbrannt, ebenfalls im presbyterianischen Schottland und im lutherischen Schweden. In Spanien wütete die Inquisition ebenso sehr gegen die Hexen wie gegen die Ketzer."
(18, Bd. 4, 1875)

Bei Hexenprozessen stand im Gegensatz zum Ketzerprozess das Todesurteil im Voraus fest.
Der übliche Verlauf war: denunziert, verhaftet, gefoltert, verbrannt. Es wurde auch empfohlen, Kinder durch „geschickte Behandlung" zu Aussagen gegen ihre Mütter zu bringen. Weil Kinder sehr empfindlich auf die Folter reagieren, wurde es zur Regel, sie unverzüglich und ohne vorherige Wartezeit zu foltern. Derartige hervor gelockte Aussagen von Kindern (Kinder unter zehn Jahren) wurden von der Inquisition ohne weiteres anerkannt. So konnten ihre Mütter in Inquisitionsprozessen auf diese Weise der Hexerei überführt und ermordet werden. (12)

Die Gesetze der Hexenverfolgung erlaubten keinen Widerruf des Geständnisses nach der Folter. Diejenigen, die versuchten ihre Bekenntnisse zu widerrufen wurden wiederum in die Folterkammer gebracht und erneut gefoltert, zum einen um sie von ihrem Widerruf zu reinigen und zum anderen um ihnen erneut ein „wahres Geständnis" abzupressen.

Der Grundsatz der Inquisitoren war, so lange mit der Folter fortzufahren bis das Opfer viele „Komplizinnen" genannt hatte. Diese wurden dann ebenfalls verhaftet und gefoltert bis weitere Namen genannt wurden. Das Gericht musste nicht die

Schuld der Angeklagten beweisen, vielmehr mussten die Angeklagten ihre Unschuld beweisen. Der Gebrauch der Folter machte jeden Beweis der Unschuld unmöglich. Schweigen galt ebenfalls als Geständnis. Es gab kein Entrinnen.

Für eine Behörde war ein Hexenprozess der beste und schnellste Weg, Geld zu verdienen. Die Obrigkeit hatte also handfeste materielle Interessen. Laut Gesetz fiel ihr der ganze Besitz der als Hexe Hingerichteten zu. Vor allem waren es reiche und alleinstehende Frauen, in erster Linie Witwen, auf die das Auge der gierigen Obrigkeit fiel. Nach der Hinrichtung einer vermögenden Frau gönnten sich ihre Richter ein üppiges Mahl auf Kosten des Opfers. Oft wurde das Geld einer Angeklagten schon vor deren Verbrennung ausgegeben. Für die meist erheblichen Kosten von Prozess und Exekution musste die Hingerichtete mit ihrer Hinterlassenschaft selbst aufkommen. Berechnet wurde auch das Feuerholz.

Die Hexenverfolgungen sind zu keiner Zeit kritiklos hingenommen worden. Allerdings richtete sich die Kritik in erster Linie gegen die spezifische Form des Strafvollzugs und nicht gegen den Hexenglauben selbst. Der wurde erst mit der Aufklärung in Frage gestellt. (8)

1562: Durch Strafverschärfungen in den Territorialgesetzgebungen von Württemberg, der Kurpfalz und Kursachsen reichten für ein Todesurteil wegen Hexerei der böser Wille und der Pakt mit dem Teufel aus. Die Gegner der Hexenverfolgungen, die sich bisher darauf beriefen, dass Hexerei reine Illusion sein und deshalb kein Straftatbestand sein könne, mussten jetzt nach neuen Argumenten suchen. Sie schwebten stets selbst in Gefahr der Häresie oder Hexerei bezichtigt zu werden. (19)

1563: „Der reformierte Heidelberger Katechismus von 1563 erklärte ausdrücklich: *„Darum hat er* (Gott) *auch befoh-*

len, sie (die Lästerer) *mit dem Tod zu bestrafen.*""
(23, S. 68, kursiv: BW)

1563: Der Düsseldorfer Arzt und Calvinist J. Weyer[306] lieferte die radikalste öffentliche Kritik an den Hexenprozessen in seiner Schrift *De praestigiis daemonum.* Er wurde zum Hauptgegner aller zeitgenössischen Befürworter der Hexenverfolgung. Weyer führte das Hexenwesen auf Wahnvorstellungen bzw. Geisteskrankheit wie Melancholie zurück und plädierte für deren Unzurechnungsfähigkeit. (8)

EINSCHUB

Johann Weyer, der spätere Leibarzt von Herzog Wilhelm von Kleve, war Schüler von Agrippa von Nettesheim[307]. Er ging den Weg Agrippas weiter. Weyer bereiste nach seinem Medizinstudium den Orient, Ägypten und die griechischen Inseln, um seine Kenntnisse zu vertiefen. „1545 kehrte er zurück und ließ sich als Arzt nieder. In seiner Schrift *„de praestigiis daemonum et incantationibus ac veneficiis"* (1563), welche in mehreren Auflagen erschien und sogar in die deutsche und französische Sprache übersetzt wurde, konterte er mit naturwissenschaftlichen Argumenten gegen die Verfolgung und verurteilte die Rohheit, mit der gegen angebliche Hexen vorgegangen wurde. Durch das Vorbild Herzog Wilhelms verurteilte er lediglich die erwiesene Giftmischerei. Er versuchte seine Zeitgenossen mit Erklärungen der Natur davon zu überzeugen, dass es das Hexenwesen, wie es sich die Menschen damals vorstellten, so nicht gab. Allerdings war er auch der Meinung, dass es den dunklen Geist gab. Dr. Weyer bekam immer mehr Zustimmung, obgleich viele Widersacher ihm nach dem Leben trachteten. Seine Ansichten teilten z. B. Dr. Johann Ewich, Arzt in Duisburg, später Professor in Bremen,

---

306 1515 - 1588

307 s.o. 1531

Johann Georg Gödelmann, Professor in Rostock, August Lerchheimer, Professor in Heidelberg, Cornelius Loos, Professor in Trier und Johann Greve, Pfarrer in Arnheim." (10)

Skeptiker und Gegner der Hexenlehre und -verfolgungen führten den Canon Episcopi „bis ins 17. Jahrhundert hinein als Nachweis gegen die Annahme eines realen Hexenfluges ins Feld", der als ein zentrales Element des ganzen Delikts galt. „Insbesondere die Schlusspassage des Kanons konnte zudem gegen die Möglichkeit einer realen Tierverwandlung vorgebracht werden." ...
„Die Wahrung der „Kanon-Episcopi-Tradition"[308] durch die expliziten und moderaten Gegner der Hexenverfolgungen wie Johann Weyer, Johann Fichard, Johann Georg Gödelmann, Hermann Witekind oder Reginald Scot, geriet in West- und Mitteleuropa zur Defensivstrategie einer Minderheit von Gelehrten und stand einer *communis opinio*[309] der hexengläubigen Theologen und Juristen sowie weiter Teile der Bevölkerung über die bedrohliche Wirklichkeit der Hexerei gegenüber. Gleichzeitig zeigte der Widerstand gegen die Hexenverfolgungen beachtliche Erfolge. Doch war dieser durch eine Vielzahl theologischer, strafrechtlicher, moralischer und politischer Argumente geprägt.[310] Einige Gegner der Hexenlehre wie Weyer und Scot brachten mit Bezug auf den *Canon Episcopi* die Ansicht vor, dass die meisten Hexen von Melancholie oder einer Geisteskrankheit befallen oder vom Teufel im Traum getäuscht waren und damit, modern gesprochen, unzurechnungsfähig seien – Gründe, die wiederum von der Gegenseite nicht anerkannt wurden, da diese den Glauben an Gott, an die Präsenz des Teufels und das Wirken guter wie böser Geister schwächten." (19)

---

308 Zit. Eric Midelfort, Witch Hunting in Southwestern Germany 1562-1684, Social and Intellectual Foundations, Stanford, Calif. 1972, S. 24 f

309 einer allgemeinen Meinung, allgemeingültigen Meinung

310 Wolfgang Behringer, Hexen, Glaube, Verfolgung, Vermarktung, München 1998, S. 75-91

1566: Papst Pius V. erließ eine Verfügung, die den Zusammenschluss von Frauen zu einem Orden neu regelte. Er wünschte, dass alle Frauen den Nonnenschleier nehmen und sich festen Regeln unterwerfen. Diese Verfügung führte letztendlich zum Niedergang der Beginenkonvente. (12)

EINSCHUB

Der Stand der Beginen wurde zwangsweise aufgelöst. Das führte zur endgültigen Auflösung der Beginenkultur. Nur sehr wenige Beginenkonvente in Deutschland retteten sich durch Umwandlung in Klöster, wodurch sie sich allerdings der Kontrolle der Kirche unterstellten und auch dem Predigt- und Lehrverbot von Nonnen unterlagen. Nur Belgien machte eine Ausnahme. Hier existierten Beginenhöfe weiter, wenngleich nicht mehr in der früheren Form, sondern mit Nonnenklöstern vergleichbar. In Holland hingegen wurde das Zusammenleben alleinstehender katholischer Frauen generell verboten. Ihre Besitzungen wurden eingezogen, ihre Konvente zerstört oder niedergebrannt. Oft wurde den Frauen das schützende Eingangstor ausgehängt, wodurch sie praktisch vogelfrei wurden. (12)

1568: Papst Pius V. verbot die Feier zur unbefleckten Empfängnis aufs Neue. (29, 2005, S. 139)

1572/73: Kroatisch-slowenischer Bauernaufstand unter der Führung von Matija Gubec. (6)

1590: Erneute Intensivierung der Hexenverfolgung im Deutschen Reich. (9)

1591: Der Dresdner Jurist Johann Georg Godelmann, Lutheraner, verfasste eine Gegenschrift als Kritik an der Hexenverfolgung, die er ein Jahr später ins Deutsche übersetzte: *De magis, veneficiis et lamiis recte cognoscendis et puniendis* (11)

1592 bis 1605: Papst Clemens VIII. verordnete, dass nach dem Ableben von Prostituierten die Hälfte ihres Vermögens dem Convent *de Santa Maria de la Penitenza* zufallen sollte. (28)

1594 bis 1597: Bauernerhebung in Österreich (Waldviertel, Wienerwald, Waidhofen u.a.). Anlass waren die Belastungen der Bauern durch die Türkenkriege und die Maßnahmen der Gegenreformation. Die Truppen der Aufständischen wurden bei Hadersdorf und St. Pölten geschlagen. Bei der Niederschlagung wurden 60 Anführer hingerichtet. (2)

1597 bis 1638: Im buddhistischen Japan wurden innerhalb von diesen 40 Jahren Tausende von Christen getötet. Ab 1629 wurden christliche Symbole öffentlich geschändet. „Es wurden sog. „fumie" (Tret-Bilder) hergestellt, die christliche Symbole darstellten, z.B. Bilder der Kreuzigung oder Marias, und die der Verdächtige vor den Beamten mit Füßen treten musste. Außerdem musste er sich ins Glaubensregister buddhistischer Tempel eintragen und diese regelmäßig besuchen. Christen, die ihrem Glauben treu blieben, wurden hingerichtet: und zwar verbrannt oder auch wie Jesus selbst gekreuzigt. Über 1000 Opfer sind namentlich bekannt, die noch *vor* dem Shimabara-Aufstand 1637/38 starben." (23, S. 10). Hier waren die Rechtgläubigen, die Christen selbst die Häretiker und Anhänger einer Fehllehre. (Anm. BW)

17. Jahrhundert:

Die Realität des Hexenfluges blieb weiterhin umstritten. (19)

Die sehr hohe Hexenprozess-Häufigkeit zog sich noch bis 1630, regional bis 1660 hin. Auch Männer gerieten immer wieder in das Visier der fanatischen Inquisition. (7; 9; 23, S. 73)

EINSCHUB

Das Zeitalter der Aufklärung[311] *begann.* Es gilt als Epoche der geistigen Entwicklung der westlichen Gesellschaft, die besonders durch das Bestreben geprägt war, das Denken mit den Mitteln der Vernunft von althergebrachten, starren und überholten Vorstellungen, Vorurteilen und Ideologien zu befreien und Akzeptanz für neu erlangtes Wissen zu schaffen. Denkweisen, die allein auf dem Glauben an Autoritäten basieren, wurden kritisch hinterfragt. Der wichtigste Grundsatz der Aufklärung besagte, dass die Vernunft im Stande sei, die Wahrheit ans Licht zu bringen. An die Stelle des scharf kritisierten Aberglaubens wurde die Aufforderung gesetzt, jederzeit selbst zu denken. (25)

1600: Giordano Bruno[312], Dominikanermönch seit seinem 14. Lebensjahr, wurde der Ketzerei beschuldigt und in Rom öffentlich verbrannt.

EINSCHUB

Giordano Bruno war Priester, Dichter, Philosoph und Astronom und vertrat ein pantheistisches Weltbild, das besagt, in allem ist Gott enthalten. Den Prinzipien seiner Naturphilosophie folgend, glaubte Bruno nicht nur, dass das Weltall unendlich ist, sondern dass es auch unendlich viele Lebewesen auf anderen Planeten und im Universum gibt. ([313])

Immer noch wenig bekannt ist, dass Bruno sich sehr kritisch mit Jesus auseinander setzte. Jochen Kirchhoff schreibt 2015 im Spiegel: „Für Bruno ist Jesus ein Magier und Betrüger, ein Verdreher der natürlichen und kosmischen Ordnung.

---

311 fortgeführt im 18. Jahrhundert

312 1548 - 1600

313 de.wikipedia.org/wiki/Giordano_Bruno (10.2.2015)

Brunos kaum bekannte Attacken gegen das Christentum und seinen Stifter in dem Buch „Die Vertreibung der triumphierenden Bestie“ von 1584 sind beispiellos in ihrer Art. Am Ende der langen Passage über das Christentum bezeichnete Bruno Jesus als *„einen verächtlichen, gemeinen und unwissenden Menschen“*, durch den *„alles entwürdigt, geknechtet, in Verwirrung gebracht und das Unterste zuoberst verkehrt, die Unwissenheit an Stelle der Wissenschaft gesetzt“* und *„der echte Adel zu Unehren und die Niederträchtigkeit zu Ehren gebracht“* worden seien.“ 314

Weiter schreibt Kirchhof: „Das eigentliche Skandalon der Philosophie Giordano Brunos waren zwei Komponenten, die auch heute noch „anstößig“ sind: die These, das Universum sei real unendlich und unendlich belebt, von unzähligen Himmelskörpern erfüllt, die, als große Organismen, Träger vielfältigen, auch intelligenten Lebens sind [und] die schroffe Frontstellung gegen das Christentum, einschließlich der Person seines Stifters Jesus aus Nazaret. Brunos Radikalität in diesem zweiten Punkt lässt keinen Spielraum für beschwichtigende Deutungen, obwohl es nicht an Versuchen gefehlt hat, ihn zu „rechristianisieren“.“ 315
Seine Vision von einem unendlich belebten Universum stößt auch heute noch bei katholischer Kirche und herrschender Naturwissenschaft gleichermaßen auf Ablehnung. Erst am 12. März 2000 erklärte Papst Johannes Paul II. nach Beratung mit dem päpstlichen Kulturrat und einer theologischen Kommission die Hinrichtung sei nunmehr auch aus kirchlicher Sicht als Unrecht zu betrachten. ([316])

---

314 www.spiegel.de/spiegel/print/d-15680697.html (10.2.2015)

315 ebda.

316 de.wikipedia.org/wiki/Giordano_Bruno (10.2.2015)

1604: Jesuitenmissionare berichten voller Staunen über Schlangenverehrungen aus Litauen: *„Die Menschen dort haben einen solchen Grad der geistigen Verwirrung erreicht, dass sie glauben, den Schlangen wohne etwas Göttliches inne. Aus diesem Grund wachen sie ängstlich darüber, dass niemand den Schlangen, die sie in ihrem Haus halten, ein Leid zufügte.*
In ihrem Aberglauben meinen sie, es werde ihnen Unheil widerfahren, wenn den Schlangen keine Achtung entgegengebracht wird. Zuweilen geschieht es, dass eine Schlange Milch aus dem Euter einer Kuh saugt. Einige von uns [Patres] *haben schon versucht, die Schlangen dort wegzunehmen, doch jedes Mal wollte der Bauer uns davon abbringen. ... Wenn er mit Bitten keinen Erfolg hatte, ergriff der Mann die Schlange mit den Händen und lief davon, um sie zu verbergen."* (21, S. 134[317]) [318]

1608: Die französische Hebamme Marie Louise Bourgeois veröffentlichte das erste Hebammenbuch, ein Lehrbuch zur Geburtshilfe, das sie gegen ihre (männlichen) Ärztekollegen verteidigen musste. Als ihr dann auch noch eine Patientin am damals noch nicht namentlich benannten Kindbettfieber starb, musste sich die Hebamme, die den französischen Thronfolger, Ludwig XIII. auf die Welt geholfen hatte, zahlreichen Anfeindungen erwehren, was ihr auch gelang. (24)

1610: Letzte Hinrichtung von Hexen in den Niederlande (7)

1616: Die Römische Kirche erklärte die Lehre des italienischen Philosophen, Mathematikers, Physikers und Astronomen Galileo Galilei[319] von der Erdbewegung und ihrer Bewe-

---

317 zitiert aus: Mannhardt, Letto-Preußische Götterlehre, Riga: Lettisch-Literarische Gesellschaft, 1936, S. 433

318 mehr zur Schlangenverehrung in Band II

319 1595 - 1642

gung um die Sonne als *„absurd in der Philosophie und mindestens irrgläubig in der Theologie."* ([320])

1618 bis 1648: Dreißigjähriger Krieg: Ursache waren die konfessionellen Gegensätze verschärft durch machtpolitische Interessen vor allem zwischen katholischen und protestantischen Gebieten, Regionen und Ländern. (49)

um 1619: René Descartes[321] gilt als der Begründer des modernen, frühneuzeitlichen Rationalismus. Seine berühmteste Äußerung *cogito ergo sum* „Ich denke also bin ich" bildet die Grundlage seiner Metaphysik. 1619 entwickelte er die Idee, dass es *„eine universale Methode zur Erforschung der Wahrheit"* geben müsse, wobei er selbst (nach seiner eigenen Vorgabe) keine Erkenntnis akzeptieren dürfe außer der, die er in sich selbst oder dem *„großen Buch der Welt"* entdeckt und auf ihre Plausibilität und Logik hin überprüft habe. ([322])

1625: Paul Laymann[323] übte Kritik an den Methoden der Prozessführung bei den Hexenverfolgungen. (10)

1626: Der Jesuit Adam Tanner[324] übte Kritik an den Methoden der Prozessführung bei den Hexenverfolgungen. (8) Tanner wandte sich in mehreren Veröffentlichungen gegen die Hexenverfolgung. „Er bejahte zwar die Existenz von Hexen, hielt aber die Bestrafung aus Gründen der uneindeutigen Beweisbarkeit für unmöglich." ([325])

---

[320] de.wikipedia.org/wiki/Galileo_Galilei (Okt. 2015)

[321] 1596 - 1650

[322] de.wikipedia.org/wiki/René_Descartes (2008)

[323] 1575 - 1635, Arzt bei Innsbruck, Jesuit, Moraltheologe

[324] 1572 - 1632, Innsbruck, Jesuit, Theologe der Gegenreformation, Prof. der Theologie, Hexentheoretiker

[325] de.wikipedia.org/wiki/Adam_Tanner (31.7.16)

EINSCHUB

Adam Tanner wollte erreichen, dass gegen den Hexenglauben mit geistigen Waffen vorgegangen wird und nicht mit leiblichen. Er verfasste ein vierbändiges Werk „*Universa Theologia scholastica, speculativa, practica*", in dem er die Frage stellte, wie verheiratete Frauen mehrmals des Nachts von ihren Ehemännern getrennt sein könnten, ohne dass diese etwas davon bemerkten. Da die Frauen hinter Türen und Riegeln eingeschlossen seien, könne der Teufel sie nicht ohne großen Lärm herausholen. Die Wahrnehmungen der Ankläger, Hexen würden zu Hexensabbaten gehen und mit dem Teufel tanzen, stellte er als Träume, Sinnestäuschungen und Phantastereien dar. Er sprach Dämonen die Fähigkeit ab, von Menschen oder Tieren Besitz ergreifen zu können. Lediglich durch giftige Salben, die auf natürliche Weise wirkten, könnte Schaden gestiftet werden. Er verlangte von den Hexenrichtern, dass den Angeklagten die Möglichkeit gegeben werde sich mit Hilfe eines Verteidigers von den Anschuldigungen frei zu machen, da es sich oft um einfache, einfältige Personen handele. Er wies darauf hin, dass viele Menschen, von deren Unschuld man überzeugt sei, absichtlich ein falsches Zeugnis geben, um der Foltertortur zu entgehen. Bei der Tortur sollte man darauf achten, das Schamgefühl der Person nicht zu verletzen.

Tanner sah als erfolgreichstes Mittel gegen Teufelsbesessenheit und dunkle Gedanken einen starken Glauben an Gott, Gebete und werktätige Liebe, um so den Teufel mehr zu demütigen als tausend Todesurteile, die nämlich rein gar nichts brächten. (10)

1626: Bauernkrieg in Oberösterreich (6)

1626 bis 1630: In diesem Jahrfünft wütete die Hexenverfolgung am stärksten. (23, S. 74)

1630: Im Deutschen Reich gab es einen erneuten Anstieg der Prozesshäufigkeit gegen Frauen als Hexen. Auch Männer gerieten immer wieder ins Visier der Inquisition.(9; 7; 23, S. 73)

1631: Der Jesuitenpater Friedrich Spee[326] aus Trier veröffentlichte anonym seine Schrift: *Cautio Criminalis* „Rechtliches Bedenken wegen der Hexenprozesse". Seine Hinweise auf zahlreiche Unzulänglichkeiten während der Prozesse läuteten das Ende der Prozesse einläutet. (23, S. 74)

EINSCHUB

Spee griff die Kritik von Tanner und Laymann auf und radikalisierte sie in seiner Schrift. Er prangerte die Unmenschlichkeit und Rechtswidrigkeit der Hexenprozesse an und plädierte für deren völlige Abschaffung. (8)
Den Quellen zufolge kann man Spee als Menschenrechtler bezeichnen. Er kritisierte vor allem die Folter. Dabei machte er bewusst keine Anspielung auf spezielle Hexenprozesse, um sich nicht selbst in Gefahr zu bringen, da vor ihm schon viele Kritiker der Hexenprozessführung ihr Leben verloren hatten. Er schrieb: *„Behandelt die Kirchenobern, behandelt mich ebenso wie jene Unglücklichen, werft uns auf die selben Foltern – und ihr werdet uns alle als Zauberer erfinden."*

Pater Spee war im Namen des Ordens der Gesellschaft Jesu als Seelsorger tätig. In Würzburg und Bamberg begleitete Spee die vom Hexengericht zum Tode verurteilten Menschen in ihren letzten Stunden. Während dieser Zeit überzeugte er sich immer mehr von der Unschuld der Verurteilten, da er in keinem Fall irgendeine Zauberei erkennen konnte. Auch um seine Arbeit nicht zu gefährden trat er anfangs nur anonym den Prozessen entgegen und wollte mit seinem Werk *Cautio Criminalis* nicht in Verbindung gebracht werden. Später traute

[326] 1591 - 1635, Kritiker der Hexenprozesse und als Kirchenlieddichter.

Spee sich endlich zuzugeben der Verfasser der *Cautio Criminalis* zu sein und ging öffentlich gegen die Prozesse vor, um in gutem Latein und mit Gründlichkeit die angeblichen Verbrechen zu widerlegen.
Die Traurigkeit und der Gram über so viele sinnlose Tote ließen Spee vor der Zeit altern.
Während des 30-jährigen Krieges half er Soldaten und Verwundeten, begleitete Sterbende, rettete Verletzte, bis er am 07.08.1635 einem Fieber, welches er sich in einem Lazarett holte, erlag (andere Quellen sprechen von der Pest). Sein Werk erschien auch in deutscher, holländischer, schwedischer und französischer Übersetzung. Zwar stoppte das Werk die Hexenverfolgung nicht sofort, jedoch brachte sie den Menschen, Landesherren und Kirchenfürsten nach und nach Einsicht in die Unsinnigkeit der Verfolgung. (10; 11)

1632: Bauernkrieg in Niederösterreich. (6)

1633: Galileo Galilei musste seiner Lehre von der Erdbewegung vor der Inquisition abschwören. Später soll er gesagt haben: *„Und sie bewegt sich doch."* Er stand bis zum Tode unter der Aufsicht der Inquisition.
Vorläufer der Lehre von der Erdbewegung, die besagt, dass die Erde eine Kugel ist und sich um die Sonne bewegt, gab es schon über 100 Jahre früher: es waren der Pole Nikolaus Kopernikus[327], Arzt, und Astronom sowie der deutsche Philosoph, Theologe und Mathematiker Nikolaus von Kues[328]. Damals galt diese Lehre noch nicht als Ketzerei, sondern als Hirngespinst. ([329])

1637/38: Im buddhistischen Japan fand, ausgelöst durch übermäßige Steuerlast, der *Shimabara-Aufstand* statt. Er

---

[327] 1473 - 1543

[328] 1401 - 1464

[329] de.wikipedia.org/wiki/Galileo_Galilei (Okt. 2015)

wurde angeführt von japanischen Bauern, viele von ihnen waren Christen. Die Rebellion bestand aus 23.000 Bauern, herrenlosen Samurai und vielen Frauen. 37.000 Rebell/innen und Sympathisant/innen wurden enthauptet. (23, S. 11; 2) Auch in Japan stand die Inquisition offensichtlich in einem sehr engen Zusammenhang mit den sozialen Spannungen (Bauernkrieg, Hexenverfolgung). (Anm. BW)

1647: Fürstbischof Schönborn von Mainz verbot als einer der ersten Fürsten Europas in seinem Herrschaftsgebiet die Hexenprozesse. (23, S. 74)

1649: Beseitigung der Lehnsherrschaft in England durch die Revolution von 1649 und 1660 durch die ausdrückliche Verordnung Karls II.. (26)

1653: Schweizer Bauernaufstand in den Gebieten Luzern, Solothurn, Basel:
Auslöser war das Ausgeben von Hartmünzen durch die Regierungen von Bern, Freiburg, Solothurn und Luzern, die die Batzen abwerteten. Forderungen waren u.a.: Rückzahlung von Schulden und Zinsen auch mit Naturalien, freier Handel mit Salz, Vieh und Korn, freies Versammlungsrecht, freie Wahlen mittlerer Beamte, Widerstandsrecht bzw. Straffreiheit für die Rechtsverstöße von 1653, Vergütung der 1653 entstandenen Kosten durch die Obrigkeit. Hohe Verschuldung vieler bäuerlicher Betriebe und Zurückdrängung bäuerlicher Rechte führten zum folgenreichsten Aufstand in der Alten Eidgenossenschaft.
Der große Anführer des Bauernaufstands in Luzern, Christian Schibi wurde nach Folter hingerichtet. Die Bauern wurden geschlagen, die Sieger rächten sich an den hintergangenen Bauern fürchterlich. Truppen wurden zu brutaler Unterdrückung eingesetzt, im Aufstandsgebiet Hunderte von Bauern verhört, gefoltert und verurteilt zu Hausarrest und Verbannung, Kriegsdienst gegen die Türken und Ruderdienst auf venezianischen Galeeren, was praktisch einem Todesurteil

gleichkam. Mehr als 40 Untertanen wurden zum Tode verurteilt und hingerichtet. (2)

1654/61: Bauernunruhen im Schönburger Gebiet, dem Besitz des Hauses Schönburg im Westen des heutigen Freistaats Sachsen. Es ging vor allem um die Abschaffung des Gesindezwangs und die damit verbundene starke Reglementierung des Lebens der jungen Untertanen. ([330])

1660: Karl II. bestätigte die Beseitigung der Lehnsherrschaft in England ausdrücklich durch eine Verordnung. (26)

1660: Erneuter Anstieg der Häufigkeit von Hexenprozessen im Deutschen Reich. Danach nahmen die Hexenprozesse langsam aber stetig ab. In Europa gab es auch nach 1760 vereinzelt Hexenprozesse bis ca. 1950. (9; 23, S. 73)

1670: Der Holländer Spinoza vertrat in seinem theologisch-politischen Traktat die These, Judentum und Christentum seien lediglich vergängliche Phänomene ohne absolute Gültigkeit. (25)

1672: Verbot der Hexenprozesse in Frankreich durch Minister Colbert. (18, Bd. 4, 1875)

1663 - 65, 1670, 1675: Bauernaufstände in Frankreich. (2)

1678: Bauern im Schwarzwald in den Dörfern zwischen Offenburg und Baden wehrten sich gegen Einquartierung, Raub, und Brandschatzung ihrer Höfe durch kaiserliche Soldaten. Sie wurden entgegen des Gesetzes von 1672 widerrechtlich verurteilt. Die Kämpfe der Bauern erreichten, dass die Zwangsrekrutierung eingestellt wurde. (2)

1691: Der reformierte Niederländer und Theologe B. Bekker stellte erstmals den Hexenglauben prinzipiell in Frage in seinem dreibändigen Werk *De betooverde weereld.* (11)

---

[330] de.wikipedia.org/wiki/Gesindezwangsdienst (Okt. 2015)

1694: Gründung der Bank von England als Privatbank: sie führte die Idee der oberitalienischen Goldschmiede und Bankiers der „Mindestreserve“ vom Ende des 13. Jh.[331] fort und gründete das „Mindestreservesystem“ mit dem Verhältnis 1: 10. „Es wurde als höchst vernünftig, ja hinsichtlich der höheren Kreditvergabekapazitäten als „segensreich“ angesehen, ungedecktes Papier auszugeben bzw. auf diese Weise „Geld aus Luft“ zu erschaffen. [...] Die Möglichkeit „Geld aus Luft“ bzw. allenfalls als bedrucktes Papier zu erschaffen beflügelte zahllose Abenteurer durch diverse Tricks und Manipulationen zu sagenhaftem Reichtum zu gelangen.“ (22, S. 47)

Ende des 17. Jahrhunderts: Justine Siegemund brachte das erste deutsche Lehrbuch für Hebammen heraus. Das Buch der königlich-preußischen Hof-Wehemutter wurde zum Standardwerk. Es ist reich bebildert. Kupferstiche zeigen Details des weiblichen Körpers, wie sie in ärztlichen Schriften zu diesem Zeitpunkt noch fehlten.
Bis ins 18. Jahrhundert blieb nicht nur das „Kinder kriegen“, sondern auch das „Kindern auf die Welt helfen“ Frauensache. Bei allen Geburten halfen Frauen. Nur in Notfällen wurden Ärzte dazu gerufen. Auch die Ausbildung von Geburtshelferinnen blieb in Frauenhand. Die eine Hebamme bildete die andere aus. Wer das Handwerk der Geburtshilfe lernen wollte, half einer erfahrenen Hebamme bei ihrer Tätigkeit. (24)

---

331 s.o.: 1275

2.5. Die Verfolgung von Andersdenkenden ab dem 18. Jahrhundert

18. Jahrhundert:

Das Zeitalter der Aufklärung erreichte seinen Höhepunkt u.a. mit Immanuel Kant[332]. (25)

Hebammen- und Heilkunst lag nun fest in Männerhänden (s.u.). (24)

Die Häufigkeit der Hexenprozesse, die auf dem Scheiterhaufen endeten, nahmen ab (s.u.). (7)

Die Verfolgung von Häretikern war ebenfalls deutlich zurück gegangen. Dafür entstand eine neue Verfolgung, die der politisch Andersdenkenden, auch Kollaborateure genannt. (Anm. BW)

EINSCHUB:

Die ersten Entbindungskliniken entstanden. Sie standen unter der Leitung von Ärzten, die durchweg Männer waren. Die Geburtszange wurde erfunden, die wie die anderen Instrumente im allgemeinen nur von (überwiegend männlichen) Ärzten benutzt werden konnten und durften. Es war noch eine absolute Ausnahme, dass Frauen Medizin studieren durften. Dorothea Christiane Erxleben[333] war die erste studierte Ärztin Deutschlands. (24)

Zeitgleich entstand die erste staatliche Hebammenschule Deutschlands an der Berliner Charité. Weitere Hebammenschulen folgten diesem Beispiel. Zahlreiche staatliche Reglementierungen für das Hebammenwesen einschließlich der Ausbildung zur Hebamme sollten folgen. (24)

---

[332] 1724 - 1804

[333] 1715 - 1762

Die Hexenprozesse ließen zwar nach und die Scheiterhaufen erloschen, allerdings besaßen die Gesetze und die Denkmuster noch Gültigkeit. Das Hexenwesen existierte weiter in den Köpfen der Menschen. Frauen wurde ihre Widerspenstigkeit und Aufsässigkeit nun als Wahnsinn ausgelegt. Aufbauend auf den Theorien von Paracelsus, Johann Weyer und anderen Gegnern der Frauenverbrennung, wurden die unangepassten Frauen nun bei lebendigem Leibe unschädlich gemacht, indem sie als Besessene, Irre und Geistesgestörte eingestuft und weggesperrt wurden. Sie galten nach wie vor als vom Teufel Besessene. Eingesperrt in Zellen und Kellern von Klöstern, Kerkern und (später) Irrenhäusern vegetierten sie ihrem Tod entgegen - oft mit Ketten angeschmiedet - durch ihre ausweglose Situation in den Wahnsinn getrieben.

Geisteskrankheiten wurden als Besessenheit vom Teufel oder als Erkrankung der körperlosen Seele angesehen und blieben damit immer noch eine Folge von Sünden. Therapiert wurden sie mit brutalen körperlichen Methoden um die Seele zu erschüttern. Im England des 18. Jahrhunderts wurden Wahnsinnige in Vollmondnächten mit Peitschenhieben behandelt, daher die Bezeichnung *lunatics*.[334] „Die Wärter zwangen die Patienten mit harten Strafen zu jeder ihnen irgendwie möglichen körperlichen Arbeit und ließen sie ansonsten psychisch verwahrlosen. Auch Misshandlungen durch Mitpatienten waren die Regel. An manchen Orten wurden psychisch Kranke einem zahlenden Publikum vorgeführt, z.B. im 1784 gebauten „Narrenturm" in Wien."[335]

Neben Schlägen mit Ruten, Stöcken und Peitschen und (anderen) Foltermethoden war die Schädelbohrung, die *Trepanation* ein verbreitetes Mittel: mit Hammer und Meißel wurde der Schädel aufgebohrt, damit der böse Geist entweichen konnte. Alternativ wurde ein Nagel in den Schädel eingeschlagen, um

---

[334] http://psychiatrie-erfahrene-bayern.de/geschichte.html (März 2016)

[335] de.wikipedia.org/wiki/Geschichte_der_Psychiatrie (März 2016)

die Geisteskrankheit zu lindern oder gar zu heilen. „Den Höhepunkt erfuhr die Trepanation in Mitteleuropa im 18. und 19. Jahrhundert."[336]

1701: Der preußische Jurist und Pietist Christian Thomasius[337] bekämpfte in Halle den Hexenwahn erfolgreich auf protestantischer Seite, auch wenn nach wie vor viele Gemeinden (Leipzig und Jena) an der Verfolgung festhielten. In seiner *Dissertatio de crimine magiae* bemängelt er das Fehlen von Beweisen für die Existenz von Hexen und ihrem Pakt mit dem Teufel. (10)

1704: C. Thomasius unterzog erstmalig neben dem Hexen-Gerichtsverfahren vor allem die christliche Dämonenlehre mit ihren Thesen vom Teufelspakt einer umfassenden Kritik in seinem Werk *De crimine magiae*, zu deutsch: „Vom Laster der Zauberey". (10)
Seine Untersuchung über das Wesen der Inquisitionsprozesse gegen die Hexen hat in der Folgezeit wesentlich zur Einstellung der Hexenprozesse beigetragen. (7)

1707: Bauernaufstand in Frankreich. (2)

1714: In Preußen leitete ein Edikt von König Friedrich Wilhelm I. die Beendigung der Hexenprozesse ein. (7)

1717 bis 1739: Zahlreiche Bauernaufstände in der Schweiz gegen diverse Städte, den Staat und den Fürstbischof von Basel. (2)

1735: In England wurde ein Anti-Hexereigesetz eingeführt, *witchcraft act:* nicht reale Hexerei, sondern die Behauptung, Hexenkräfte zu besitzen wurde unter Strafe gestellt. (7)

---

336 de.wikipedia.org/wiki/Trepanation (März 2016)

337 1655 - 1728, Professor für Jura

1735: Bauernaufstand in Serbien gegen die Habsburger. (2)

1741: Kurse in Geburtshilfe wurden zum ersten Mal an einer Universität angeboten, und zwar an der Medizinischen Universität in Halle. Die Kurse richteten sich vor allem an Männer und standen unter der Leitung von Ärzten. Frauen durften nur äußerst selten Medizin studieren. (24)

1745: Letzte Hinrichtung einer Hexe in Frankreich (7)

1751: Eine Hebammenschule für angehende Geburtshelferinnen wurde an der Göttinger Universität eröffnet. Es war völlig neu, dass ein Lehrstuhl für Geburtshilfe eingerichtet wurde, der sich an Hebammen, also an Frauen richtete. (24)

1755: Bauernaufstände in Serbien gegen die Habsburger und im Tessin (Schweiz). (2)

1756: In Landshut fand „die vermutlich letzte Hexenhinrichtung in Deutschland statt. Von nun an finden nur noch sporadisch Prozesse und Hinrichtungen statt." (23, S. 74)

1760: Die Häufigkeit der Hexenprozesse ging in Deutschland und Europa stark zurück. Es kam zur definitiven Endphase. In Europa gab es bis ca. 1950 noch vereinzelt Hexenprozesse, die allerdings nicht mehr auf dem Scheiterhaufen endeten. (23, S. 73; 7)

1765: Bauernunruhen in Oberschlesien: die Proteste der Bauern vor Gericht scheiterten. Arrest und Drangsalierungen zwangen den Bauern Ausdehnungen der Frondienste auf. (2)

1775: Letzte Hinrichtung einer Hexe in Deutschland. (7)
Dies war der letzte Hexenprozess im Deutschen Reich, bei dem das Todesurteil gegen die geständige Hexe jedoch nicht mehr vollstreckt wurde. (23, S. 74)

1775: Der Mehlkrieg in Frankreich gilt als der Vorbote der Französischen Revolution. Wegen Missernten und Getreidespekulationen sowie zu hoher Pacht und Steuern waren die bäuerlichen Abgaben höher als die Produktionskapazität. Die

Bauern im Tal der Oise und in der Umgebung von Paris stürmten Getreidemärkte und Speicher. Der Bauernaufstand wurde mit 25.000 Soldaten niedergeschlagen. Dennoch musste Ludwig XVI. das Gesetz zur Liberalisierung des Getreidehandels zurücknehmen. (2)

1775: Bauernaufstand in Österreich, bekannt als Robotaufstand in Böhmen: immer mehr unbezahlte Arbeitsforderungen der Grundbesitzer sowie unbezahlte weite Fuhren aus Dörfern nach Graz, Wien und Oldenburg waren die Auslöser. Kaiserin Maria Theresia konnte die Bauernrevolte durch eine Urbarialreform beenden. (2)

1781: Revolte von Chenaux gegen die Stadt Fribourg, Schweiz. (2)

um 1781: Einer der wichtigsten Vertreter der Aufklärung war Immanuel Kant mit seinem Hauptwerk „Kritik der reinen Vernunft“ (1781). Ein Leitspruch Kants war: *saper aude*, „Habe Mut, dich deines eigenen Verstandes zu bedienen!“. Er zielte auf den äußeren Widerstand gegen die Aufklärung und auf die innere Befreiung von Bevormundung. (25)

1782: Letzte Hinrichtung einer Hexe in Glarus/Schweiz. (7) Eine Frau namens Anna Göldi wurde von einem protestantischen Stadtrat als Hexe verurteilt und hingerichtet, „allerdings nur [!] unter der Bezeichnung „Giftmörderin“. Manchmal gilt Anna Göldi als die letzte in einem offiziellen Prozess verurteilte Hexe Europas, zumindest war es der letzte gut bezeugte Hexenprozess. Es gab aber vereinzelt weitere Tötungen“. (23, S. 74)

1784 bis 1793: Bauernrevolte in Schaumburg-Lippe, Deutschland: vermutlich nahmen die revolutionären Ereignisse in Frankreich hier Einfluss. (2)

1786: Wolfgang Amadeus Mozart komponierte *Figaros Hochzeit* nach einem Text von P. de Beaumarchais, in dem das *ius primae noctis,* das Recht auf die Entjungferung von Untertaninnen und/oder leibeigenen jungen Frauen durch Grafen und Lehnsherren kritisiert wird. (Anm. BW)

EINSCHUB

Vermutlich wurde zu Mozarts Zeiten das *ius primae noctis* nach wie vor ausgeübt. Es war und blieb natürlich unkritisierbar. Doch Kunst kann eine Form der Überlieferung sein. Inzwischen wird man allerdings darauf geachtet haben keinerlei Beweise zu hinterlassen, damit man nicht in Gefahr lief an die Öffentlichkeit zu geraten. Bei meinen Recherchen hat mich besonders erschüttert, dass in allen mir bekannten einschlägigen Nachschlagewerken, auch in denen im Internet, die Ausübung dieses Rechtes - dieser seit Jahrhunderten gängigen Praxis - heruntergespielt, ja, geradezu geleugnet wird.

1789: Bauernrevolte in der Niederlausitz und im Spreewald unter dem Einfluss der Französischen Revolution. (2)

1789 bis 1795: Französische Revolution: Ursache waren der Rückgang der äußeren Machtstellung Frankreichs; keine Entwicklung zum aufgeklärten Absolutismus; Unfähigkeit zu notwendigen Reformen; Aufrechterhaltung der Privilegien von Adel und Richterstand der Parlamente; schwierige Finanzlage Frankreichs infolge der vielen Kriege; drückende Steuerlast; soziales und wirtschaftliches Erstarken des Bürgertums; Forderung nach politischer und sozialer Gleichberechtigung im Geiste der Aufklärung; Opposition gegen die grundbesitzenden Stände (Adel und hohe Geistlichkeit) im abhängigen Bauerntum, vor allem in seinen aufstrebenden Teilen; Zusammenwachsen der politischen und sozial unzufriedenen Schichten zum Dritten Stand mit seiner Forderung nach Freiheit und Gleichheit. (49, S. 156)
Mit der Französischen Revolution lebten in den angrenzenden Ländern erneut Bauernaufstände auf. (2)

EINSCHUB

Gleichheit - Freiheit – Brüderlichkeit waren die Hauptforderungen der Französische Revolution. Mit ihnen sollte die Unterwerfung des Volkes durch die gesetzliche Macht- und Willkürherrschaft von Adel und Klerus beendet werden, ebenso der Zwang zum Gehorsam statt Gedanken- und Glaubensfreiheit und die Macht des Besitzenden durch Vorteilnahme und Ausbeutung der Besitzlosen. Damit einher gingen die Forderungen nach Erhalt von Gemeindegütern wie Wald, Weideflächen, Wasser usw.. Leider verlor sich die Französische Revolution schnell in Gewaltexzessen neuer Machtspieler. Frauen wurden systematisch aus den Gremien verdrängt. Die Frauen, die ihr Recht auf Gleichheit - Freiheit - Brüderlichkeit als Geschwisterlichkeit einforderten, wurden sogar verjagt oder umgebracht oder anderweitig - ganz in der Tradition der vergangenen Jahrhunderte - zum Stillschweigen gebracht. Die Menschen waren noch zu unreif um ihre Tyrannen und Despoten wirklich zu vertreiben. Sie ersetzten die einen Tyrannen nur durch andere.

1793-1795 bildete sich eine „Schreckensherrschaft" unter den Jakobinern mit prägendem Einfluss durch Maximilien Marie Isidore de Robespierre[338] , auch „der Unbestechliche" genannt. Er hielt die Terrorgesellschaft für ein notwendiges Übel, um die Gegner der Republik entweder umzudrehen oder auszulöschen um den Gesellschaftsvertrag nach Jean-Jacques Rousseau[339] verwirklichen zu können.

Im Laufe der Französischen Revolution bildeten sich Frau-

---

338 1758 - 1794, französischer Rechtsanwalt, Revolutionär und führender Politiker der Jakobiner.

339 1712 - 1778, Genfer Schriftsteller, Philosoph, Pädagoge, Naturforscher und Komponist der Aufklärung; seine Schriften hatten großen Einfluss auf die Pädagogik und auf politische Theorien und wurden prägend für die Französische Revolution. Sein Aufruf „Zurück zur Natur" löste später die Gegenbewegung zur Industrialisierung aus.

enclubs. Sie forderten die vollen Bürgerrechte für Frauen und das Frauenstimmrecht. Bis dahin gab es nur die traditionellen Kaffeekränzchen. (13)
Frauentreffen, die gesellschaftlich oder politisch Stellung bezogen, hatte es seit der Verfolgung der Frauen als Hexen keine mehr gegeben. Es war für die Frauen zu gefährlich, dass ihre Zusammenkünfte erneut als Hexensabbate und Hexensekte angegriffen würden. Erst die Revolutionsstimmung machte ihnen neuen Mut.

1789: Beseitigung der Lehnsherrschaft in Frankreich durch die Beschlüsse der Nationalversammlung vom 4. und 5. August 1789. (26)

1790: Bewaffnete Erhebung der Bauern in verschiedenen Departements Frankreichs gegen Grundherren und Klöster. (2)

1790: Sächsischer Bauernaufstand unter dem Eindruck der Französischen Revolution. Es wurden Dienste verweigert. Erstürmungen von Schlössern und Entwaffnungen des Militärs bildeten den Höhepunkt. Der anschließende Einsatz der militärischen Übermacht des Königs beendete den Aufstand. (2)

1790 bis 1794: Bauernunruhen in der Lausitz, Deutschland, nach vorausgegangenen Hungerjahren 1771, 1772, 1778 und 1790. (2)

1792/93: Letzte Hinrichtung einer Hexe in Posen/Polen (7; 23, S. 74)

1793: Olympe de Gourges[340] wurde verhaftet, eingekerkert und hingerichtet.
1791 legte Olympe de Gourges der französischen Nationalversammlung die „Erklärung der Rechte der Frau und Bürgerin" vor. ([341])

---

[340] 1748 – 1793, ihr Name war Marie Gouze, sie war Revolutionärin, Frauenrechtlerin, Schriftstellerin

[341] de.wikipedia.org/wiki/Erklärung_der_Rechte_der_Frau_und_Bürgerin

1793 (3. Nov.) wurde ihr Todesurteil auf der Place de la Concorde durch die Guillotine vollstreckt. ([342])

EINSCHUB

Olympe de Gourges forderte in ihrer „Erklärung der Rechte der Frau und Bürgerin" die volle rechtliche, politische und soziale Gleichstellung der Frauen. *„Die Frau hat das Recht das Schafott zu besteigen. Sie muss gleichermaßen das Recht haben die Tribüne zu besteigen …"*. In Art. I. steht: *„Die Frau wird frei geboren und bleibt dem Mann an Rechten gleich …"*[343]

Olympe de Gourges hieß eigentlich Marie Gouze. Sie stammte aus einfachen Verhältnissen aus Südfrankreich (Okzitanien). Gegen ihren Willen wurde sie nach Paris verheiratet, wo sie gemeinsam mit ihrem Mann eine Gastwirtschaft eröffnete. Sie brachte sich ihre Bildung durch intensives Selbststudium bei. Ihr erstes veröffentlichtes Theaterstück *Zamore et Mirza* erregte viel Aufregung, da es die Sklaverei in den Kolonien thematisierte. Für kurze Zeit wurde sie deshalb sogar in der Bastille eingekerkert.

Ihre Gegnerschaft zu den Jakobinern sowie ihr Bekenntnis zum Förderalismus und zur Monarchie, vor allem aber ihre persönliche Feindschaft zu Robespierre und ihr Einsatz für die Rechte der Frau führte zu ihrer Hinrichtung. Aus der Haft schrieb sie an das Tribunal: *„Unerschrocken, gerüstet mit den Waffen der Redlichkeit, trete ich euch entgegen und verlange von euch Rechenschaft über euer grausames Treiben, das sich gegen die wahren Stützen des Vaterlandes richtet. (…) Ist nicht in Artikel 11 der Verfassung die Meinungs- und Pressefreiheit als kostbarstes Gut des Menschen verankert? Wären denn die-*

(4.11.15)

342 de.wikipedia.org/wiki/Olympe_de_Gourges (5.02.16)

343 de.wikipedia.org/wiki/Erklärung_der_Rechte_der_Frau_und_Bürgerin

se Gesetze und Rechte, ja die ganze Verfassung nichts weiter als hohle Phrasen, jedes Sinnes entleert? Wehe mir, ich habe diese traurige Erfahrung gemacht.“ ([344])

1793: Bauernaufstand in Vendee, Frankreich: die Bauern lieferten sich dramatische Kämpfe gegen die Aushebung von 300.000 Mann für die Revolutionsarmee. Sie wehrten sich gegen die Privatisierung von Gemeindeländereien und gegen Wucherer, Großpächter und Getreidehändler. Genauer betrachtet war es ein Krieg der republikanisch gesinnten, neureichen Bourgeoisie gegen das aufmüpfige Landvolk, das sich um die Ergebnisse der Revolution betrogen sah. Der Name *Vendee* wird zum Begriff der Konterrevolution. (2)

1793 bis 1794: Die Französische Revolution kippte in bürgerlichen Terror (Schreckensherrschaft) unter Maximilien de Robespierre, Georges Danton[345] und Jean Paul Marat[346] mit Unterstützung der Jakobiner. ([347]; 49, S. 158)

EINSCHUB

Am 13. Juli 1793 wurde Marat von der Adeligen Charlotte Corday[348], eine Anhängerin der Girondisten[349], ermordet. Danach herrschten Robespierre mit seinen Anhängern zentralis-

---

[344] de.wikipedia.org/wiki/Olympe_de_Gourges (5.02.16)

[345] 1759 - 1794, während der Revolution war er Justizminister und Leiter des ersten Wohlfahrtsausschusses (Ausschuss der öffentlichen Wohlfahrt und der allgemeinen Verteidigung)

[346] 1743- 1793; Arzt, Naturwissenschaftler, Verfasser naturwissenschaftlicher und politischer Schriften, durch seine Ermordung durch politische Gegner wurde er zum Märtyrer der Französischen Revolution

[347] de.wikipedia.org/wiki/französische_Revolution (4.11.15)

[348] 1768 - 1793, französische Adelige, ermordete Marat und wurde vier Tage später selbst enthauptet

[349] politische Gegner der Jakobiner; ihre Abgeordneten kamen vorwiegend aus dem Süden Frankreichs; ihre Anhänger gehörten zum gehobenen Bürgertum

tisch, unbeschränkt und autoritär. Fanatisch folgte er dem Leitspruch: „Kult der Vernunft" statt christlichen Gottesdienst, womit er das gesamte öffentliche Leben vergewaltigte.[350]

„In den 15 Monaten zwischen dem 10. März 1793, der Gründung des Revolutionstribunals [Gerichtshof für Prozesse gegen politische Täter] und dem 10. Juni 1794, dem Prairial-Dekret, [ein Gesetz, dass die Verurteilung und Hinrichtung erleichterte, es leitete die Hochphase des Terrors ein] hatte das Revolutionstribunal 1579 Todesurteile verhängt. In den nur 49 Tagen zwischen der Einführung dieses Dekretes und dem Sturz Robespierres am 27. Juli 1794 wurden 1376 Personen verurteilt. Seit dem Frühjahr 1794 propagierte Robespierre auch den Kult des höchsten Wesens, der im Mai 1794 in der Verfassung verankert wurde. " ([351]) Der Kult des höchsten Wesens sollte an die Stelle des Christentums, besonders des Katholizismus treten. Er wurde 1794 wieder aufgegeben.

Am 5. April 1794 ließ Robespierre seinen Gefährten Georges Danton guillotinieren. Er galt als Verschwörer gegen die Revolution, weil der sich gegen die Fortsetzung der von ihm selbst mitinstallierten Terrorherrschaft aussprach.[352]. Durch die Hinrichtung einstiger Gefährten verlor Robespierre seinen Rückhalt im Konvent[353]. Am 28. Juli 1794 wurde er gestürzt und am 28. Juli 1794 wurde er von 21 seiner Anhänger ohne vorherigen Prozess durch die Guillotine enthauptet. In den Tagen darauf folgten 83 weitere Anhänger. Das war das Ende des Terrors. Am 11. November 1794 wurde der Pariser Jakobinerklub geschlossen.[354].

---

350 de.wikipedia.org/wiki/französische_Revolution (4.11.15)

351 de.wikipedia.org/wiki/Maximilien_de_Robespierre (31.7.16)

352 de.wikipedia.org/wiki/Georges_Danton (31.7.16)

353 Nationalkonvent während der Revolution, sie war die konstitutionelle und legislative Versammlung vom 20. Sept. 1792 bis 26. Okt. 1795

354 de.wikipedia.org/wiki/Jakobiner (31.7.16) + Robespierre (Fn 352)

Unter der Schreckensherrschaft stand die Guillotine nicht still: 16.600 Andersdenkende wurden hingerichtet, die Dunkelziffer der Opfer, die ohne Prozess getötet wurden oder in der Gefangenschaft starben liegt zwischen 25-40.000 Toten: 28% Bauern, 31% Arbeiter, 8,5% Adelige, 6,5% Kleriker. Rund 80% der Todesurteile ergingen wegen Verrat oder Rebellion, 9% wegen Oppositions-Delikten und nur wenige Prozent wegen ökonomischer Vergehen [Wucher u.a.].... Insgesamt wurden nach dem Beginn der Terrorherrschaft 1793 circa 500.000 Verhaftungen vorgenommen und etwa 300.000 Beschränkungen des Wohnorts. ([355]; 49, S. 158)

1797: Revolte im Hochstift Paderborn: Warburg klagte mit Städten gegen die Steuerprivilegien von Adel und Klerus. Auslöser waren die Zehntforderungen des dortigen Zisterzienserinnen-Klosters. Die damit verbundene Bauernrevolte wurde militärisch nieder geworfen. (2)

1798: Endgültiges Ende der Kreuzzugepoche: es gab einen erneuten Versuch im Heiligen Land Fuß zu fassen. Doch Napoleon löste die letzte für den Papst kämpfende Einheit von Kreuzrittern, die Flotte des Johanniter-Malteser-Ordens, auf. (23, S. 34)

1798: Auflösung der „neuzeitlichen römischen Inquisition" durch Napoleon. (23, S. 69)

1799: Es „wird eine Hexenhinrichtung in Żaszków / Ukraine angegeben." (23, S. 74)

[355] de.wikipedia.org/wiki/Terrorherrschaft (31.7.16)

19. Jahrhundert:

Unter dem neu erstarkenden Bürgertum blühte die Wirtschaft auf. Reichtum wanderte jetzt statt an die Adelshäuser in die Taschen und auf die Banken des Bürgertums. Mit ihrem Reichtum wuchs auch die bürgerliche Macht. (Anm. BW)

Die Industrialisierung und Kapitalisierung verschärfte die bereits existierende Verarmung der ländlichen Bevölkerung und erschuf das Stadtproletariat (s.u.). (Anm. BW)

Die Macht der katholischen Kirche war deutlich geschwächt, die der evangelischen Kirche gestärkt. Der Einfluss von Freidenkern, Philosophen, Wissenschaftlern und Künstlern nahm zu. Erste freie und kirchenunabhängige Christengemeinden und okkulte Gesellschaften (Theosophie u.a.) gründeten sich. Intellektuelle verneinten offen die Existenz Gottes oder zumindest seine Erkennbarkeit (Atheismus). (Anm. BW)

Die romantische Liebe erhielt einen neuen Stellenwert. Es entwickelte sich die Liebesheirat. Das romantische Ideal vom Individualismus entstand. (Anm. BW)

Frauenbewegungen, Frauenzirkel, von Frauen initiierte Salons[356] entstanden und breiteten sich weiter aus. Ihr Einfluss aber blieb nach wie vor gering. Das bürgerliche Frauenideal der braven, guten, züchtigen und tüchtigen Hausfrau sowie der schmückenden Ehegattin blieb. (Anm. BW)

Die soziale Versorgung der Alten und Kranken, die früher in den Clans, Dörfern und Großfamilien vor allem durch die Frauen erledigt wurde, lag am Boden. Die Geburtenkontrolle war außer Kontrolle geraten. Kindersterblichkeit und Sterb-

---

[356] Seit dem 18. Jh. gab es vor allem im vor-revolutionären Frankreich bereits literarische Salons. Es waren von Frauen aus höherer Gesellschaft initiierte private gesellschaftliche Treffen für Diskussionen, Lesungen oder musikalische Veranstaltungen. Politische Bedeutung hatten sie nur selten.

lichkeit der Gebärenden kletterte in die Höhe. Alles alte Heil-Wissen war zusammen mit den es hütenden und ausübenden Frauen (und Männern) verbrannt. Unwiederbringlich war es verloren (s.u.). (Anm. BW)

Fremde Länder und Kontinente wurden systematisch von den christlich geprägten westeuropäischen Ländern erobert, besetzt und wirtschaftlich ausgebeutet. (s.u.). (Anm. BW)

EINSCHUB

Die Industrialisierung sorgte für eine große Verarmung breiter Bevölkerungsschichten. Kinder mussten ebenso wie Frauen und Männer in den Fabriken und unter Tage in Bergwerken arbeiten. Es entstand das sogenannte „Stadtproletariat" und das „Landproletariat"[357].
Wegen der hohen Verarmung in den ländlichen Gebieten wanderten ganze Dörfer (nach Süd- und Nordamerika) aus.

„Obgleich es zu allen Zeiten Prostitution gegeben hat" - [was nachweislich falsch ist: „weder bei den Kelten, noch bei den Galliern noch bei den Germanen war Prostitution bekannt" [358] - Prostitution hängt mit den patriarchalen und zölibatären Religionen und Herrschaftsstrukturen zusammen, die alle im Kern die Frauen entwürdigen und die Sexualität entweihen. (Anm. BW)] - „blieb es dem 19. Jahrhundert überlassen, daraus eine gigantische gesellschaftliche Institution zu machen. Die Entwicklung der Industrie und damit die Abhängigkeit so vieler Menschen von einem Markt des Wettbe-

357 lat. *proles*, „die Nachkommenschaft", bezeichnete im antiken Rom die gesellschaftliche Schicht der landlosen und lohnabhängigen, der besitzlosen aber nicht versklavten Bürger im Stadtstaat. Sie waren weder steuer- noch wehrpflichtig. Etwa seit Mitte des 19. Jahrhunderts findet der Begriff vorzugsweise Anwendung auf die infolge der Industriellen Revolution entstandene Industriearbeiterschaft.

358 siehe Kapitel 2.2., EINSCHUB *Über die sexuelle Verrohung der Männer*

werbs, der Wachstum und die Überfüllung großer Städte, die Unsicherheit und Ungewissheit des Arbeitsplatzes, all das hat der Prostitution zu einem Aufschwung verholfen, wie er zu keiner Zeit der Geschichte der Menschheit denkbar gewesen ist." Die wirtschaftliche Ursache ist „direkt oder indirekt die Hauptursache für Prostitution." (27, S. 13)

Krankenhäuser pflegten nur Kranke, die einen Empfehlungsbrief von einem Unterstützer der Einrichtung vorweisen konnten. Alle anderen wurden zu Hause gepflegt und das meistens schlecht, da kein Heil- und Pflegewissen mehr vorhanden war. Krankenhäuser nahmen keine Pocken-, Tuberkulose- oder Krebskranke auf und versagten den Gebärenden die Hilfe. ([359])

Für die Geisteskranken besserten sich die Zustände. Irrenhäuser wurden gegründet. „Während 1830 noch 39 von insgesamt 92 Patienten gefesselt wurden, waren es 1837 nur noch 2 von 120 Patienten." ([360]) Es ist nicht bekannt, ob immer noch widerständige Frauen als Geisteskranke im großen Stil eingestuft wurden. Vermutlich galten die meisten Frauen als „gebändigt". Sie hatten sich selbst angepasst bzw. ihrem Los gefügt. Das gaben sie ihren Kindern nun weiter.

Der Kolonialismus durch die Europäer breitete sich massiv aus. Kolonialismus ist eine staatlich geförderte Inbesitznahme auswärtiger Territorien und die Unterwerfung und Vertreibung oder Ermordung der dort ansässigen Bevölkerung durch die Kolonialherrschaft. Kolonisten und Kolonialisierte stehen sich in der Regel fremd gegenüber. Daraus resultiert der Glaube der Kolonialherren von ihrer kulturellen Überlegenheit über die sogenannten „Naturvölker", sehr oft verbunden mit der Überzeugung der eigenen rassischen Höherrangigkeit. ([361])

---

[359] de.wikipedia.org/wiki/florence_nightingale (8.9.2015)

[360] de.wikipedia.org/wiki/Geschichte_der_Psychiatrie (März 2016)

[361] de.wikipedia.org/wiki/Kolonialismus (4.11.15)

Was jetzt erdenweit geschah hatte Germanien sowie alle anderen Völker und Kulturen Europas selbst vor 30 Generationen und früher bitter erfahren: ihre Entwurzelung!, zuletzt durch die Invasion der Römer und vor allem die ihnen folgenden Römischen Christen. Ihre vergessene Entwurzelung, den längst nicht mehr gefühlten Schmerz, ihre unbewusste Traumatisierung gaben sie nun als „Herren“ an Dritte weiter. Diese wurden und werden jetzt von ihnen gedemütigt, so wie sie einst selbst gedemütigt wurden.

Die Kolonialmächte waren und sind die Europäer. Sie hatten und haben wirtschaftliche Motive, wie die Ausbeutung der Bodenschätze, und soziale Motive, wie die Versklavung der Bevölkerung zu billigen Arbeitskräften (Menschenhandel) sowie die Erschließung neuer Märkte. Sie rechtfertigen ihr Handeln über die christliche Religion als gerechten Krieg und über den Sendungsglauben, den Menschen Gutes zu bringen, basierend auf der Annahme ihrer geistigen, geistlichen, rassischen, technologischen, wissenschaftlichen, militärischen sowie intellektuellen Überlegenheit. ([362])
Die Zerstörung zahlreicher hoher und in sich stimmiger Kulturen, die Destabilisierung des europäischen und dann des ganzen Weltkomplexes ist die Folge.

1800: Bauernrevolte in Georgenhausen und Haxthausen (Hessen). (2)

1806: Auflösung des Heiligen Römischen Reiches Deutscher Nation: es hatte sich im 10. Jh. unter den Ottonen gebildet, war aus dem karolingischen Ostfrankenreich heraus entstanden und sollte die Tradition des antiken Römischen Reiches fortzusetzen und die Herrschaft als Gottes heiligen Willen im christlichen Sinne legitimieren. Die Niederlegung

---

[362] de.wikipedia.org/wiki/Kolonialismus (4.11.15)

der Kaiserkrone erfolgte durch Kaiser Franz II.. Er wurde dadurch erster Kaiser von Österreich, Kaiser Franz I.[363] ([364])

ab 1807: Freiherr vom Stein[365] initiierte in Deutschland ein Edikt unter König Friedrich Wilhelm III.[366], mit dem die Bauernbefreiung durchgeführt wurde. Es hob die bäuerliche Erbuntertänigkeit in ganz Preußen auf und beseitigte alle ständischen Beschränkungen. (55)

1808: Die Städteordnung vom 19.11.1808 verfügte die Selbstverwaltung in den Städten Preußens. Das Edikt vom 24.11.1808 schuf ein modernes Staatsministerium mit Fachressorts und organisierte die Staatsverwaltung. Beides wurde durch Freiherr vom Stein initiiert. (55)

EINSCHUB

Freiherr vom Stein wurde 1804 von König Friedrich Wilhelm III. als Wirtschafts- und Finanzminister für Preußen eingesetzt, im Januar 1807 aber entlassen, weil er die Zusammenarbeit mit dem königlichen Kabinett ablehnte. Er legte in seiner Geburtsstadt Nassau in einer Denkschrift seine Gedanken nieder, die eine Reform des preußischen Staates als Reaktion auf die Niederlage Preußens gegen Napoleon beinhaltete. In der Schrift bezeichnete er den Absolutismus[367] als Ursache des Zusammenbruchs und verlangt die tätige Mitarbeit weiter Bevölkerungsschichten in einer Selbstverwaltung. Er wurde auf Napoleons Rat 1807 ins Ministerialamt des Königs zurückgerufen. In dieser Zeit erließ er die o.g. Edikte zur Be-

---

363 1768 - 1835, Habsburg-Lothringen, Franz Joseph Karl

364 de.wikipedia.org/wiki/Heiliges_Römisches_Reich (31.7.16)

365 1757 - 1831

366 1770 - 1840, Hohenzoller, seit 1797 König von Preußen und Markgraf von Brandenburg, Kurfürst und Erzkämmerer des Heiligen Römischen Reiches bis zu dessen Auflösung 1806.

367 absolute Monarchie, Hochblüte in Frankreich am Versailler Hof, unter Ludwig XIV. (Sonnenkönig). Er regierte 1643 - 1715

freiung des Bauernstandes, zur Selbstverwaltung der Städte und zu einer übersichtlicheren Organisation der Staatsverwaltung. Weiter plante er die Einrichtung von Kreistagen, Provinzial-Landtagen und Reichsständen. Die Wahlberechtigung wollte er auf die Grundbesitzer beschränkt wissen. Für die aktive Mitarbeit in der Selbstverwaltung wollte er nur die Schichten von Bildung und Besitz heranziehen. Zu einer Vollendung dieser Reformen ist es nicht mehr gekommen. Als Napoleon ein unvorsichtiger Brief Steins in die Hände fiel, musste er am 24.11.1808 wiederum entlassen werden. Am 16.12.1808 wurde er von Napoleon geächtet. Er lebte als Flüchtling in Prag und Brünn. 1812 nahm ihn der russische Zar Alexander I. als Berater in seine Dienste. (55)

1809: Der Aufstand der Bauern in Tirol unter Führung von Andreas Hofer richtete sich als Partisanenkampf der Bergbauern gegen die napoleonische Fremdherrschaft und gegen die bayrische Besatzung. Auslöser waren Rekrutierungsverordnungen. Der Aufstand konnte nur mit großem Aufwand französischer Truppen niedergeschlagen werden. Andreas Hofer wurde hingerichtet. (2)

1810: Die ersten Frauenvereine entstanden nach dem Vorbild der französischen Wöchnerinnengesellschaften. Sie wurden in den unter französischer Verwaltung stehenden Städten Preußens eingeführt. ([368])

1811: Barbara Zdunk, die sich magischer Fähigkeiten rühmte, wurde in Rößel (Polen) verbrannt (es ist jedoch zweifelhaft, ob als Hexe). (23, S. 74)

1814: Wiedergründung der „neuzeitlichen römischen Inquisition“ 369. Sie besaß noch die Macht des Wortes, hatte also einen völlig anderen Charakter als zuvor. (23, S. 69)

---

[368] de.wikipedia.org/wiki/Frauenverein (31.7.16)

[369] s.o. unter 1532

1815 bis 1850: Außergewöhnliche Verarmung und Ausbeutung der Bevölkerung Englands. Besonders betroffen waren das Landproletariat[370] sowie die Arbeiter in den Städten. (2)

1830: Landarbeiteraufstand in Südengland: unorganisierte Einzelaktionen, wie Wilddiebstahl und spontane Meutereien gingen über in gewaltsame Zerstörungen von landwirtschaftlichen Maschinen und gemeinsam vorgetragenen Lohnforderungen. (2)

1830: Unruhen der verarmten Landbevölkerung in Preußen, Sachsen, Hessen, Österreich; Zollunruhen in Hanau und Fulda; Blutbad in Södel in der Wetterau: Zollstationen wurden zerstört. Mehrere tausend Demonstranten erstürmten Steuerämter, vernichteten Akten und zerstörten Gebäude. (2)

1835: Eines der letzten Lehen wurde an Graf Friedrich Wilhelm von Schlitz, genannt: von Görtz, mit dem Brunnen von Salzschlirf vergeben. Der gesundheitlich angeschlagene Graf ließ die Heilquelle freilegen. Das Lehneigentum wurde 1873 zum Privateigentum umgewandelt. (2; [371])

1836: Eine Hexe namens Krystyna Ceynowa soll ohne legalen Prozess, sondern durch eine Wasserprobe überführt von den Fischern der Halbinsel Hela (Polen) ertränkt worden sein. (23, S. 74)

1848/49: Bauernunruhen und Aufstände in Deutschland während der Bürgerlichen Revolution in Sachsen, Schlesien, Oberlausitz, Mecklenburg, Baden, Nassau, Hessen.
Nassauer Bauernrevolte: 30.000 Bauern besetzen Wiesbaden. Die Bauern erreichten die Abschaffung der Gemeindeordnung und die Absetzung von Schultheißen und Fürsten.

---

370 verarmte Landbevölkerung

371 de.wikipedia.org/wiki/Bad_Salzschlirf#Geschichte (31.10.15)

Man stellte Pacht- und Steuerzahlungen ein und bildete in den Dörfern eigene Sicherheitsausschüsse. Die Jagdfreiheit wurde wieder hergestellt. (2)

1849: Gesetzliche Auflösung des Lehnsverbandes: die letzten Lehen waren noch 1835 vergeben worden. (26)

1853 – 1856: Florence Nightingale[372] entwickelte während des Krimkrieges von England die ersten „Grundschriften der Pflegetheorie". ([373])

EINSCHUB

Florence Nightingale vertrat, dass es neben dem ärztlichen Wissen auch ein eigenständiges pflegerisches Wissen geben sollte. Sie wurde zur einflussreichen Reformerin des Sanitätswesens und der Gesundheitsfürsorge und gilt als die Begründerin der modernen Krankenpflege. Durch sie wurde Krankenpflege zu einem gesellschaftlich geachteten Ausbildungsberuf.

Die in mehreren Sprachen und in der Mathematik hochgebildete Florence Nightingale vernahm ca. 1837 den Ruf Gottes. Seit 1844 widmete sie sich der Krankenpflege. Sie stammte aus einer politisch geachteten englischen Familie. Ihr Großvater William Smith stand im Unterhaus für die weltweite Ächtung der Sklaverei und für die Religionsfreiheit ein. Nach ihrer pflegerischen Arbeit im Krimkrieg wurde sie selbst chronisch krank und lebte zurückgezogen das Leben einer Invalidin. Mit ihren Veröffentlichungen nahm sie Einfluss auf mehrere Gesundheitsreformen. ([374])

---

372 1820 - 1910

373 de.wikipedia.org/wiki/florence_nightingale (8.9.2015)

374 de.wikipedia.org/wiki/florence_nightingale (8.9.2015)

1854: Papst Pius IX. verkündete durch die Bulle *Ineffabilis Deus*, „Der unbegreifliche Gott", dass die Lehre von der *immaculata conceptio*, der „unbefleckten Empfängnis" der seligen Jungfrau Maria *„von Gott geoffenbart und deshalb von allen Gläubigen fest und standhaft zu glauben sei."*
(29, 2005, S. 139)

EINSCHUB

Hier ein Auszug der päpstlichen Rede: *„... denn auf den Sohn geht über, was der Mutter an Ehre und Lob erwiesen wird. ... Die Lehre, dass die allerseligste Jungfrau Maria ... von jeder Makel der Erbsünde bewahrt blieb, ist von Gott geoffenbart und muss deshalb von allen Gläubigen fest und unabänderlich geglaubt werden. Wenn also jemand, was Gott verhüten möge, anders, als von Uns entschieden ist, im Herzen zu denken wagt, der soll wissen und wohl bedenken, dass er sich selbst das Urteil gesprochen hat, dass er im Glauben Schiffbruch erlitten hat und von der Heimat der Kirche abgefallen ist."* – „Vor der Verkündigung des Dogmas hatte der Papst allerdings die Bischöfe befragt, von denen 536 für, 4 gegen die neue Lehre stimmten, während 36 die Opportunität der Dogmatisierung bezweifelten." (29, 2005, S. 140)

Das Mariendogma umfasst vier Eckpfeiler: 1. Marias Gottesmutterschaft; 2. Immerwährende Jungfräulichkeit Marias; 3. unbefleckte Empfängnis Marias; 4. Aufnahme in den Himmel.

Die Interessen des Papsttums wurden eng mit dem Marienkult verknüpft, weil es der Kirche nicht an der Erforschung von Sachverhalten durch Wissenschaft, Denken und Vernunft gelegen ist, sondern am reinen Glauben und damit an der Unterwerfung unter eine Idee, hier: das Mariendogma.
Folglich geriet das Festhalten am Mariendogma zur reinen Machtfrage für die Autorität des Papstes und der römisch-katholischen Kirche. Der Glaube an die unbefleckte Empfäng-

nis geriet für die Gläubigen zu einem Akt des Widerstandes gegen die neuen Methoden des Denkens. Sie stritten erbittert für ihren Glauben und gegen Vernunft und empirisches Denken. (29, 2005, S. 137 f)

Durch ihre anhaltende Wissenschaftsfeindlichkeit hatte die Kirche immer mehr an Einfluss bei den intellektuellen Eliten Europas verloren. Diese kehrten ihr mehr und mehr den Rücken zu. Mit der Verkündigung des Mariendogmas nahm Papst Pius IX. „die Gelegenheit wahr, der Welt zu zeigen, „dass die Autorität des Papstes, die Glaubenssätze des Christentums zu bestimmen, nicht durch philosophische und politische Wirren, die das Zeitalter des Skeptizismus mit sich brachte, zerstört worden war."" (29, 2005, S. 139)

1865: In Leipzig wurde der Allgemeine Deutsche Frauenverein (ADF) gegründet. (13) Er war der erste Frauenverein in Deutschland. Seine zentrale Forderung war das Recht der Frauen auf gleiche Bildung sowie auf Chancengleichheit am Arbeitsmarkt. 2015 feierte er seinen 150. Gründungstag. ([375])

1870: Die Unfehlbarkeit des Papstes wurde zum Dogma erhoben. Damit wurde die Position des Papstes als das einzige von Gottes Geist erfüllte Oberhaupt der Kirche verteidigt. (29, 2005, S. 139 f)

1874: In Mexiko wurden mehrere Mitglieder einer Familie als Hexen verbrannt auf Anregung eines Geistlichen und unter Assistenz der lokalen Obrigkeit. (18, Bd. 4, 1875)

1874: In der Schweiz wurde über ein fakultatives Gesetzesreferendum die direkte Demokratie auf Bundesebene eingeführt. ([376])

---

[375] de.wikipedia.org/wiki/Allgemeiner_Deutscher_Frauenverein (31.7.16)
[376] de.wikipedia.org/wiki/Direkte_Demokratie_in_der_Schweiz (Okt.2015)

1890 bis 1940: Allen US-Indianern wurde das Ausüben ihrer Zeremonien und Gebete verboten durch das US-amerikanische *Indian-Offenses-Gesetz*, „Gesetz für indianische Vergehen". Es genügte schon auf indianische Art zu beten um ins Gefängnis zu kommen. (46, S. 323)

1891: Mit der Verfassungsinitiative wurde in der Schweiz die Direkte Demokratie auf Bundesebene gefestigt. Damit ist die Schweiz bis heute weltweit der Staat mit der am stärksten ausgebauten direkten Demokratie. ([377])

1897: Die Index-Kongregation verbot mit Zustimmung durch Papst Leo XII. jede weitere Forschung über die Ursprünge der Texte der Bibel. (31, „Bibel", S. 128)

377 ebda.

2.6. Die Situation der Frauen und der Widerständigen im 20. und 21. Jahrhundert

20. Jahrhundert:

Die Lebenshaltung des Individualismus und der persönlichen Freiheit bildet sich weiter aus. (Anm. BW)

Menschen kämpfen für ihre Rechte (s.u.). (Anm. BW)

Eine Oligarchie, eine kleine bürgerliche, sehr reiche Elite baut ihre Macht auf und aus. (Anm. BW)

EINSCHUB

Die Situation der Frauen um 1910 beschreibt Emma Goldman[378] so: „Es ist eine nicht zu leugnende Tatsache, dass die Frau als Sexualobjekt erzogen wird, wobei sie aber gleichzeitig absolut nichts über die Bedeutung und Wichtigkeit von Sexualität erfährt. Alles was mit diesem Thema verbunden ist, wird unterdrückt, und Menschen, die versuchen Licht in die schreckliche Finsternis zu bringen, werden verfolgt und ins Gefängnis geworfen. Dennoch darf es uns nicht überraschen, dass ein Mädchen, das nicht weiß, wie es auf sich aufpassen soll, das nicht weiß, wie der wichtigste Teil ihres Lebens funktioniert, eine leichte Beute für die Prostitution oder eine andere Art von Beziehung wird, die es zum Opfer simpler sexueller Befriedigung degradiert.
Es ist dieser Unwissenheit geschuldet, dass das ganze Leben und die Natur des Mädchens verzerrt und verkrüppelt werden. Lange Zeit war es für uns selbstverständlich, dass der Junge seinem wilden Trieb folgen soll; das heißt, ein Junge soll seinen Sexualtrieb befriedigen, sobald sich dieser bemerkbar macht, aber unsere Moralist/innen sind schon bei dem bloßen Gedanken entsetzt, bei einem Mädchen Gleiches gelten

[378] 1869 - 1940, Anarchistin und Frauenrechtlerin

zu lassen. Für sie ist das Problem der Prostitution nicht so sehr, dass die Frau ihren Körper verkauft, sondern dass sie es ohne ehelichen Segen tut ... [während] die Tatsache [gilt], dass finanzielle Gründe für eine Eheschließung gesetzlich und gesellschaftlich voll und ganz anerkannt sind. ...
Natürlich träumt jedes Mädchen vom Heiraten; weil aber Tausende Mädchen nicht heiraten können, sind sie aufgrund unserer dummen Gesellschaftssituation entweder zu einem Leben im Zölibat oder zur Prostitution verurteilt, [denn] die menschliche Natur behauptet sich ohne Rücksicht auf irgendwelche Gesetze. ... In der Gesellschaft werden die sexuellen Erfahrungen eines Mannes als Teil seiner normalen Entwicklung angesehen, während ähnliche Erfahrungen einer Frau als schreckliche Katastrophe gelten, als Verlust ihrer Ehre und von allem, das in einem Menschen gut und edel ist. ...
Nicht, dass die Befriedigung sexueller Bedürfnisse zur Prostitution führen muss; die grausame, herzlose, strafrechtliche Verfolgung jener, die es wagen, vom vorgeschriebenen Weg abzuweichen, ist dafür verantwortlich.
Mädchen, die noch Kinder sind, arbeiten tagtäglich zehn bis zwölf Stunden in überfüllten, überheizten Räumen an Maschinen, was dazu führt, dass sie ständig sexuell übererregt sind. Viele dieser Mädchen haben kein Zuhause und auch sonst keinerlei Zuflucht, und so ist die Straße oder ein anderer Ort billiger Zerstreuung das einzige Mittel für sie, um die Routine ihres Alltags zu vergessen. ... Das ist der erste Schritt zur Prostitution. Das Mädchen kann nicht dafür verantwortlich gemacht werden. Im Gegenteil, es ist allein das Versagen der Gesellschaft, unser fehlendes Verständnis, unsere geringe Wertschätzung für das Werden des Lebens.
Insbesondere ist es das Versagen unserer Moralist/innen, die ein Mädchen für alle Ewigkeit verurteilen, weil es vom 'Pfad der Tugend' abgewichen ist; sprich weil seine ersten sexuellen Erfahrungen ohne Zustimmung der Kirchen stattgefunden hat. ... Seiner Erziehung und Tradition gemäß fühlt sich das Mäd-

chen selbst verdorben und gefallen, es hat keinen Boden mehr unter den Füßen, nichts, was ihm aufhilft - es wird nur immer weiter in die Tiefe gezogen." (27, S. 14)

Die Verfolgung der Häretiker, der Andersdenkenden, durch die beiden christlichen Kirchen war zurückgegangen. Es gibt zwar bis heute kirchliche Nachfolgeämter der Inquisition[379], die für Glaubensfragen zuständig geblieben sind, sie haben jedoch keinerlei rechtliche Möglichkeiten mehr. Dennoch zeichnete sich das 20. Jahrhundert durch die Verfolgung und Ermordung von Millionen Andersdenkenden aus und zwar in der politischen Landschaft Europas. Verfolgt, gefoltert und umgebracht wurden sowohl Frauen wie Männer. Wie bereits in der Französischen Revolution begonnen, gingen die Bürgerlichen gegen politisch Andersdenkende, sogenannte Kollaborateure vor. Kollaborateure sind per Definition Menschen, die mit anderen Personen oder Gruppen zusammen arbeiten. Neutral betrachtet ist die Kollaboration eine starke Form der Kooperation. Im politischen Zusammenhang wird dem Kollaborateur immer unterstellt mit dem Feind zusammen zu arbeiten, was ihn schuldig werden lässt. Andersdenkende werden als Kollaborateure verfolgt, im Krieg als Vaterlandverräter oder Deserteure und im Frieden als Verschwörer oder Verräter des eigenen politischen bzw. wirtschaftlichen Standes. So hat sich der Häretiker im Laufe der letzten zwei Jahrhunderte in einen Kollaborateur verwandelt, die Geisteshaltung der Menschen jedoch ist geblieben. Zusammenarbeit gegen das herrschende System bzw. gegen die starken, vorherrschenden und meinungsbestimmenden Glaubens- und Wirtschafts-Mächte gilt als Kollaboration mit dem Feind.

---

[379] für die evangelische Kirche: „Amt für Religions- und Weltanschauungsfragen", für die katholische Kirche: bis 1908: „neuzeitliche römische Inquisition", bis 1964: „Sanctum Offizium", danach: „Kongregation für die Glaubenslehre"

„Dass die wissenschaftliche Fundierung der Psychiatrie noch in den Anfängen steckte, illustriert folgendes. Zur Behandlung von im Ersten Weltkrieg traumatisierten Soldaten (Kriegszitterern) kamen Elektroschocks zum Einsatz. Ebenso starben während des Kriegs zwischen 1915 und 1918 in psychiatrischen Anstalten etwa 70.000 Patienten, deren Tod durch Unterernährung nicht aktiv betrieben, oftmals aber auch nicht verhindert wurde." ([380])

Medizinische Versuche in Irrenanstalten waren spätestens im Dritten Reich keine Seltenheit. Zwischen 1933 und 1945 kam es in Deutschland zur als *Euthanasie*[381] bekannten systematischen Ermordung der geistig und körperlich Behinderten als Teil der nationalsozialistischen „Rassenhygiene".

Frauen und Männer kämpfen für ihre Rechte, ihre Gedanken-, Rede- und Pressefreiheit sowie für gesetzliche Anerkennung von allgemein gültigen Menschenrechten und den Erhalt bzw. die Wiederherstellung der Menschenwürde überall in Europa und dann weltweit. Dagegen steht eine kleine wirtschaftliche Elite (Oligarchie) aus dem Bürgertum mit ihren zahlreichen Anhänger/innen und Untergebenen, die durch Geldgeschäfte, Weltmarktmanipulationen und Spekulationen Macht über Reichtum und Armut ganzer Staaten sowie über Kriege und Frieden anstrebt. Ihr Machtmittel ist die Installierung der Angst über Demagogie und später über die Massenmedien. Ihre Methoden sind machiavellisch[382]: teile (oder

[380] de.wikipedia.org/wiki/Geschichte_der_Psychiatrie (März 2016)

[381] ursprüngliche Bedeutung: ein aus Sicht des Sterbenden „guter" Tod

[382] Niccolò di Bernardo die Machiavelli (1469 – 1527), ein Philosoph, Politiker, Diplomat, Chronist und Dichter aus Florenz, gilt als der bedeutendste Staatsphilosoph durch sein Werk *Il Principe* (Der Fürst). Darin analysiert er Macht und seine Mechanismen. *Machiavellisch* oder Machiavellismus ist eine eher abwertende Beschreibung eines Verhaltens, das zwar raffiniert aber unethisch ist und nur das eigene Wohl und die eigene Macht als Ziel hat. Der Begriff wird heute mit rücksichtsloser Machtpolitik unter Ausnutzung aller Mittel verbunden.

spalte) und herrsche. Ihr Ansinnen ist ichbezogen und richtet sich auf das eigene vollkommene Wohl (und das ihrer engsten ihnen vertrauten Familie) und gegen den Freiheitsimpuls anderer, seien es Menschen, Tiere, Pflanzen, Natur, Erde, Kosmos usw..

1900: Mit seinen Regelungen zu Ehe und Familie begründete das deutsche Bürgerliche Gesetzbuch (BGB) das Entscheidungsrecht des Ehemanns in allen Fragen des Ehe- und Familienlebens und definierte die Haushaltsführung als Pflicht der Frau.

- Frauen durften nur nach vorheriger Erlaubnis durch den Ehemann erwerbstätig sein. Der Ehemann hatte das Recht das Dienstverhältnis seiner Frau fristlos zu kündigen.
- Frauen besaßen keinen Anspruch auf angemessenen Unterhalt. Der Ehemann hatte uneingeschränkt väterliche Vorrechte in der Kindererziehung.
- Frauen durften nicht selbst über ihr Vermögen verfügen. Der Ehemann verwaltete das von seiner Frau in die Ehe eingebrachte Vermögen und verfügte allein über die daraus erwachsenen Zinsen und auch über das Geld aus einer Erwerbstätigkeit der Ehefrau.
- Frauen durften ohne die Zustimmung ihres Ehemannes kein eigenes Konto eröffnen. (13; 37)

1901: Baden war das erste Land in Deutschland, in dem Mädchen sich an Hochschulen unter den gleichen Bedingungen wie Männer immatrikulieren konnten. (13)

um 1902: Papst Leo XIII. verkündete zum Thema Frau folgendes: *„Ein guter Christ wird in ein und derselben Frau das Geschöpf Gottes lieben, von dem er wünscht, dass es verwandelt und erneuert wird; aber wird in ihr die korrumpierte eheliche Verbindung hassen, den Geschlechtsverkehr und alles,*

(de.wikipedia.org/wiki/Niccolò_Machiavelli (31.7.16))

was zu ihr als Ehefrau gehört. Er wird sie lieben gemäß dem Gebot Jesu: Liebe deine Feinde.“ (29, 2005, S. 39)

1903: In Großbritannien machten die „Suffragetten“ durch öffentliche Proteste und Hungerstreiks auf die Rechte der Frauen aufmerksam. (13)

1905 bis 1906: Russische Revolution: Lenin[383] strebte den Sieg des Sozialismus in der Diktatur des Proletariats an nach der Beseitigung von Zarentum, Kapitalismus und Bürgertum. (49, S. 195)

1908: Die „neuzeitliche römische Inquisition“ wurde in das „Sanctum Offizium“ umbenannt. Dieses ging 1964 in die „Kongregation für die Glaubenslehre“ über, die bis heute besteht. (23, S. 69)

1910: Eine Frau, die zwölf Jahre lang ein Bordell geleitet hatte, veröffentlichte ein Buch über den verlogenen und diskriminierend Umgang der Behörden mit den Frauen. (27)

EINSCHUB

Sie beschrieb die Machenschaften der Behörden, ihr brutales Abkassieren und die Erpressungen für den Schutz seitens der Polizei. Sie prangerte die verlogenen und peinlichen Verhaftungen in aller Öffentlichkeit an, welche sowieso wieder rückgängig gemacht wurden wegen der klingelnden Kassen für die Schutzgelder an legal eingesetzte Amtspersonen. Sie schrieb: *„Denn der verwirrte Kopf, der glaubt, dass eine gefallene Frau zu keiner menschlichen Emotion fähig is*t [so wie er es ja auch den Hexen unterstellt hat] *kann unmöglich den Kummer, die Schande, die Tränen, den verletzten Stolz bemerken, die uns jedes Mal überkamen, wenn wir wieder hochgenommen wurden.“* (27, S. 14)

---

[383] 1870 – 1924, Wladimir Iljitsch Uljanow, genannt Lenin

1914 bis 1918: Erster Weltkrieg (49, S. 198 f)

1918: Frauen erhielten in Deutschland das aktive und passive Wahlrecht. (13)

1918: Die Gesindeordnung mit dem Gesindezwang und der Unterwerfung des Gesindes unter die Willkür der Herrschaft wurde in Deutschland und Österreich aufgehoben. ([384])

1920: Marie Juchacz[385] wurde streitbares Mitglied des Reichstags für frauenpolitisch brisante Themen, wie die Reform des Ehescheidungsgesetzes oder den Abtreibungs-§ 218. (13)

1927 bis 1953: In Russland regierte Josef Stalin[386] die Sowjetunion. Er verschärfte den Klassenkampf, ließ Andersdenkende ermorden oder in Zwangsarbeiterlager nach Sibirien schicken. Etwa 10 bis 40 Mio. Menschen wurden Opfer der stalinistischen Säuberung. ([387])

1928: Bauernunruhen in der Weimarer Republik: Steuerstreiks in Schleswig Holstein, Bombenanschläge u.a. in Lüneburg und auf das Berliner Reichstagsgebäude. Der Widerstand richtete sich gegen die massenhaften Zwangsversteigerungen der Höfe, gegen zu hohe Steuern und gegen die teuren Kredite der Wucherer. (2)

1933 bis 1945: Adolf Hitler[388] regierte Deutschland mit seiner Partei NSDAP, genannt die Nationalsozialisten, kurz „Nazis". Er führte Deutschland in den Zweiten Weltkrieg.

---

384 de.wikipedia.org/wiki/Gesindeordnung (Okt. 2015)

385 1879 - 1956, deutsche Sozialreformerin, Sozialdemokratin und Frauenrechtlerin

386 1878 - 1953; Josef Wissarionowitsch Stalin, Politiker georgischer Herkunft, Diktator der Sowjetunion

387 de.wikipedia.org/wiki/Stalin (Okt. 2015)

388 1889 – 1945 (Österreicher), 1921 übernahm er den Parteivorsitz der NSDAP, 1933-1945: Diktator des Deutschen Reiches

EINSCHUB

Fanatisch ließ Hitler sogenannte ethnische Säuberungen durchführen. Systematisch verfolgt und ermordet wurden ca.: 6 Mio. Juden, 500.000 Sinti und Roma (Zigeuner), 100.000 geistig und körperlich Behinderte sowie zahlreiche Homosexuelle. Außerdem wurden zigtausende politisch Andersdenkende gezielt umgebracht. In den Kriegsjahren 1941-1944 ließen er und seine Schergen in der Sowjetunion ca. 4,2 Mio. Russen bewusst verhungern. Weitere 3,1 Mio. Sowjetsoldaten kamen in deutscher Gefangenschaft ums Leben.

Die Bevölkerung merkte zwar, dass es im Osten Lager geben musste, sie merkte auch, dass die Juden überall verschwanden, aber sie verschlossen die Augen, duckten sich und wehrten sich nicht, um nicht als Kollaborateure, Andersdenkende oder Verschwörungstheoretiker selbst in Gefahr zu kommen. Spätestens seit 1942 müssen sowohl die Alliierten als auch Papst Pius XII. darüber informiert gewesen sein. (Anm. BW; [389])

Im Nationalsozialismus wurde der Muttertag zum Feiertag. Mit mindestens acht Kindern bekam man das Mutterkreuz in Gold verliehen. Der Anteil der Studentinnen an einer Universität musste zeitweise unter 10 % liegen. Frauen wurden bis 1936 nicht zur Habilitation[390] zugelassen. (13)

Das „Referat für Religions- und Weltanschauungsfragen“[391] der evangelischen Kirche wurde dem Leiter der SS Heinrich Himmler[392] unterstellt. (38)

---

389 de.wikipedia.org/wiki/Nationalsozialismus (4.11.15)

390 höchste Hochschulprüfung, meist Doktorwürde oder Professur

391 siehe 1969, EINSCHUB

392 1900 - 1945, deutscher Politiker der NSDAP, Reichsführer der SS, Chef der Deutschen Polizei, ab 1943: Reichsinnenminister

1936 bis 1975: General Francisco Franco[393] war Diktator im Königreich Spanien. Er ließ 220.000 bis 1,3 Mio. Gegner ermorden und internierte ca. 1,5 Mio. politische Gefangene in Konzentrationslager. ([394])

1939 bis 1945: Zweiter Weltkrieg (49, S. 233 f)

1940: Den Indianern in Nordamerika wurde das Ausüben ihrer spirituellen Zeremonien und Gebete erlaubt. (46, S. 323)

1944: In England fanden die letzten beiden Hexenprozesse Europas statt. Dabei wurde das damals noch gültige Anti-Hexereigesetz angewendet, der *witchcraft act* von 1735, worin nicht reale Hexerei, sondern die Behauptung, Hexenkräfte zu besitzen unter Strafe gestellt wurde. „Die Wahrsagerin Helen Duncan aus Schottland, die auf übernatürlichem Wegen militärische Geheiminformationen erfahren und in einer Séance preisgegeben haben soll, wurde nach diesem Gesetz zu einer Haftstrafe verurteilt und das Medium Jane Rebecca Yorke aus London zu einer Geldstrafe." (23, S. 74)

1947: Die letzten noch bestehenden Lehen in Deutschland wurden per Kontrollratsgesetz von den vier Siegermächten[395] nach dem 2. Weltkrieg aufgehoben. (26)

1948: Der Pazifist und indische Friedensaktivist Mohandes Karamchand Ghandi[396], genannt *Mahatma*, „die große Seele", wurde ermordet. Seit Jahrzehnten kämpfte er in Indien als Rechtsanwalt und Widerstandskämpfer, als Asket und Pazifist für die indische Unabhängigkeit von England, gegen die Rassentrennung in Südafrika und förderte die Menschenrechte

---

393 1892 - 1975

394 de.wikipedia.org/wiki/Franco (4.11.15)

395 1945 bis 1948 durch den Alliierten Kontrollrat erlassene Gesetze zur Überwindung des Nationalsozialismus und Militarismus. Die Siegermächte waren England, Frankreich, USA, Russland (de.wikipedia.org/wiki/Kontrollratsgesetz (31.10.15))

396 1869 - 1948

der Unberührbaren und der Frauen in Indien. Er saß insgesamt acht Jahre lang im Gefängnis. Seine Grundhaltungen waren *Satyagraha*, „Beharrliches Festhalten an der Wahrheit", *Ahimsa*, „Gewaltlosigkeit" und *Swaraj*, „individuelle und politische Selbstkontrolle und Selbstbestimmung". Er war der erste weltbekannte Friedensaktivist, der konsequent gewaltlos wirkte. Er wurde für die Friedensbewegung, die sich weltweit zu etablieren begann, ein großes Vorbild. (Anm. BW; [397])

1949: Die Gleichberechtigung von Mann und Frau wurde im Grundgesetz von Deutschland verankert. (13)

1950: In England wurden noch immer Medien durch das Anti-Hexereigesetz bedroht. (23, S. 74)

1951: Winston Churchill setzte das Anti-Hexereigesetz, den *witchcraft act* von 1735 außer Kraft. Nur in Nordirland ist es bis heute noch gültig, ohne nochmals angewendet zu werden. Ebenso ist es in abgewandelter Form bis heute noch in Israel in Kraft, wo es von den Briten, die bis 1948 das Heilige Land verwaltet hatten, eingeführt worden war. (23, S. 74)

1958: Das Gleichberechtigungsgesetz trat in Deutschland in Kraft[398]. Das Letzt-Entscheidungsrecht des Ehemannes in Eheangelegenheiten wurde ersatzlos gestrichen. Frauen dürfen erwerbstätig sein, soweit das mit ihren Pflichten in Ehe und Familie vereinbar ist. Frauen besitzen seitdem Anspruch auf angemessenen Unterhalt. Frauen dürfen jetzt selbst über ihr Vermögen verfügen. (13; 37)

1964: Die ehemalige „neuzeitliche römische Inquisition", 1908 umbenannt in das „Sanctum Offizium", ging in die „Kongregation für die Glaubenslehre" über, welche bis heute besteht. (23, S. 69) Die Aufgabe der „Kongregation für die Glau-

---

[397] de.wikipedia.org/wiki/Ghandi (4.11.15)

[398] verankert im BGB, Bürgerlichen Gesetzbuch, Deutschland. Es wurde am 3.5. 1957 verabschiedet und trat erst über 1 Jahr später, nämlich am 1. 7. 1958 in Kraft.

benslehre“ ist der Schutz der Kirche vor Häresien. Die Kongregation hat für die Glaubenslehre die Aufgabe „die Glaubens- und Sittenlehre in der ganzen katholischen Kirche zu fördern und zu schützen.“ ([399])

1968: Ausgelöst durch die Studentenunruhen in Westeuropa und USA wurde die traditionelle Rollenverteilung von Mann und Frau in Frage gestellt. Oswald Kolle[400] produzierte den ersten Aufklärungsfilm in Deutschland. (13)

1969: Der Kuppeleiparagraph 180 StGB wurde abgeschafft. Er verbot einem unverheirateten Paar Gelegenheit zur „Unzucht“ zu bieten. (Deutschland). (13)

1969 bis heute: Das „Amt für Religions- und Weltanschauungsfragen“ der evangelischen Kirche wurde erstmalig seit dem 2. Weltkrieg wieder eingerichtet und zwar in Bayern, Deutschland. (38)

EINSCHUB

Das Amt sieht seine Aufgaben darin, von den Großkirchen abweichende, andersdenkende Gruppierungen als „Sekten“ zu klassifizieren und diese zu beobachten, zu überwachen und ggf. auch medial oder behördlich anzuprangern. Das Amt kann als unmittelbare Nachfolge der Inquisition gesehen werden. Dem Amt geht es um die *„Sorge um die Mitmenschen“*. Zwischen 1933 und 1945 unterstand das Amt dem Leiter der SS Heinrich Himmler.[401] (38)

Pfarrer Friedrich-Wilhelm Haack wurde als erster Sektenbeauftragter nach dem 2. Weltkrieg (1969 bis 1992) eingesetzt. Am 22.6.1970 schrieb er in seinem kircheninternen Be-

---

399 de.wikipedia.org/wiki/Kongregation_für_die_Glaubenslehre (Okt. 15)

400 1928 - 2010 (Deutscher); Journalist, Autor und Filmproduzent, wurde durch seine Filme über die sexuelle Aufklärung bekannt.

401 s.o. 1933 - 1945

richt „Übersicht über die Sekten- und Weltanschauungsarbeit“: *„Verstehen wir unseren Glauben richtig, dann haben wir kein Recht, den ‚Anderen‘ in seinem Glauben zu lassen.“* (38)

Bei den durch dieses Amt beobachteten und als Sekten klassifizierten Gruppen geht es in keinem Fall um militante oder politische, sondern um weltanschauliche Gruppierungen, die möglicherweise auch eine starke Wirtschaftskraft entwickeln können. Die katholische Kirche hat ebenfalls „Sektenbeauftragte“, die allerdings weniger aktiv zu sein scheinen.

1971: Frauen wehrten sich in Deutschland gegen das Abtreibungsverbot des § 218 StGB. Die Journalistin Alice Schwarzer erregte Aufsehen mit ihrer Aktion „Frauen gegen den §218“. (13)

1972: Pater Bonifatius Günther[402] veröffentlicht das Buch: „Maria, die Gegenspielerin Satans“. (29, 2005, S. 141 f.)

EINSCHUB

Der Pater schreibt: „Die Schlangenzertreterin ist stärker als der Satan und die ganze Hölle. Satan fürchtet sie, Satan bebt und zittert vor ihr. Wo sie auftritt muss er weichen. Satan hasst sie, aber er ist in seinem Hass gegen sie ohnmächtig und ohne jede Kraft.“ *403*

Christa Mulack schreibt dazu: „Diese Stärke, die sie gegen die Versuchungen Satans so ganz immun macht, kommt allerdings nicht aus eigener Kraft. Sie ist göttliche Gnade. Desgleichen ihre Sündlosigkeit. Sie entspringt nicht eigener Willensstärke, sondern begnadeter Unfähigkeit.“[404]

---

402 Mitglied des Karmeliterordens

403 Bonifatius Günther, Maria, die Gegenspielerin Satans, 1972, S. 9

404 29, 2005, S. 141

Maria war frei von Sünde, weil sie unfähig zur Sünde war, denn sie war vollkommen frei von [sexueller] Begierde, die der Anreiz zur Sünde ist. Adam und Eva waren zur Sünde fähig, sie, Maria, jedoch nicht. Sie war unbelastet von jeglichem sündigen Verlangen geblieben. *„Ihre Reinheit übertraf selbst die Engel wenn auch nicht ihre Klugheit.“*[405] Diesem Vorbild solle man nachstreben, schreibt Pater Günther, *„Gott und die himmlische Mutter haben es gern, wenn man mehr an das eine Notwendige denkt. Darum: Beherrsche dich selbst, beherrsche deine Augen, deine Ohren, deine Neugierde, ebenso aber auch allen ungeordneten Wissensdrang. Manche ... haben auch durch das Streben nach Wissen die Seele vernachlässigt, sind wohl Riesen an Wissen geworden aber Zwerge in der Tugend geblieben.“ 406*
(29, 2005, S. 141 f.)

1972: Eine Studie des Club of Rome zur Weltwirtschaft, „Die Grenzen des Wachstums”, weist mit Zahlen und Fakten erstmals auf die weltweit drohende Umwelt- und soziale Katastrophe hin, die sich entwickeln wird, sofern kein politisches und wirtschaftliches Umdenken einsetzt. ([407])

1974: In Santa Cruz, Kalifornien, wurden drei Hebammen verhaftet und ihr Geburtszentrum geschlossen.

EINSCHUB

Die dort arbeitenden Hebammen betreuten 10% aller Geburten von Santa Cruz. „Es hieß, die angeklagten Hebammen seien entschlossen, wenn nötig bis zum höchsten Gericht zu

[405] Marina Warner, MARIA – Geburt, Triumph, Niedergang – Rückkehr eines Mythos?, 1982, S. 279 f

[406] Bonifatius Günther, Maria, die Gegenspielerin Satans, 1972, S. 95 f

[407] de.wikipedia.org/wiki/Die_Grenzen_des_Wachstums (März 2016)

gehen, weil die Kontrolle über unseren Körper auf dem Spiel stehe ..., das Recht der Frauen zu wählen, welche Art von Gesundheitspflege wir wollen und von wem wir sie empfangen wollen. ... In Wirklichkeit geht es natürlich um MACHT. Babys zu „entbinden"[408] ist Big Business. ... Das bedeutet 300.000 Dollars weniger fließen in die – sowieso schon überquellenden – Taschen der ortsansässigen Ärzte und Kliniken. ..." ([409])

1974: Die Anti-Atomkraft-Bewegung in Deutschland und damit auch die Risiken der Kernenergie erhielten zum ersten Mal u.a. mit der Besetzung des Bauplatzes in Wyhl einen Nachrichtenwert. ([410])

EINSCHUB

Trotzdem sind seitdem weltweit sehr viele Atomkraftwerke und Atomwaffen gebaut worden. Zwei schwere Nuklearkatastrophen in Atomkraftwerken sowie zahlreiche weniger schwere konnten daran nichts ändern, ebenso wenig das völlig ungelöste Entsorgungsproblem der abgebrannten Brennelemente. Die Widerstandsbewegung in Deutschland, in Europa und in zahlreichen anderen Ländern ist groß. Vor allem die deutsche Kultur des gewaltfreien Widerstands wird als vorbildlich betrachtet.

---

408 „Entbinden" heißt im Englischen „to deliver", wörtlich: „liefern". Die Hebammen gehen davon aus, das die Gebärende selbst das Kind „liefert", nicht der Arzt oder Geburtshelfer. Die Hebamme „fängt das Kind auf" oder „nimmt es entgegen" (englisch „to catch") (Anm. d. Übers.)

409 Ehrenreich Barbara, English Deidre, Hexen, Hebammen und Krankenschwestern, The witches are back!, Frauenoffensive, 1975, Aufsatz von Jackie Christeve, S. 56

410 de.wikipedia.org/wiki/Anti-Atomkraft-Bewegung#Deutschland (31.10.15)

1976: Die Diskussion um den Abtreibungs-§ 218 StGB in Deutschland endete mit der Indikationsregelung, die besagt, dass medizinische Gründe für einen Schwangerschaftsabbruch vorliegen müssen, damit er legal ist, sofern die Schwangerschaft länger als 12 Wochen besteht. (13)

1977: Die Reform des Ehe- und Familienrechts in Deutschland hebt die gesetzlich vorgeschriebene Aufgabenteilung in der Ehe auf. Beide Ehegatten sind seitdem berechtigt erwerbstätig zu sein oder den Haushalt zu führen. Bisher durften Frauen nur dann erwerbstätig sein, wenn das mit ihren Pflichten in Ehe und Familie vereinbar war. Bei Eheschließung kann zukünftig auch der Name der Frau Familienname werden. Mit der Änderung des Scheidungsrechts wurde die Trennung von Ehepaaren erheblich erleichtert. (13; 37)

1979: Die väterlichen Vorrechte bei der Kindererziehung werden vollständig beseitigt (BRD). (37)

1980: Die Gleichbehandlung von Männern und Frauen am Arbeitsplatz wurde im BGB festgeschrieben (BRD). (13)

1981: Die letzte europäische Begine starb. Einige Beginenhöfe existierten bis weit in die Neuzeit hinein, z.B. in Belgien, wo einige Konvente - wie etwa der Beginenhof von Kortrijk - erhalten blieben. Hier lebte die letzte europäische Begine. (12)

1986: Nuklearkatastrophe im Atomkraftwerk Tschernobyl, Ukraine (Supergau). (Anm. BW)

1990: Der Kanton Appenzell, Schweiz, führte das aktive und passive Wahlrecht für Frauen ein. (13)

1995: Am 1. Oktober hatten die Bayern in einer Volksabstimmung für die Einführung der Volksabstimmung in Bayern gestimmt. Damit wurde Bayern das erste Bundesland in Deutschland, das das Instrument der direkten Demokratie nutzen kann. Diese Volksabstimmung wurde von einem sehr kleinen Verein[411] initiiert. (Anm. BW)

1999: Die UNESCO erklärte 12 Beginenhöfe in Flandern zum schützenswerten Weltkulturerbe. (12)

21. Jahrhundert:

Der Anfang dieses Jahrhunderts zeichnet sich durch sehr viele Kriege und das Auftauchen neuer Feindbilder aus. (Anm. BW)

EINSCHUB

Nach wie vor werden Feindbilder kreiert und bewaffnete Konfliktlösungen bevorzugt. Nach wie vor werden Andersdenkende in sehr vielen Ländern verfolgt, gefangen, gefoltert und auch getötet. In Ländern, die die Todesstrafe abgeschafft haben, folgt der „zivile Tod", d.h. den Verfolgten wird der Pass entzogen, sie bekommen keine Arbeit, haben keine Rechte und werden, je nach Position medial verleumdet.

Durch das Internet ist die Menschengemeinschaft weltweit zusammen gerückt. Der Nachteil ist, dass Menschen durch den technischen „Fortschritt" überall ausgespäht werden können.

Der Spätkapitalismus dominiert zahllose Entscheidungen durch seinen Markt – wie z.B. durch den Waffenhandel. Die Politik ist durch einen ausgeprägten Wirtschafts-Lobbyismus geprägt.

Frauen rücken in Positionen auf, in denen sie Entscheidungsträgerinnen werden können. Dennoch ist die patriarchale Frau den sie dominierenden gesellschaftlichen Mecha-

---

411 IDEE e.V., daraus entstanden die beiden Vereine Mehr Demokratie e.V. und Omnibus für Direkte Demokratie gGmbH

nismen unterworfen. Diese Mechanismen sind von Männern eingerichtet worden und entsprechen in keinster Weise den (biologischen) Bedürfnissen der Frauen. Noch immer neigen Frauen dazu sich einem vermeintlich starken Mann zu unterwerfen, meist ohne es überhaupt selbst zu bemerken. Das wissen die Mächtigen geschickt zu nutzen.

2000: *„So wie die Sklaverei, die eine Folge des Krieges war, abgeschafft wurde, so wird dereinst der Krieg selbst abgeschafft,"* schreibt der Syrer und Friedensaktivist Jawda Saïd[412], der oft „der syrischer Ghandi" genannt wird.
(27, 11/05, 403[413])

2001: Frauen können zukünftig bei der deutschen Bundeswehr Dienst mit der Waffe leisten.
Junge Väter erhalten erstmals gesetzlich den Rechtsanspruch auf Teilzeitarbeit (Deutschland). (13)
Erstmals werden Vergewaltigungen im Zusammenhang mit kriegerischen Aktionen als schwerer Verstoß gegen die Genfer Konventionen verurteilt und als Verbrechen gegen die Menschlichkeit eingestuft. Im Februar 2001 fällte der Internationale Strafgerichtshof für das ehemalige Jugoslawien in Den Haag dieses historische Urteil. (15)

2001 bis 2003: *Im Bürgerkrieg von Liberia*[414] *zwangen Frauen* ihre Männer, die Waffen endlich zum Schweigen zu bringen. Christliche und muslimische Frauen taten sich zusammen (27, Nov. 2015/403) „Der gewaltfreie Protest begann

---

412 geb. 1931

413 zitiert aus: Saïd, Jawda, Law, Religion and the Prophetic Method of Social Change" in Journal of Law and Religion, 15. Jahrgang, Nr. 1-2, Jahr 2000, S. 118

414 Staat an der westafrikanischen Atlantikküste, grenzt an Sierra Leone, Guinea und die Elfenbeinküste (nicht zu verwechseln mit dem nordafrikanischen Libyen)

damit, dass die Frauen sich weiß kleideten, um sich kenntlich zu machen. „Es war eine Armee von Frauen in Weiß, die sich erhoben, als es niemand sonst wagte“, schreibt Gbowee[415] in ihrer Autobiographie.“ ([416])

2008: Der Sicherheitsrat der Vereinten Nationen verabschiedete die Resolution 1820, nach der sexuelle Gewalt in bewaffneten Konflikten als Straftatbestand gilt. Der Rat wies darauf hin, dass „Vergewaltigungen und andere Formen sexueller Gewalt als Kriegsverbrechen, Verbrechen gegen die Menschheit oder als Bestandteil von Völkermord geahndet werden können“. (15)

2010: Die Notwendigkeit der Instrumentalisierung der Frauenfrage zur Erhöhung der Kriegsbereitschaft in der Bevölkerung wird in einem Geheimpapier der CIA behandelt.[417] ([418])

EINSCHUB

Im Schwerpunkt sollen Frauen als Opfer von Regimen dargestellt werden, gegen die Angriffskriege geplant oder bereits im Gange sind, wie Afghanistan, Irak, Iran, Syrien u.a.. „Es wird mittels geschickter Adressierung weiblicher Solidarität dafür geworben, ganze Länder mit Kriegen zu überziehen. Dass diese Kriege dann Männern und Frauen schaden und niemandem nützen, darüber verlieren die Massenpsychologen selbstredend kein Wort. Sie dürfen jedoch davon ausgehen, dass es etwa im Irak keiner Frau heute besser als vor dem Krieg dort

---

[415] 2001 wurde Leymah Gbowee Koordinatorin der Organisation "Women in Peacebuilding". Wenig später gründete sie "Women of Liberia Mass Action for Peace"

[416] http://friedensbildung.de/inhalt-der-ausstellung/liberia/frauen-in-weiss/

[417] Veröffentlichung durch wikileaks

[418] Prof. Jörg Becker, Politologe, Magazin free 21, Nr. 2, 09/2105. S.13+32

geht. ... In diesem aggressiven Kampf der USA um eine globale Modernisierung nach westlichem Vorbild spielt die Frauenfrage eine herausragende Rolle. Es entwickelt sich eine mörderische Allianz von NATO und westlichem Feminismus." ([419])

2011: Nuklearkatastrophe im Atomkraftwerk Fukushima, Japan, nach einem schweren Erdbeben mit Tsunami, mit unübersehbaren Folgen. (Anm. BW)

2013/Januar 2015: Die syrische Stadt Kobane wird von kurdischen Aufständischen aus der Gewalt der IS-Terrormilizen befreit. Die Bilder von jungen Kämpferinnen gehen um die Welt. Der Mut dieser Kämpferinnen gibt Tausenden Frauen in der Region neue Hoffnung. Bereits 40 Jahre früher gründeten Aktivistinnen in der Türkei die „Partei der Freien Frauen". Ihre Gründerin, Sakine Cansiz[420] wurde im Januar 2013 in der Rue La Fayette in Paris ermordet. ([421])

2015: *„Der Berufsstand der Hebammen* ist wieder in Gefahr: stetig steigende Beiträge zur Berufshaftpflicht bei nur geringem Verdienst pro Geburt haben dazu geführt, dass viele freiberufliche Geburtshelferinnen ihren Beruf an den Nagel gehängt haben." ([422])

EINSCHUB

Nach wie vor müssen Hebammen um ihre Rechte kämpfen, z.B. dass ihre Leistungen von den Krankenkassen angemessen

---

419 ebda.

420 1958 (Türkei) – 2013 (Paris); Gründungs- und Führungsmitglied der Arbeiterpartei Kurdistans

421 www.arte.tv/guide/de/063685-000-A/der-freiheitskampf-der-kurdinnen#arte-header (März 2016)

422 www.nwzonline.de/friesland/politik/sitzstreik-und-baeuchleinparade-sitzstreik-und-baeuchleinparade_a_27,0,1411404315.html (4.6.2015)

bezahlt werden. Zahlreiche ländliche Krankenhäuser müssen ihre Geburtsstationen schließen, da die Auflagen nicht mehr zu erfüllen sind.

Nach wie vor müssen Schwangere für ihre Selbstbestimmung kämpfen, z.B. wie sie ihre Geburten machen wollen. Es viel zu wenig ergebnisoffene und sachkompetente Aufklärung für werdende Eltern. Viel zu oft wird Schwangeren von Frauenärzten geraten einen Kaiserschnitt durchführen zu lassen. Abgesehen von den wenigen medizinischen Begründungen sind die meisten organisatorischer und finanzieller Art: beim Kaiserschnitt ist der Zeitpunkt für Arzt und Eltern frei bestimmbar, das Risiko angeblich geringer. Vor allem aber bringt der Kaiserschnitt deutlich mehr Geld in die Kassen. Über Negatives wird nicht informiert[423]: da beim Kaiserschnitt die Liebeshormone bei der Mutter nicht ausgeschüttet werden, kann es zu einer abgekühlten Mutter-Kind-Beziehung kommen. Auch das Neugeborene kann irritiert sein, da es ja keine selbstbestimmte Geburtsleistung vollbracht hat.

2015: „Jedes fünfte Kind in Deutschland ist von Armut bedroht. Hartz IV[424] und Kinderarmut gehören in Deutschland zusammen." ([425])

EINSCHUB

„Kinderarmut ist Mütterarmut – Nichts lässt die Wellen der Empörung höher schlagen als die Nachricht von armen Kindern in einem reichen Land. Seltener ist dagegen von Frauen- oder Mütterarmut die Rede. Denn wer Betroffenheit erregen will, spricht von den Kindern. Sie sind per se Schutzbefohlene

---

423 www.bfhd.de/aktuelles.html (31.10.15)

424 staatliche Armenunterstützung

425 http://Kinderwiege-armut.de (31.10.15)

und als solche unverschuldet in Armut geraten. Die Ursache ihrer Armut jedoch ist die prekäre Lebenssituation ihrer Eltern. Besonders dramatisch ist die Situation der Alleinerziehenden, wie eine Studie des Instituts für Arbeitsmarkt- und Berufsforschung (IAB) belegt. Ihr Armutsrisiko ist mit 36 Prozent doppelt so hoch wie das aller übrigen Haushalte in Deutschland. Und: Arme Alleinerziehende sind zu 95 Prozent Frauen. Die Rede ist also von „Mütterarmut". 650 000 Alleinerziehende in Deutschland sind auf Hartz IV angewiesen und das vergleichsweise lange." ([426])

2015: 3.284.289 Unterschriften wurden zwischen Okt./2014 und Okt./2015 europaweit gesammelt gegen die Freihandelsabkommen TTIP und CETA im Rahmen einer selbstorganisierten europäischen Bürgerinitiative (EBI). Beide Abkommen sind eine Gefahr für Demokratie und Rechtsstaat, Umwelt-, Arbeitnehmer- und Verbraucherschutz. ([427])

2015: In Konfliktfällen, wie Kriegen oder Bürgerkriegen oder bei so genannten ethnischen Säuberungen sind weltweit häufig massenweise und systematische Vergewaltigungen der Frauen von Kriegsgegnern festzustellen. Über die Hälfte der in Konfliktzonen Vergewaltigten sind Kinder. Teils liegt ihr Anteil auch erheblich höher. Dies geht aus einem Bericht von „Save the Children" hervor. (15)

EINSCHUB

Vergewaltigung und andere Formen sexueller Gewalt werden nach wie vor weltweit als Kriegstaktik und in bewaffneten

---

426 http://Westberliner-zeitung.de/archiv/kinderarmut-ist-muetterarmut,10810590,10641928.html, Autorin: Katja Tichamirona, erschienen: 26.05.2009 (31.10.15)

427 www.stop-ttip.org (März 2016)

Konflikten eingesetzt, um den familiären und sozialen Zusammenhalt der jeweiligen Feinde langfristig zu brechen, um die Gegner zu bestrafen und zu erniedrigen, Gemeinden zu destabilisieren, bestimmte religiöse und politische Gruppen auszulöschen, die gegnerischen Truppen zu Racheakten zu provozieren sowie als Belohnung für Siege und Stärkung der Truppenmoral.
Weibliche Familienangehörige der Feinde werden bevorzugt malträtiert. Durch öffentliche (Massen-)Vergewaltigungen greifen die Täter zusätzlich das maskuline Selbstbild der jeweiligen männlichen Familienangehörigen an, die in ihrer Wehrlosigkeit als Versager verhöhnt werden. Manche Kämpfer vergewaltig(t)en auch Männer, um sie zu entmännlichen. Vergewaltigungen und alle Formen von sexueller Gewalt wurden und werden nach wie vor auch als Foltermethode eingesetzt.

„*In den USA ergab eine Untersuchung*, dass Vergewaltigungen in der Armee zunehmen, seit Frauen Soldatinnen werden können. Zum Beispiel wurden in der Luftwaffen-Akademie 20 Prozent der Soldatinnen vergewaltigt. Die überwiegende Mehrheit (80 Prozent) zeigte die Vergewaltigung nicht an, denn Soldatinnen, die eine Vergewaltigung melden, werden eingeschüchtert und bestraft." (15)

15. Mai 2015: *Zum Internationalen Tag der Kriegsdienstverweigerung* erklärten Alper Sapan[428], Sitem Gündüz, Birsen

[428] Alper Sapan, starb ca. 2 Monate später bei einem Anschlag in Suruc. „Am 20. Juli 2015 machten sich viele junge Menschen aus verschiedenen Städten auf den Weg, um die durch den Krieg zerstörte Stadt Kobanȩ wieder aufzubauen. ... Sie wollten das Leben in das geplünderte Land zurückbringen. Sie sollten keinen Erfolg haben. Die immerwährende Kriegspolitik mündete in eine Bombe, die in der Mitte der Versammlung von jungen Menschen explodierte, die sich dieser Politik widersetzten und den Frieden aufbauen wollten. Dutzende verloren ihr Leben, Hunderte wurden verletzt." Der 19-jährige Kriegsdienstverwei-

Durmaz und Gamze Çukurcu in der Türkei öffentlich ihre Kriegsdienstverweigerung. Sie verfassten die folgende gemeinsame Pressemitteilung: *„Die Geschichte wird mit dem Blut geschrieben, das die Herrschenden vergießen, um ihre Macht aufrecht zu erhalten. Entgegen aller Glorifizierung des Krieges hat die zum Gehorsam gezwungene Menschheit nur der Bereicherung und dem Machtstreben der Herrschenden gedient und dies mit unzähligen Menschenleben bezahlt. Millionen wurden gezwungen ihre Geschwister, ihre Freunde zu töten. Die durch das Soldatentum verherrlichte mörderische Männlichkeit brandmarkt Homosexuelle als ‚verfault' und reduziert Frauen auf Soldaten produzierende ‚heilige Wesen'. Wir weigern uns, für die Machthaber zu sterben und zu töten. Wir verweigern die Befehle."*([429])

gerer Alper Sapan war unter ihnen. (Autor: Vicdani Ret Derneği in: Rundbrief „KDV im Krieg" 4/15, S. 22, Connection.e.V., Deutschland)

429 www.vicdaniret.org (16./17. 5. 15), in „KDV im Krieg", 5/15, S. 14

NACHHALL

Die hier beschriebene Geschichte erschüttert mich. Ich bin ein Teil von ihr. Ich schäme mich dafür. Und doch weiß ich, wir können es hinkriegen, die Umkehr schaffen. Heilung tut Not.

Die einstigen Opfer sind längst zu Tätern geworden. Die „Gehirnwäsche", das *brainwashing*, setzt am Unbewussten an. Es sind kollektive Ängste, die sich mit kollektiven Hoffnungen verbinden. Individuelle Trauer ändert nichts am Ganzen, wenn das Ganze nicht gefühlt und gedacht wird. Bilden Glaubenssysteme das Bewusstsein, mit dem entschieden wird, dann ist das Bauchgefühl von *muss* und *soll* und *darf* und *nicht* verdorben.

Es gab nicht immer Streit und Krieg. Die längste Zeit der Menschheitsgeschichte war voller Frieden! Im Frieden gründen unsere Wurzeln. Gehen wir gemeinsam den Weg in diesem Bewusstsein, dann wissen wir, dass Mensch kein Raubtier ist, sondern ein Schüler, eine Schülerin um das Lieben im Leben zu lernen!

Die Manipulationen vieler Menschen über ein fest installiertes und wissenschaftlich sowie politisch gut abgesichertes Glaubenssystem, sei es religiös oder auf die Wirtschaft bezogen, in dem Gut gegen Böse kämpft, untermauert jede Kriegsführung perfide und führt die zutiefst überzeugten Pazifist/innen in die Befürwortung von Angriffskriegen ihrer Länder und Kulturen. Die Schraube von Missbrauch und Gewalt dreht sich. Manipulierenden Kräften sind Tor und Tür offen gehalten von eben denselben: es sind die Opfer, die zu Tätern sich verwandeln in einem anderen Lebenszusammenhang.

Erkenntnis der alten Lebensweisheiten, der matriarchalen Werte, die keine Trennung der Pole in *gut* und *böse* kennen, tut Not. Dafür ist ein Aufspüren unserer Wurzeln erforderlich, ein Aufspüren unserer Wurzeln, die weit tiefer liegen als die frühen Schriften es uns weismachen wollen. Das Aufspüren der Wurzeln kann schmerzhaft sein, so wie das neue Durchbluten lange stillgelegter Adern und Nervenstränge schmerzhaft sein kann. Gemeinsam können wir diese Schmerzen mittels Zusammenfügung unserer Erkenntnisse und Kenntnisse durchatmen.

Während ich schreibe fällt mir immer wieder der Satz ein: „Ich bin der Feind oder Freund – nicht du!" und ich denke, darin könnte eine Lösung liegen. Was meint nur dieser Satz? Was will er mir vermitteln?

Ein kollektives Trauma, wird es nicht gehört, wiederholt sich immer wieder.
Heute ist die Wirtschaft, was einst die Religion war. Der Vatikan ist heute der IWF, der Hochadel die Oligarchie[430] von Banken und Unternehmen, der Heilsglaube die freie Marktwirtschaft, die umtriebigen Bischöfe und Missionare sind die Lobbyisten. Das Vokabular ist geblieben, denn es hat sich bewährt: das Glaubensbekenntnis bezieht sich auf den Wert des Geldes, denn ohne den gemeinsamen Glauben an seinen Wert – der real betrachtet nur billige Münzen, bedrucktes Papier und Buchungssätze ist – hätte es keinen. Sein Wert basiert – wie in der Religion – auf der Angst vor Ungehorsam, Angst vor der eigenen Schuld und vor schwerer Strafe, die in Armut und Elend führen wird. Sein Wert basiert nach wie vor auf DROHUNG! Für Geld, Gott und Glaube werden Kriege geführt.[431]

Wieder gibt es einen starken Widerstand. Wieder kommt er von den jungen Menschen, von den Kindern der Mütter und Väter des Volkes. Es sind Kinder, die nicht funktionieren (wollen oder können) im Sinne des Staates, der Religion, der Wirt-

---

430 „Herrschaft von Wenigen", in der antiken Verfassungslehre: „die Entartung der Aristokratie"; seit den 1990er Jahren: Unternehmer, von denen die Allgemeinheit annimmt, dass sie großen Reichtum und politischen Einfluss besitzt. (ausgehend von Russland nach Auflösung der Sowjetunion) (de.wikipedia.org/wiki/Oligarchie, (31.7.16))

431 ausgearbeitet in: Frey, Yoshi, Die *Gläubigen* Schuldner, Die spirituellen Gründe des Geldwahns, 2005

schaft. Es sind Kinder, die für psychisch labil und krank erklärt werden (sollen) und die Eltern haben, die dies nicht so sahen oder sehen.

Wieder sollen die „neuen und guten“ Werte in den Schulen eingeführt werden – so wie einst das patriotische und rassenreine, das christliche und griechische Lehr- und Werteideal – so heute ein einseitig belichtetes Wirtschaftswertideal.[432] Die Lobbyisten sind überall - so wie einst die Missionare. Die Mütter werden nicht gefragt. „Sie sind sowieso längst gebrochen,“ sagen die einen. „Sie haben vermutlich keinen Mut mehr eine eigene Herzens-Meinung zu bilden ...,“ sagen die anderen, „... und diese laut und deutlich zu vertreten.“ – „In der Regel unterwerfen sie sich dem starken Mann,“ behaupten die dritten. „Sie schweigen verwirrt,“ sagen die vierten.

So denken die alten, sich selbst ver-herr-lichenden dunklen Magiere der Macht, des Marketings und der Wirtschaftslobbyisten. Sie glauben an ihre Magie. Sie wissen es nicht anders. Sie haben es nur so gelernt. Doch ich weiß: es ist nicht so! Ich weiß es, denn ich empfinde es anders. Unsere Aufgabe ist unserem Herzen zu folgen. ... Für unsere inneren Werte und unsere Überzeugung einzustehen. ... Darum sind wir wohl geboren. Das muss der Sinn des Lebens sein. Und damit gilt es Brücken zu bauen zwischen den Überzeugungen. Wo liegt der kleinste, gemeinsame Nenner? In der Liebe? Im Frieden? In der Lebensfreude? Ganz sicher nicht im Krieg, im Kampf gegeneinander und im Erringen von Macht übereinander.

Hier bin ICH – da bist DU.
ICH entscheide – Bin ich dein Feind oder Freund?
ICH entscheide – Bin ich deine Feindin oder Freundin?
Nicht DU!
Du machst es als ICH ebenso.

---

[432] siehe dazu die aktuellen Diskussionen über die Einführung des Unterrichtsfach Wirtschaft in Baden Württemberg, 2015

So begegnen wir uns.

ICH trifft ICH.
ICH bin es, die entscheidet, ob zwischen uns Feindschaft oder Freundschaft regiert,
Dein ICH und mein ICH.

Propaganda sagt etwas anderes:
sie sagt dir was du denken sollst und erklärt dir was du bist.
Sie sagt, du bist die Feindin, du bist der Feind von ... .

Propaganda sagt etwas anderes:
sie sagt mir was ich denken soll und erklärt mir was ich bin.
Sie sagt, ich bin die Feindin, ich bin der Feind von ... .

ICH sage, ich bin dein Freund.
Damit bist du plötzlich kein Feind mehr.

ICH sage, ich bin deine Freundin.
Damit bist du plötzlich keine Feindin mehr.

Ich bin es, die entscheidet.
Ich bin es, der entscheidet.
Wir sind Milliarden ICHs.

Übernehmen wir Verantwortung
für den Frieden, den Ausgleich, für die Welt unserer Kinder!

Gehen wir es an
im Kleinen, in unserem täglichen Leben!

Das also bedeutet der Satz
„Ich bin der Feind oder Freund – nicht du!“
„Ich bin die Feindin oder Freundin – nicht du!“

ANHANG

Literaturverzeichnis

(1) de.wikipedia.org/wiki/Deutscher_Bauernkrieg (30.7.15)
(2) www.bauernkriege.de/gesamttab.html (30.7.15)
(3) de.wikipedia.org/wiki/Bundschuh-Bewegung (30.7.15)
(4) www.harz-saale.de/wordpress/der-grose-deutsche-bauernkrieg-und-die-rolle-des-predigers-thomas-muntzer-in-mitteldeutschland (30.7.15)
(5) de.wikipedia.org/wiki/Zwölf_Artikel (30.7.15)
(6) de.wikipedia.org/wiki/Liste_von_Bauernaufständen (30.7.15)
(7) uni-protokolle.de/Lexikon/Hexenverfolgung.html (1.8.15)
(8) Brockhaus Enzyklopädie, 24 Bände, 1988-1992
(9) www.uni-muenster.de/FNZ-Online/ recht/hexen/unterpunkte/basis.htm (1.8.15)
(10) deutschland-im-mittelalter.de/Hexenverfolgung/Gegner (7/15)
(11) www.hexenprozesse--kurmainz.de/epoche/hexenprozesse/befuerworter-und-gegner-der-hexenverfolgung.html (1.8.15)
(12) *www.frauenwissen.at* (Jan. 2015)
(13) *Meyer-Kahrweg, Dorothee u. Sarkowicz, Hans u. Malton, Lieslie u. Manteuffel von, Felix* - Auszug aus CD Cover „Sag jetzt nichts!“ Die witzigsten Originaltöne aus 100 Jahre Geschlechterkampf Hörbuchverlag
(14) wiki/Inquisition#Offizielles_Ende_der_Inquisition (1.8.15)
(15) wiki/Vergewaltigung#Vergewaltigung_als_Kriegswaffe (12/14)
(16) *Michelet, Jules* - Hexen, 1862, Neuaufl. 2005
(17) *Göttner-Abendroth, Heide* - Matriarchat I, 1988/2010; - Matriarchat II,1, 1991; - Matriarchat II,2, 2000; - Die Göttin und ihr Heros, 2011; - Die großen Göttinnenmythen Inanna, Gilgamesch, Isis, Rhea, 2004
(18) Konversationslexikon, 1875-1880
(19) historicum.net/themen/hexenforschung/lexikon/sachbegriffe/artikel/Canon_Episcopi/ (5.8.15) - *Werner Tschacher* (23.4. 2008)
(20) *Feuerstein-Praßer, Karin* - Europas Urahnen, 1999
(21) *Gimbutas, Marija* - Die Sprache der Göttin, 1995
(22) *Hörmann, Franz* - Das Ende des Geldes, pdf (ca. 2005)
(23) http://catholic-church.org/ao/ps/KircheGewalt.html (7/15)

(24) www.kaiserin.de/medizinerinnen/geburtshilfe-in-der-geschichte.php (18.12.14)
(25) de.wikipedia.org/wiki/Zeitalter_der_Aufklärung (ca. 2008)
(26) de.wikipedia.org/wiki/Lehnswesen de (1.8.15)
(27) *Graswurzelrevolution* - Ausgabe 401/September 2015, S. 14 f, Artikel: „Frauenhandel," Abdruck des Artikels von Emma Goldman (1869-1940) aus 1910: „The traffic in woman", damals abgedruckt in der Zeitschrift „Mother Earth", USA, übersetzt von Katja Rumeil für den Sammelband „Emma Goldman, Anarchismus und andere Essays", 2014, unrast-Verlag;
- Ausgabe 403/November 2015, S. 10, Artikel von Absent Friend: „Ein anderes Syrien war und ist möglich, Islam und Gewaltfreiheit: Jawda Saïd (geb. 1931) der syrische Ghandi"
(28) *Hügel, Franz* - Zur Geschichte, Statistik und Regelung der Prostitution - sozial-medizinische Studie .. , 1865, 2012
entnommen: google books (9/15)
(29) *Mulack, Christa* - Maria, die geheime Göttin im Christentum, 2005; - Der veruntreute Jesus, 2009; - Maria Magdalena, Apostelin der Apostel, 2010; - Und wieder fühle ich mich schuldig, 2008;
- Natürlich weiblich – die Heimatlosigkeit der Frau im Patriarchat, 1990
(30) *Martin, Bruno* - Handbuch der spirituellen Wege, 1995
(31) *Walker, Barbara G.* - Lexikon, Das geheime Wissen der Frauen, 2003
(32) *Bauer, Wolfgang, Dümotz, Irmtraud, Golowin, Sergius, Röttgen, Herbert* - Bilderlexikon der Symbole, 1980 [Bd. 2]
(33) *Weiler, Gerda* - Das Matriarchat im Alten Israel, 1989
(34) *Hönig, Adolf* - Die Ophiten, ein Beitrag zur Geschichte des jüdischen Gnosticismus, Dissertation, philosophische, Fakultät Freiburg, Druck Berlin, 1889, web: sammlungen.ub.uni-frankfurt.de/freimann/content/titleinfo/181886 - (download pdf, 2013) [Bd. 2]
(35) Kleines Stuttgarter Bibellexikon, 1969
(36) *Baigent, Michael* und *Leigh, Richard* - Verschlusssache Jesus – Die Qumranrollen und die Wahrheit über das frühe Christentum, 1991 [Bd. 2]
(37) Rhein-Lahn Zeitung, 5.9.2015, Journal S. 6 - *Ursula Schwerin*
(38) www.theologie.de (10/15)

(39) de.wikipedia.org/wiki/Martin_Luther (9/15)
(40) de.wikipedia.org/wiki/luzifer (21.2.14)
(41) Die Bibel in heutigem Deutsch, Die Gute Nachricht des Alten und Neuen Testaments mit den Spätschriften des AT, Deutsche Bibelgesellschaft Stuttgart, 1982, Sacherklärungen
(42) *Tributsch, Helmut* - Die gläsernen Türme von Atlantis, Erinnerungen an Megalith-Europa, 1986 [Bd. 2]
(43) de.chabad.org/library/article_cdo/aid/534899/jewish/Die-Prinzipien-der-Kabbala.htm (2010); - Autor: Rabbi Dubov, Nissan Dovid, Die Reise nach Innen
(44) *Simek, Rudolf* - Lexikon der germanischen Mythologie,1988
(45) Der kleine Stowasser, Lateinisch-deutsches Schulwörterbuch, 1971 [Bd. 2]
(46) *Fire Lame Deer, Archie, Erdoes, Richard* - Medizinmann der Sioux, Tahca Ushtes Sohn erzählt von seinem Leben und seinem Volk, 1992
(47) Duden, Das Herkunftswörterbuch, 1989
(48) www.gottwein.de/Lat/tac/Germ06.php – Übersetzung von Tacitus, Germania (24.9.15) [Bd. 2]
(49) *Hartmann, Johannes* - Das Geschichtsbuch von den Anfängen bis zur Gegenwart, 1955
(50) *Genzmer, Felix* - Edda, 1995 [Bd. 2]
(51) www.gerd-albrecht.de/Die Gnostischen Schriften/Der Eugnostosbrief.htm (29.9.15) [Bd. 2]
(52) de.wikipedia.org/wiki/Dreifaltigkeit (1.10.15)
(53) *Golther, Wolfgang* - Handbuch der Germanischen Mythologie, 2003
(54) Duden, Das Fremdwörterbuch, 1974
(55) dtv-Lexikon, 1972
(56) *Frazer, Sir G. James* - Der goldene Zweig, Das Geheimnis von Glauben und Sitten der Völker, 1989
(57) *Meier-Seethaler, Carola* - Von der göttlichen Löwin zum Wahrzeichen der männlichen Macht, Ursprung und Wandel großer Symbole, 1993 [Bd. 2]
(58) *Tacitus* - Germania, Einleitung und Anmerkungen von Prof. Dr. Curt Woyte, Reclam, 1937 [Bd. 2]
(59) *Mithu M. Sanyal* - Vulva, Die Enthüllung des unsichtbaren Geschlechts, 2009 [Bd. 2]

Abkürzungen

Anm. Anmerkung, (BW: Birgit Weidmann)

AT; NT Bibel, Altes Testament; Bibel, Neues Testament

adj. Adjektiv, Eigenschaftswort

ahd. althochdeutsch, gesprochen: 750 bis 1050 n. Chr.

aram. aramäisch: nordwest-semitische Sprache, eng verwandt mit hebräisch; in der neubabylonischen Zeit allgemeine Handelssprache im Vorderen Orient; Volkssprache in Palästina seit der Rückkehr aus dem babylonischem Exil, ab ca. 539 v. Chr.; Muttersprache von Jesus; Umgangssprache im Volk zu Jesus Zeiten; Teile des AT sind in aram. geschrieben. Im NT finden sich verschiedene aram. Worte. Ob die Evangelien aram. geschrieben wurden ist umstritten. Im 8. Jh. wurde aram. von arabisch verdrängt. (35, „aramäisch")

awest. awestisch, avestisch: altiranischen bzw. altpersisch, diese Sprache wurde vermutlich zu Zarathustras Lebzeiten gesprochen, ca. 1800 – 600 v. Chr.

germ. germanisch: die germanischen Sprachen umfassten zahlreiche Dialekte aus dem heutigen Nord- und Mitteleuropa. Schriftliche Zeugnisse setzten etwa ab dem 6. Jh. n. Chr. ein.

hebr. hebräisch: westsemitische Sprache, in der große Teile des AT geschrieben wurden sowie die Texte von Qumran u.a.. Die Sprache Kanaans wird erst ab 3. Jh. v. Chr. als hebr. bezeichnet. Hebr. entstand aus der Mischung von mitgebrachter aram. Sprache und vorgefundenen Dialekten. Nach dem Exil wurde hebr. zur Literatur-, Kult- und Gelehrtensprache, die Umgangssprache war aram.. Der Talmud wurde in mittel-hebr. verfasst. Neu-hebr. ist die Sprache des Staates Israel.

indg. indogermanisch: zu den indogerm. Sprachen gehören sowohl keltische, griechische, italienische, anatolische aber auch indoiranische, baltische und slawische Sprachen. Ihre Ausbreitung begann im 4. Jh. v. Chr. und erreichte bis 500 n. Chr. das gesamte heutige Europa, Kleinasien, den Vorderen Orient bis Britannien und Dänemark.[433]

Jh. Jahrhundert

---

433 de.wikipedia.org/wiki/Indogermanische_Sprachen#Geschichte (12/15)

mdal. mundartlich

mhd. mittelhochdeutsch, gesprochen:1050 bis 1350 n. Chr.

mlat. mittellateinisch

nhd. neuhochdeutsch

norw. norwegisch

Philos. Philosophie

pl. Plural, Mehrzahl

sing. Singular, Einzahl

Theol. Theologie

Glossar

kursiv verweist auf weiterführendes Stichwort in diesem Glossar

Apokatastasis (griech.) = „Wiederherstellung, Wiederbringung, Neuordnung, Herstellung, Verwirklichung"; in Medizin, Astronomie, Jura, Politik, antike Philosophie: „Wiederherstellung eines ehemaligen Zustandes" ; zyklisch-theologisches Geschichts- und Weltbild, nach der am Ende der Zeiten alles mit allem ausgesöhnt sein wird; nach der auch der Teufel erlöst wird. Eine ewige Verdammnis gibt ist nach dieser Lehre keine; „Allaussöhnung" nach Origenes (Gnosis).

Apokryphen (griech.) = „verborgene, geheime Schriften", wird in der Christenheit allgemein mit „unechte Schriften" übersetzt. (griech.: apocryph = „verborgen, geheim"). Die Apokryphen wurden nicht in den *Canon* der Bibel mit aufgenommen. Dennoch sind alle apokryphen Schriften christlich und zum Teil auch kirchlich überarbeitete Texte, wodurch die Urtexte mit den Korrekturen so verschmolzen, dass ihre Bestandteile kaum zu trennen sind. Zum Teil bilden die später in den Höhlen gefundenen Schriftrollen hiervon eine Ausnahme, wie z.B. der gnostische Eugnostosbrief (Band II).

Apostasie (griech.) = „Abfall, Wegtreten vom ursprünglichen Standort"; theologisch: „Abfall vom christlichen Glauben, Austritt einer Ordensperson aus einem Kloster unter Bruch des Gelübdes.

Arianerstreit Streit zwischen den Verteidigern der Wesens-Einheit von Gott und Sohn, wie sie auch von den Bischöfen Alexander und Athanasius vertreten wurde, und den Verteidigern der Verschiedenheit bzw. Wesensähnlichkeit von Gott und Sohn, wie sie Origenes und Arius vertraten. Der Streit brach auf dem Konzil von Nicäa, 325 aus und hielt einige Jahrzehnte an.

Babylonisches Exil (597 bis 539 v. Chr.) Angehörige der israelischen Oberschicht wurden nach der Eroberung durch Babylon aus Israel ausgewiesen und fern ihrer Heimat in Babylon angesiedelt. Dies entsprach der babylonischen Praxis nach allen Eroberungen.

Laut Jeremia (AT) mussten 4.600 Menschen ihre Heimat verlassen. Das Exil wurde als religiöse Strafe aufgefasst und sorgte für eine spirituelle Verunsicherung, da die Menschen bisher davon ausgegangen waren, dass Gott Jahwe sie auf Grund des mit ihm geschlossenen Bundes uneingeschränkt vor den Fremden, den Andersgläubigen, den „Heiden“ (Luthers Übersetzung) beschützen wird. Äußerlich bestand kein Mangel für die im Exil lebenden Menschen. Sie lebten in komfortablen Lebensumständen und mussten keiner Arbeit nachgehen. Diese Zeit wird (außer in der Bibel) als eine sehr fruchtbare Zeit beschrieben. Mittelpunkt des jüdischen Lebens war das Studium der Tora.

Bibel Im babylonischen Exil wurde die Textsammlung für das AT der Bibel zusammen getragen, die prophetischen Überlieferungen wurden überarbeitet und zu Büchern zusammengefasst. Es entstanden die ersten Niederschriften der biblischen Geschichten zum späteren AT, die danach offensichtlich verloren gingen und nur noch in Fragmenten zur Verfügung standen. Erst im 1. Jh. v. Chr. tauchten sie wieder auf. Im 1. Jh. n. Chr. wurden sie, neu zusammengestellt, als „Heilige Schrift“ von den Juden der Diaspora[434] genehmigt. Zeitgleich entstand das Neue Testament.[435]

Buhle, buhlen Das Wort wurde bis ins 15. Jh. hinein positiv benutzt: „einen Geliebten oder eine Geliebten lieben“. Der/die Buhle wurde als Anrede für eine vertraute Freundin oder Freund genutzt, ab dem 11. Jh. auch als Anrede für eine/n nahe/n Verwandte/n. Erst zur Zeit der beginnenden Hexenverfolgung geriet das Wort in Verruf. In dieser Zeit wurde es oft in Verbindung mit dem Hexensabbat, der Buhlschaft zwischen Hexe und Teufel und der vermuteten Hexensekte in Verbindung gebracht.

Canon, Kanon (griech.) = „Katalog, Regel, Richtschnur“; „Leitfaden des Glaubens und der Ethik der christlichen Kirche“. Er besitzt kirchen-rechtlichen Charakter, wie der Umgang mit dem *canon episcopi* zeigt.

Canon Episcopi Der aus dem 4. Jh. stammende „Brief an die Bischöfe“ erschien im 10. Jh. im *Sendhandbuch* des Abtes Regino

---

[434] verstreut auf der Erde lebende Juden

[435] 33, S. 326

von Prüm als kirchen-rechtliche Schrift. Dort heißt es: „Diejenigen Frauen, die der als gottlosen Aberglauben gebrandmarkten Vorstellung anhingen, sie würden nachts (im Gefolge der heidnischen Göttin Diana) reiten, seien durch den Teufel getäuscht worden. Dadurch wurden sie als Häretikerinnen qualifiziert. Dieser Kanon blieb über mehr als ein Jahrtausend Bestandteil des traditionellen Kirchenrechts und wurde immer wieder als Grundlage für oder wider die Frauenverfolgung herangezogen."[436]

Demiurg (griech.) = „Weltenbaumeister, Weltenschöpfer" Der Begriff wird in gnostischen Schriften verwendet. Der Demiurg entstammt nicht der höchsten göttlichen Ebene.

Edda Edda bezeichnet eine Sammlung altnordischer Helden- und Götterlieder. Edda bedeutet eigentlich „Urgroßmutter". Sie wurde von dem irischen Gelehrten und Politiker Snorri Sturluson[437] aufgeschrieben. Zweifellos sind Snorris Darstellungen der nordischen Mythologie in der Edda und anderen Werken von seiner christlichen Bildung durchsetzt. Dennoch stellen sie unsere wichtigste Quelle nordgermanischer Mythologie dar.[438]

Gnosis (griech.) = „[Er-]Kenntnis"; auch Gnostizismus, wurde vielfach mit „Geheimlehre" übersetzt. In der Gnosis geht es um die Erkenntnis des Übersinnlichen. „Ihre Lehren spiegeln hellenistische, jüdische und besonders frühchristliche Versuche der Spätantike, die im Glauben verborgenen Geheimnisse durch philosophische Spekulationen zu erkennen und so zur Erlösung vorzudringen."[439] Die Gnosis ist eine Kreuzung vieler alter Mittelmeerkulturen. Jedoch sind ihre Wurzeln nur schwer fassbar. Elemente der antiken griechischen Philosophie und der griechischen Religion (Mittelplatonismus, Neupythagoräer, Seelenwanderungslehre) sind in gnostischen Lehren genau so zu finden wie Elemente der jüdischen, persischen (Zoroastrismus), babylonischen und ägyptischen spirituellen Lehren, eventuell auch Elemente aus dem nordindischen Mahayana-Buddhismus. Einflüsse stammen aus dem syrischen, persi-

---

[436] 19

[437] 1179 - 1241

[438] 44, „Edda"

[439] 54 „Gnosis"

schen, hellenistischen, jüdischen und schließlich aus dem christlichen Umfeld.[440]

Gnostiker Anhänger der Gnosis; es gab sie lange v. Chr. bis ca. 500 n. Chr. in zahlreichen Gruppierungen, meist nach ihren Gründern oder Lehren benannt. Der Begriff „Gnostiker“ war bis ins 2. und 3. Jh. die gängige Bezeichnung für „Intellektuelle“. Die christlichen Gnostiker nannten sich selbst meist „Christen“. Ihre Texte setzen sich mit dem frühchristlichen Glaubenssystem auseinander. Hauptstadt der christlichen Gnosis war das Kulturzentrum Alexandria in Griechenland. Bis das Christentum im 4. Jh. n. Chr. zur römischen Staatsreligion wurde, gab es einen regen Wettbewerb zwischen jüdisch-gnostischen, christlich-gnostischen und anderen gnostischen Weltbildern. Die Lehre der Gnosis wurde schließlich von den römisch-paulinischen Christen aufs schärfste verfolgt. Die Gnostiker lebten allerdings noch lange in verstreuten Gruppen unauffällig weiter.[441]

Häresie (altgriech.) = „Wahl, Anschauung, Schule“; im Christentum: „Abweichung von der offiziellen Kirchenmeinung oder -lehre, abweichende Lehre“

Häretiker Andersdenkender, Abweichler, Anhänger einer Irrlehre

Heidentum „Heide“ ist eine Ortsbezeichnung, „heidr“ (germ.) eine Bezeichnung für „Seherin; „pagus“ (lat.) = „Ort“ und „paganus“ = „örtlich“, wird auch mit „heidnisch“ übersetzt. „Paganismus“ wird allgemein mit dem nichtchristlichen „Heidentum“ gleichgesetzt. Für die Römer war ein fremdes Volk noch keine „Heidentum“, sondern „gentilis“ (lat.), „éthnos“ (griech.), also Menschen einer bestimmten Abstammung bzw. Volkszugehörigkeit, eine Ethnie, eine Volksgruppe. Da sie Feinde des römischen Reiches waren, galten sie als Barbaren.

Hexe Das Wort ist auf das Westgermanische beschränkt. Die Herkunft des Wortes bleibt umstritten. Das ahd. „hag[a]zus[sa]“ oder „hagzissa“ setzt sich möglicherweise zusam-

---

440 de.wikipedia.org/wiki/Gnosis (6/2014)

441 30, S. 190, 191

men aus dem Bestimmungswort „hag“ = „Zaun (bestehend aus Knüppelhölzern), Hecke, Gehege, Hain“ und dem bis heute nicht sicher gedeuteten Grundwort „zissa, zus[sa]“: „tyska“ (norw. mdal.) = „Elfe, verkrüppelte, zerzauste alte Frau“. Hexe heißt mhd: „hecse, hesse.“

„Hag[a]zus[sa], hagzissa“ wird auch übersetzt mit: „die den Hag, das Landgut, Feld und Flur Schädigende.“ Es heißt: „Hexen sind im Volksglauben weibliche Personen, welche mit übernatürlichen Mitteln die Besitztümer eines Anderen schädigen.“

„Hex, hexa“ (griech.) bedeutet „sechs“ und gibt zusammengesetzt mit anderen Begriffen diesen den Begriff des Sechsfachen oder des Sechsten. Wir kennen bis heute den Ausspruch „jemand hat den sechsten Sinn“[442] für jemanden, der übersinnliche Wahrnehmungen, Vorahnungen oder Intuitionen hat.

Inquisitor „inquirere“ (lat.) = „untersuchen“; „inquisitio“ (lat.) = „das Aufsuchen, gerichtliche Untersuchung.[443] Der Inquisitor ist demnach ein Untersucher, Häscher, Untersuchungsrichter, der nicht aufgrund einer Anklage von Dritten ermittelt, sondern selbst tätig wird.

Kabbala Mündliche Überlieferung der mystischen Tradition des Judentums, basierend auf dem Tanach, das sind Sagenkränze, Ätiologien[444] und Herkunftssagen einzelner Sippen und Stämme. Sie flossen in der Kabbala zusammen. Die ältesten uns bekannten Schriftrollen stammen von 250 v. Chr.. Im 12. Jh. wurden Texte der Kabbala erstmals aufgeschrieben.

Ketzer „Irrgläubiger; jemand, der sich gegen geltende Meinungen auflehnt“. Das Wort ist als „ketzer, kether“ (mhd.) seit dem 13. Jh. bezeugt. Es stammt von „cathari“ (mlat.), „gassari“ (altlat.), der Name einer Sekte des *Manichäismus*, die

---

[442] Seit einer Fernsehsendung zur Verkehrssicherheit, die „Der 7. Sinn” hieß (ausgestrahlt: 1966 - 2005) heißt es heute im Volksmund oft: „Die/der hat den 7. Sinn” ohne den Bezug zur Fernsehsendung herzustellen oder zu kennen.

[443] Der kleine Stowasser, latein-deutsch, 1971

[444] Erzählungen gegenwärtiger Gegebenheiten durch Vorgänge oder Mythologien aus der Vergangenheit

„Katharer“ und bedeutet „die Reinen“ von „katharos“ (griech.) = rein.[445]

keusch stammt vom „kuski“ (ahd.), „kiusche“ (mhd.) und bedeutete ursprünglich: „mitwissend, eingeweiht, bewusst“ so wie auch das lateinische „conscius“. Erst im Rahmen der frühmittelalterlichen Christianisierung entstand die Bedeutungsverschiebung „der christlichen Lehre bewusst“. Daraus entwickelte sich die Bedeutung „tugendhaft, sittsam, enthaltsam und rein“.[446]

Logos (griech., pl.: logoi) = „menschliche Rede, sinnvolles Wort (Philos); logisches Urteil, Begriff (Philos); menschliche Vernunft, Sinn (Philos); göttliche Vernunft, Weltvernunft (Philos. (sing.)); Gott, Vernunft Gottes als Weltschöpferkraft (Theol. /sing.)); Offenbarung, Wille Gottes und menschgewordenes Wort Gottes in der Person Jesu (Theol. (sing.)“[447] „das Berechnen, der Grund, die Vernunft, das Sprechen, das Wort“[448]

Manichäismus Diese religiöse Bewegung wurde nach dem persischen Religionsstifter Mani[449] benannte. Mani und seine Familie gehörten einer christlichen Taufgemeinschaft an. Er hatte in seiner Jugend mehrere göttliche Offenbarungen, die ihn dazu bewegten auf Reisen zu gehen und die durch Visionen erfahrenen Lehren aufzuschreiben. Er verstand sich als Nachfolger von Jesus, Zarathustra[450] und Buddha[451]. Ihm wurde zwar erlaubt in Persien seine Religion zu betreiben, allerdings wurde er schließlich auf Betreiben der Zoroaster, die dort die vorherrschende Religion inne hatten, ins Gefängnis geworfen. Dort starb er an den Entbehrungen. Hingerichtet wurde er nicht. Dennoch wurde sein Tod von seinen Anhängern mit der Kreuzigung Jesus verglichen. Der Manichäismus gilt als dualistische, persisch-hellenistisch christliche Weltreligion. Da seine Ausbreitung von Persien bis in den Westen des Römischen Reiches und

---

445 47

446 47, „keusch“

447 54, „Logopathie“, „Logos“

448 47, „Lexikon“

449 216 - 276 oder 277 n. Chr.

450 lebte um 1800 v. Chr. in Persien, Religionsstifter des Zoroastrismus

451 Siddhartha Gautama lebte um 500 v. Christus in Nordindien

bis ins Kaiserreich China reichte, war der Manichäismus phasenweise für die römisch-katholische Kirche eine ernstzunehmende Konkurrenz.[452]

Matriarchat „arché" (altgriech.) = „Anfang, Prinzip, Ursprung", später: „Herrschaft" und „matri" = „Mutter" wird hier übersetzt mit „im Ursprung war die Mutter". Allgemein wird davon ausgegangen, dass das Matriarchat das Gegenteil des Patriarchat sei. Das Patriarchat wird übersetzt mit: „Herrschaft des Vaters". Das Matriarchat aber bedeutet nicht „Herrschaft der Mutter", was auch eine unsinnige Übersetzung wäre. Das Matriarchat ist überall die Vorläuferkultur des Patriarchats, was archäologisch und ethnologisch vielfach nachgewiesen wurde. Mutterzentrierte und vaterzentrierte Gesellschaftsformen sind in ihren Sozialstrukturen höchst unterschiedlich und nicht vergleichbar. Im Matriarchat stehen im Mittelpunkt Mutter und Kind, im Patriarchat die Herrschaft des Patriarchen, des Vaters. Es gibt dazu zahlreiche Mischformen.[453]

Morgenstern „Lucifer" (lat.), „H-Eosphoros, Phophóros" (griech.), „Helal" (hebr.) = „Lichtbringer, Lichtträger, Morgenstern"

ordo (lat.) = „Stand". Im Römischen Reich gab es verschiedene Stände oder soziale Eliten, wie z.B. der *ordo senatorius*, der „Senatorenstand".

Die bekehrten und getauften Christen, insbesondere die bekehrte Oberschicht, die Gelehrten, Geistlichen u.a. galten als Auserwählte Gottes. Nach der doppelten *Prädestinationslehre* war ihnen ihr Stand, ihr ordo auch nach dem Tod und für alle Zeiten sicher. So entstand ein neuer ordo, der christliche Stand, die christliche Elite, die von Gott Auserwählten, die ab dem Zeitpunkt der Taufe der (neuen) ewigen Gemeinschaft angehören werden. Ein äußerst verlockendes, verführerisches Angebot! Selbst Zweifler dürften schließlich übergetreten sein, denn woher kann man wissen, ob das nicht vielleicht doch stimmt?

---

[452] 54 „Manichäismus" +de. wikipedia.org/wiki/Manichäismus (10/05)

[453] 17, gesamtes Werk, auch: Band II

Paulinische Lehre basiert auf Paulus von Tarsus[454], dem wichtigsten Apostel des NT. Er bekehrte sich zu Jesus erst nach dessen Auferstehung. Ihm werden zahlreiche Bücher des Neuen Testaments zugeschrieben.
„Paûlos" (griech,), „Paulus" (lat.), „Saul" (hebr.) wurde 5 n. Chr. in der römisch-griechischen Provinz Tarsus geboren und nannte sich Saulus. Er verfolgte als gebildeter Jude und gesetzestreuer Pharisäer mit römischem Bürgerrecht Jesus und seine Anhänger. Pharisäer waren Vertreter des antiken, orthodoxen Judentums. Sie werden an einigen Stellen im NT von Jesus „Heuchler" genannt. Nachdem Jesus auferstanden war, soll Saulus eine spirituelle Begegnung mit ihm gehabt haben, was ihn zur Umkehr bewegte. Aus dem hebräischen Saulus wurde der griechisch-römische Paulus, was ja derselbe Name blieb. Ab jetzt verstand er sich als Apostel des auferstandenen Jesus von Nazareth. Seine Lehren sind stark an den orthodoxen[455] jüdischen Lehren in ihrer Gesetzestreue zu den Mosesgesetzen, ihrem Elitedenken und ihrer Frauenfeindlichkeit angebunden. Wie in Band II gezeigt, kann Paulus auf Grund neuerer Quellenlage (Qumran-Rollen) als „Doppelagent" angesehen werden. Auffallend ist, dass er 64 n. Chr. in Rom starb. Also muss er (mit seinen Anhängern) die streng hierarchisch aufgebauten, christlichen Gemeinden in Rom gegründet haben. Diese wurden bis 311 im römischen Reich schwer verfolgt, allerdings nicht wegen ihres Glaubens, sondern als politische Gefahr, als potentielle Umstürzler. Da sie sich dem Kaiser und den Göttern der Römer nicht einmal mittels kleiner Toleranzgesten unterwerfen wollten, wurden sie als gottlose, politische Terroristengruppe angesehen, die einen Umsturz planten. 313 begann Konstantin der Große mit den paulinischen Christen gemeinsame Sache zu machen. Die paulinische Lehre ging in die römisch-katholische und evangelische Kirche ein.

Pistis Sophia Die gnostische Schrift „Pistis Sophia"[456] entstand zwischen dem 2. und 3. Jahrhundert. „Pistis" (griech.) wird allgemein mit „Glaube" übersetzt, könnte aber auch „Treue, Vertrauen, absolute Vertrauenswürdigkeit" bedeuten „Sophia" (griech.)

---

454 5 - 64 n. Chr.

455 Gruppe von Menschen, die streng die Regeln ihrer Religion befolgen.

456 gr. πίστις: „Glaube" und σοφία: „Weisheit"

= „Weisheit" - „Pistis Sophia" = „Glaube Weisheit". Die Überlieferung der Pistis Sophia beschränkt sich auf die koptische[457] Übersetzung des ursprünglich griechischen Werks. Der Text ist in einer einzigen Handschrift erhalten, im Codex Askewianus, der nach dem britischen Arzt und Büchersammler Anthony Askew benannt ist. Das British Museum erwarb diese Handschrift 1795. Eine besondere Bedeutung erhält die Schrift dadurch, dass sie neben den erst im 20. Jh. in palästinensischen Höhlen aufgefundenen Nag-Hammadi-Schriften eine der wenigen direkten Zeugnisse über den antiken Gnostizismus ist, die nicht aus patristischen[458] apologetischen[459] Schriften gegen die als Häretiker verdammten Gnostiker stammen.
Der Begriff Pistis ist ungeklärt. Er kann nach meinen Recherchen auch gleichgesetzt werden mit „Urvertrauen". Pistis Sophia wäre dann die „urmütterliche Weisheit, die Weisheit als Tor zum Urvertrauen, die urvertraute Weisheit" und entspricht damit dem Bild der göttlichen Urmutter. Mythologisch ist Pistis Sophia eine Urgöttin.[460]

Prädestination „Göttliche Vorherbestimmung entweder zur Seligkeit, zum ewigen Leben oder zur ewigen Verdammung". Augustinus von Hippo[461] einer der größten Kirchenlehrer, entwickelte die doppelte Prädestinationslehre, die besagt, dass Gott von Anfang an das Schicksal der Seele bestimmt hat und dass die Anzahl der Geretteten an der ewigen Gemeinschaft begrenzt ist, da sie im Voraus schon von Gott festgelegt wurde. Wer sich berufen fühle zum ewigen Leben solle den Geboten Gottes folgen.
Aus dieser Lehre entwickelte sich im Mittelalter die allgemein mit dem Begriff *ordo* (lat.) = „Stand, Ordnung" verbundene Vorstellung, dass die bestehende soziale Ordnung eine von Gott gegebene sei, sofern die Inhaber/innen des *ordo*, z.B. die Senatoren und ihre Frauen und Familien oder die Ritter und ihre Familien usw. zum Christentum übergetreten waren: ab dem Zeitpunkt ihres Übertrittes zum Christentum unterwarfen sie sich Gottes Geboten und erhielten dafür sei-

---

457 ägyptischer Dialekt, 3. bis 17. Jh. im Sprachgebrauch, später noch bei religiösen Anlässen (koptische Christen)
458 nach den Kirchenväter der Alten Kirche vom 1. bis 7./8. Jh.
459 das Christentum verteidigende Schriften, Apologet = Verteidiger
460 siehe Band II
461 354 - 430

nen Schutz. Mit dieser Argumentation der von Gott vorherbestimmten Ordnung konnten zahlreiche hochrangige bzw. ehrgeizige Persönlichkeiten aus allen Ländern und Volksgruppen für das Christentum gewonnen werden, die sich über diesen Weg eine Garantie „einkauften“, dass ihr Stand heilig, von Gott gewollt, von diesem geschützt und damit sicher sei und auch bleiben werde. So bildete sich eine neue Elite von Auserwählten, wie es sie in dieser Form in den einzelnen Stämmen und Volksgruppen vorher noch nicht gegeben hatte. Es entstand der christliche Stand, der *ordo* der blaublütigen Adeligen.
Die Prädestinationslehre des Augustinus blieb bis zur Reformation unumstritten.

Verdammte Die Nicht-Christen, die Ungläubigen, die Verworfenen etc. galten nach der doppelten *Prädestinationslehre* als die ewig Verdammten. Zu ihnen gehörten die Gnostiker, Häretiker, Ketzer, Sektierer, Hexen, Heiden und in logischer Folge alle Frauen, die sich entschieden hatten, befleckt zu gebären oder überhaupt sexuellen Verkehr zu haben. Die Männer blieben von diesem Makel weitestgehend verschont, weil Adam von Eva verführt worden war. Die ewig Verdammten mussten ewig in der Hölle schmoren. Es gab kein Entrinnen mehr, da es eine göttliche Vorherbestimmung war. Es können ja schließlich nicht alle in den Himmel kommen, da ist einfach zu wenig Platz!

Sekte „sequi“ ((lat.) = „folgen“, „secta“ (lat.) = „Richtlinie, befolgter Grundsatz, Partei, Philosophie Lehre“. Eine Sekte ist eine politisch oder philosophisch einseitig ausgerichtete Gruppe. Im Zusammenhang mit den Hochreligionen gilt eine kleinere, von einer christlichen Kirche oder einer anderen Hochreligion abgespaltene, meist religiöse Gemeinschaft als Sekte. Ihre Mitglieder wurden und werden als Andersgläubige, Häretiker oder Anhänger einer Irrlehre verfolgt, da sie sich nicht dem Glaubensbekenntnis und den Gesetzen der römisch-katholischen, später auch der evangelischen Kirche unterwarfen und unterwerfen. Sie werden einer festen Gruppe oder Einheit zugeordnet, auch wenn sie sich selbst einer solchen nicht zuordnen (siehe „Hexensekte“). Sekten werden deshalb als Gegner verfolgt, weil sie als Gefahr für das Seelenheil der frommen Gläubigen eingestuft werden, vor allem der jungen und leicht verführbaren Menschen. Alle gnostische Gruppen galten als Sekten, ebenso die Katharer, die Waldenser, die Templer und schließlich die Hexen. Ihre Mitglieder wurden meist auf dem Scheiterhaufen verbrannt oder anderweitig ermordet. Heute werden Sekten vor allem von den Sektenbeauftragten der evangelischen Kirche verfolgt und über zahlreiche Medienberichte gebrandmarkt um sie so zu zerstören. Die Argumentation hat sich kaum geändert.[462]

Sendhandbuch juristische Schrift mit meist überregionaler Bedeutung. Das Sendhandbuch wurde für bischöfliche Visitationen benutzt, also für bischöfliche Besuche mit Aufsichts- und Kontrollbefugnis, wobei es um die Einhaltung von Kirchengesetze und -Normen ging. Das Sendbuch des Abt Regino von Prüm hatte sehr hohe überregionale Bedeutung im Kirchenrecht bis weit in die Neuzeit hinein.

Sendgericht Es war ein regelmäßig stattfindendes Sittengericht bis in die frühe Neuzeit, ein kirchliches Gericht, vor dem von Geistlichen, im Beisein weltlicher Herrscher, z.B. gräflicher Schultheiße, Schandtaten, Sünden und Laster der Gemeindemitglieder behandelt, gerügt, verurteilt und bestraft wurden, auch die Vergehen: Zauberei und der Flug der Frauen (siehe *Canon Episcopi*).

Strigenglaube Der antike Strigenglaube und sein altnordisches Pendant berichtet von einer nur von Frauen ausgeübten Zauberkunst („seidr" (germ.)), in der die Seele in Tiergestalt (Katze, Kröte, Rabe, Schmetterling, Mücke, Fliege, Spinne, etc., oft sehr kleines Tier) ausgesandt wird oder eine zeitweise Verwandlung der Seele in eine Tiergestalt erfolgt. Oft fliegt die Seele aus den Öffnungen am Kopf (Nasenlöcher, Mund, Ohren) eines sich in Trance, Ekstase oder Schlaf befindenden Menschen oder eines Sterbenden und Toten heraus.[463] Es wird unterschieden in „striga holda" und „striga unholda". „Stri" (ind.) bedeutet „Frau".

Trinität „trinitas" (lat.) und „trias" (griech.) = „Dreizahl, Dreiheit". Die Trinitätslehre ist die christliche Lehre der Dreieinigkeit, Dreifaltigkeit Gottes: Gott-Vater = Gott-Sohn = Gott-

---

462 siehe 1969, EINSCHUB Zit. Pfarrer Haack

463 Akademie der Wissenschaft zu Göttingen, Walter de Gruyter, 2007, googlebooks (14.8.15)

Heiliger Geist. Auf eine Dreieinigkeit Gottes gibt es weder im AT noch im NT Hinweise.[464] Sie wurde vor allem als deutliches Unterscheidungsmerkmal zu den älteren Göttertriaden entwickelt. Götterdreiergruppen aus der heidnischen Welt waren: Vater - Mutter - Sohn; Vater - Mutter - Tochter oder die Göttinnen in ihren drei Aspekten: Jungfrau - Mutter - Alte[465].

Vulgata (lat.) = „im Volk verbreitet"; lateinische Bibelübersetzung aus dem 4. Jh., zusammengetragen von Hieronymus, die seit dem 9. Jh. bis zur Reformation als einzig gültige Bibel galt, eine Übersetzung mit bemerkenswerten Ungenauigkeiten. Die Vulgata durfte nicht in die Landessprache übersetzt oder von Laien gelesen oder gar kritisiert werden - bei Todesstrafe. Das änderte sich erst im 16. Jh. durch die Bibelübersetzungen von Erasmus von Rotterdam und dann von Martin Luther.

Waldenser gegründet vom Laienprediger Petrus Waldes, auch: Valdes in Lyon gründete (1175); eine religiöse Bewegung, deren Ziele die Verkündigung des Evangeliums und ein Leben in Armut nach dem Vorbild von Jesus war. Die Waldenser lehnten jede Arbeit zum Lebensunterhalt ab. Sie wurden als Ketzer verfolgt und umgebracht.

---

464 35, S.84 f: „Dreieinigkeit"

465 dazu Band II

Die Zwölf Artikel von Memmingen, 1524

1. Jede Gemeinde soll das Recht haben, ihren Pfarrer zu wählen und ihn zu entsetzen (abzusetzen), wenn er sich ungebührlich verhält. Der Pfarrer soll das Evangelium lauter und klar ohne allen menschlichen Zusatz predigen, da in der Schrift steht, dass wir allein durch den wahren Glauben zu Gott kommen können.

2. Von dem großen Zehnten sollen die Pfarrer besoldet werden. Ein etwaiger Überschuss soll für die Dorfarmut und die Entrichtung der Kriegssteuer verwandt werden. Der kleine Zehnt soll abgetan (aufgegeben) werden, da er von Menschen erdichtet ist, denn Gott der Herr hat das Vieh dem Menschen frei erschaffen.

3. Ist der Brauch bisher gewesen, dass man uns für Eigenleute (Leibeigene) gehalten hat, welches zu Erbarmen ist, angesehen dass uns Christus alle mit seinen kostbarlichen Blutvergießen erlöst und erkauft hat, den Hirten gleich wie den Höchsten, keinen ausgenommen. Darum erfindet sich mit der Schrift, dass wir frei sind und sein wollen.

4. Ist es unbrüderlich und dem Wort Gottes nicht gemäß, dass der arme Mann nicht Gewalt hat, Wildbret, Geflügel und Fische zu fangen. Denn als Gott der Herr den Menschen erschuf, hat er ihm Gewalt über alle Tiere, den Vogel in der Luft und den Fisch im Wasser gegeben.

5. Haben sich die Herrschaften die Hölzer (Wälder) alleine angeeignet. Wenn der arme Mann etwas bedarf, muss er es um das doppelte Geld kaufen. Es sollen daher alle Hölzer, die nicht erkauft sind (gemeint sind ehemalige Gemeindewälder, die sich viele Herrscher angeeignet hatten) der Gemeinde wieder heimfallen (zurückgegeben werden), damit jeder seinen Bedarf an Bau- und Brennholz daraus decken kann.

6. Soll man der Dienste (Frondienste) wegen, welche von Tag zu Tag gemehrt werden und täglich zunehmen, ein ziemliches Einsehen haben (sie ziemlich reduzieren), wie unsere Eltern gedient haben, allein nach Laut des Wortes Gottes.

7. Soll die Herrschaft den Bauern die Dienste nicht über das

bei der Verleihung festgesetzte Maß hinaus erhöhen. (Eine Anhebung der Fron ohne Vereinbarung war durchaus üblich.)

8. Können viele Güter die Pachtabgabe nicht ertragen. Ehrbare Leute sollen diese Güter besichtigen und die Gült nach Billigkeit neu festsetzen, damit der Bauer seine Arbeit nicht umsonst tue, denn ein jeglicher Tagwerker ist seines Lohnes würdig.

9. Werden der große Frevel (Gerichtsbußen) wegen stets neue Satzungen gemacht. Man straft nicht nach Gestalt der Sache, sondern nach Belieben (Erhöhungen von Strafen und Willkür bei der Verurteilung waren üblich). Ist unsere Meinung, uns bei alter geschriebener Strafe zu strafen, darnach die Sache gehandelt ist, und nicht nach Gunst.

10. Haben etliche sich Wiesen und Äcker, die einer Gemeinde zugehören (Gemeindeland, das ursprünglich allen Mitgliedern zur Verfügung stand), angeeignet. Die wollen wir wieder zu unseren gemeinen Händen nehmen.

11. Soll der Todfall (eine Art Erbschaftssteuer) ganz und gar abgetan werden, und nimmermehr sollen Witwen und Waisen also schändlich wider Gott und Ehre beraubt werden.

12. Ist unser Beschluss und endliche Meinung, wenn einer oder mehr der hier gestellten Artikel dem Worte Gottes nicht gemäß wären ..., von denen wollen wir abstehen, wenn man es uns auf Grund der Schrift erklärt. Wenn man uns schon etliche Artikel jetzt zuließe und es befände sich hernach, dass sie Unrecht wären, so sollen sie von Stund an tot und ab sein. Desgleichen wollen wir uns aber auch vorbehalten haben, wenn man in der Schrift noch mehr Artikel fände, die wider Gott und eine Beschwernis des Nächsten wären. (5)